21세기 화폐전쟁

21세기
화폐전쟁

———

노르베르트 헤링 지음 | 박병화 옮김

율리시즈

| 차례 |

미래의 결제 방식이 성큼 다가왔다. 미국 워싱턴 주 시애틀에서는 일반 고객을 위한 최초의 아마존 고[Amazon-Go] 매장이 문을 열었다. 이곳에서 물건을 사는 사람은 최신 쇼핑 기술 덕분에 더 이상 줄을 설 필요가 없다. 고객은 그저 스마트폰에 해당 앱을 무료로 다운로드받기만 하면 된다. 그런 다음 매장에 들어가 원하는 물건을 선반에서 꺼낸 뒤 장바구니에 담아 나온다. 나머지 모든 것은 기술이 해결해준다. 예를 들어 장바구니에 잼을 담았다가 나중에 꿀이 더 낫겠다는 생각이 들면, 잼을 다시 선반에 올려놓기만 하면 된다. 아마존의 감시 기술이 이 행동을 입력하고 잼을 계산에서 삭제하기 때문이다. 계산대나 매장 감시원에는 조금도 신경 쓸 필요 없이, 고객이 매장을 나선 직후 스마트폰으로 계산서를 받으면 대금은 아마존 계좌로 인출된다.

이보다 편할 수가 없다. 드디어 현실이 된 이런 소비 유토피아에서 현행 지불 방식은 폐지될 것이다. 고객이 관여하지 않아도 자동적으로 결제가 이루어지는 것이다. 더 이상 카드를 긁거나 서명할 필요도 없다. 판매원과 돈을 관리하는 사람은 하나가 된다. 이제 결과가 어떻게 될지는 뻔하다. 이는 아마존 차원에서 끝나는 문제가 아니라 모든 편의가 우리 것이 되는 반면, 모든 권한은 상대에게 넘어가는 것이다.

요즘 중국에서는 또 다른 유토피아가 현실화되고 있다. 그동안 경제 활동의 원동력이자 보상으로서의 가치를 지켜왔던 돈은 더 이상 중요하게 평가되지 않는다. 중국 정부는 종합적인 평가시스템을 도입해 국민 평가를 시도하고 있다. 중앙정부에서 시도하는 평가시스템은 아직 정밀하지 못하지만 각 지역에서 행해지는 시험작업은 이미 궁극적인 목적지가 어디인지 가늠하게 한다. 예컨대 신호등이 빨간불일 때 도로를 건너가는 모습이 안면인식 카메라에 찍힌 사람은 사회점수 계정에서 감점을 받는다. 반대로 고객에게 특별히 친절을 베푼 사람은 점수를 얻는다. 그리하여 사회점수가 모자라는 사람은 항공권이나 급행열차의 승차권을 구입할 수 없고, 좋은 집을 사거나 세를 얻을 수도 없다.

중국의 각 도시에서는 대부분 페이스북이나 구글, 왓츠앱의 연동 방식과 비슷한 만능 앱이라 할 수 있는 위챗WeChat이나 알리페이Alipay로 결제를 한다. 위챗은 정부와의 긴밀한 협력으로 안면인식 기능과 그 밖에 생체인식 기반의 특징을 관리하고 있어서, 관청에서 발급하는 신분증 기능까지 하게 되었다. 위챗은 참여자들이 돈으로 만드는 것은 무엇이든 입력하고 저장하며 사회점수 계정을 관리하는 당국과 협력하는 것으로 보인다. 반나절씩 컴퓨터 게임을 하는 나태한 사람, 혹은 물건 값을 지불하지 않는 사람은 이제 불리해진다. 부도덕한 물질보다 미덕을 높이 평가하는 생각은 아름답기 그지없다. 하지만 가령 공산주의 통합 정당이 앞으로 개인의 선행이나 악행 등 모든 것을 규정하고 또 그것을 감시하고 제재할 수 있게 된다면, 그것은 이미 개인의 자유란 없는 전체주의 사회나 다름없을 것이다.

아마존 고의 아름다운 새 지불세계는 언뜻 보면 상당히 다르다. 여기서는 법의 테두리 안에서 움직이는 한, 어떻게 행동해야 하는지 정해주는 당국이 없다. 하지만 다시 들여다보면, 이것은 중국식 사회점수 제도와 기분 나쁠 정도로 닮아 있다. 두 시스템 모두 신뢰할 수 있는 거래자 자동식별과 완전한 자동 모니터링을 기반으로 한다. 중국의 여러 도시에서는 안면인식 소프트웨어가 들어간 카메라가 아마존 고 매장에서처럼 행인들의 일거수일투족을 포착한다.

아마존 고는 개별 거래와 이용이 더 철저히 감시받고 자동으로 결제되는 '사용한 것만큼 지불한다Pay as you go'의 결제세계가 특별하게 진화된 예일 뿐이다. 아마존 고에서는 선반에 있는 물건을 집는 동작이 구매행위로 감시받기 때문에 반드시 결제를 해야 한다. 이것이 우리를 사회 구성원으로 만드는 방식이다. 다만 그들이 파는 것은 더 이상 우리 마음대로 사용하는 컴퓨터 프로그램이 아니다. 대신 우리는 클라우드, 즉 다른 컴퓨터에서 작동하는 프로그램을 임대해야 한다. 그에 따라 우리의 모든 행위가 이 임대 프로그램에 저장되고 감시된다. 경우에 따라서는 접근이 차단될 수도 있다. 이제 자전거를 구입하는 것이 아니라 임대 자전거를 이용하고 킬로미터나 시간에 따라 자동으로 요금을 계산하게 될 것이다. 또 고속도로 요금을 내는 대신, 주행거리에 따라 돈이 빠져나갈 것이다. 자동차를 소유하는 대신, 필요에 따라 운전자가 있거나 없는 자동차를 분 단위 혹은 킬로미터 단위로 임대할 것이다. 이런 예는 이미 조금씩 늘어나고 있다. 곧 우리가 움직이거나 클릭을 할 때마다 거의 깨닫지도 못하는 와중에 간단한 지불과정이 시작될 것이다.

이 '사용한 것만큼 지불한다'는 결제세계는 이미 중국에서 추진되는 것과 똑같이 그에 필요한 총체적인 감시체제에 의해 작동될 것이다. 이 세계에서 개인은 육체적으로 아무것도 소유하지 못하고 처분할 권리는 전무하며 회계장부를 통제하는 자들에게 종속된다. 통제권자가 보기에, 타인의 소유물을 임대하기 위해 디지털 화폐를 입금할 만큼 재정 상태나 권한이 충분하지 않다고 판단되면, 그 개인은 완전히 행동 불능 상태가 된다. 필립 딕^{Philip K. Dick}의 미래 소설《유빅^{Ubik}》에 등장하는 조 칩^{Joe Chip}처럼, 누군가 문을 열 비용을 지불할 때까지 집 밖으로 못 나가는 상황이 발생하는 것이다. 당시는 신용통화 결제가 거의 드물던 시절이고 '공유경제'라는 개념은 그로부터

50년 후에나 등장한다는 점을 감안할 때, 영화 〈블레이드 러너*Blade Runner*〉의 원작자로 유명해진 딕의 이 같은 상상력은 얼마나 천재적인가!

자동화된 안면인식 그리고 그와 유사한 '사용한 것만큼 지불한다' 시스템으로 전환된 기술 덕분에 현실의 아날로그 세계는 디지털 세계와 하나로 통합된다. 현실 세계에서 우리의 움직임 하나하나는 복사되고 저장된다. 이 데이터는 잠재적 고용주에서 잠재적 채권자 혹은 임대인에 이르기까지, 누구나 돈만 있으면 살 수 있는 포괄적인 개인 프로파일로 합쳐진다. 중국과 달리 독일은 인간을 사회적으로 바람직한 행위를 하도록 가르칠 정도로 데이터와 그 영향 가능성에 대한 이용도가 (아직은) 높지 않다. 그보다 독일은 사람들을 더 바람직한 소비자로 만드는 것을 무엇보다 중시한다. 다만 이미 중국식으로 전환된 몇몇 사례가 있다.

새로운 디지털결제가 그토록 많은 데이터를 양산하고 또 우리를 감지할 수 있는 그 많은 데이터를 요구한다는 사실은 이 시스템을 도입하려는 사람들을 매혹시킨다. 여기서 개인을 감시하고 싶은 정부는 신뢰할 만한 데이터를 원하는 기업과 목표가 같다. 그러기 위해선 디지털 세계에서 정부나 기업이 언제든 우리를 정확히 식별할 수 있다는 사실이 전제되어야 한다. 이때 '사용한 것만큼 지불한다'는 세계를 위하여 바로 이 총체적 감시가 필요하다. 물론 겉으로는 어떤 피해도 없다는 구실을 둘러댄다. 따라서 새로운 결제 방식은 일상적으로 (지문이나 안면인식, 어쩌면 앞으로는 DNA를 통한) 생체인식 기술의 도입과 확대를 위한 주요 원인이 될 것이다. 이 책을 통해서도 알게 되겠지만, 새로운 결제 방식은 완전히 의도적이고 체계적인 형태로 전 세계에 등장하고 있다.

사람마다 취향이 다르다

결제할 때 사람들이 두 번 중 한 번씩만 현금을 사용해도 일거수일투족에 대한 포괄적인 디지털 복사는 거의 불가능하다. 사람들이 현금에 애착을 가지면 '사용한 것만큼 지불한다'의 결제세계로 가는 길을 막을 수 있다. 그럴 만한 것이, 이런 습관이 시대착오적인 것처럼 보이게 하려고 현금 반대파가 아무리 애를 써도, 현금 사용자에게는 많은 이점이 있기 때문이다. 그리고 디지털화가 점차 더 많은 분야로 확대됨에 따라 이런 이점 또한 커진다.

아날로그 화폐의 장점

1. 현금 거래는 익명이 보장된다. 현장에 거래 감시자가 있지 않고서야 언제 누구에게서 무엇을 구입했는지 추적할 수 있는 사람은 없다. 이는 비밀요원이나 은행직원, 중국의 사회점수 당국, 신용조사기관이나 일반적인 상업 흥신소는 물론이고 배우자와 부모도 마

찬가지다. 매일 어디서 무엇을 먹고 마시고 구입했는지 누군가에게 낱낱이 드러나기를 원하는 사람은 없다.

2. 판매자든 구매자든 선불 거래를 할 필요가 없다. 그리고 양쪽 모두 파산이나 사기로부터 보호받을 수 있다. 모르는 사람에게 중고차를 팔 때, 구매자가 언젠가는 돈을 송금할 것임을 믿고 기다릴 필요가 없다. 반대로 원하는 물건을 받기 전에 모르는 사람에게 고액을 이체하려는 사람 또한 없다. 최근 새롭고 빠른 방식으로 이루어지는 디지털결제는 그 역시 똑같은 안전 보장 수단이 있다는 인상을 주지만 실제로는 그렇지 않다. 안전을 보장할 방법이 없으므로 돈은 환불되지 않는다.

3. 그 밖에 현금 거래는 지출을 잘 통제할 수 있게 해준다. 특히 한 달 예산이 금세 바닥날까 봐 아등바등 사는 사람에겐 효과적이다. 반면, 소액을 포함한 모든 거래를 디지털 방식으로 결제하는 사람은 전자 영수증이 넘쳐나므로 결제나 지출 내역을 효과적으로 관리하기가 쉽지 않다.

4. 현금은 위기 대처 능력이 강한 지불수단이다. 이것에는 기술적 인프라가 필요 없다. 또 기술적으로 중대한 결함이 발생해도 지불수단으로 사용할 수 있다. 독일연방정부의 민방위 항목도 비상시 충분한 현금을 확보해둘 것을 분명히 권고하고 있다. 오로지 디지털 지불 방식만 가능하다면, 인터넷이나 모바일 연결망이 고장 났을 때 경제의 상당 부분은 마비될 것이다. 마침 이럴 경우 외부에 있다

면, 어떻게 숙박하고 어떻게 귀가할 것인지도 염두에 두어야 한다.

5. 현금에는 전천후 능력이 있다. 착오나 기타 어떤 이유로 갑자기 계좌가 폐쇄될 경우, 현금 없이는 아무것도 할 수 없다. 그런 경우에도 지갑 속에 현금만 있다면 얼마든지 여행하고 숙박하고 먹고 마시는 것이 가능하다.

6. 현금은 포괄적인 지불수단이다. 사실상 접근 제한 없이 사용할 수 있다. 아이들도, 신체적으로나 정신적으로 문제가 있는 사람도 디지털 화폐보다 훨씬 쉽고 안전하게 사용할 수 있다. 예를 들면 부모는 큰 고민 없이 자녀에게 현금 5천 원을 주고 뭔가를 사게 할 수 있다. 하지만 신용카드라면 합리적인 이유로 망설일 것이다. 전 세계적으로 포용적 지불수단인 현금에 대한 반대 운동이 하필 '금융포용'이라는 전투적인 구호와 더불어 펼쳐지는 것은 정말 기이하다.

7. 게다가 현금은 은행이 파산했을 경우에도 재산을 유지할 수 있는 거의 유일한 방법이다. 반면 디지털 화폐는 근본적으로 은행의 신용 거래에 지나지 않으며, 이는 곧 고객에 대한 은행의 부채와 다를 것이 없다. 아무튼 은행이 파산하면 지불 능력이 있는 예금 보험으로부터 안전을 보장받지 못하는 한, 돈을 돌려받을 수 없다. 거대 은행을 포함한 많은 은행이 파산할 경우, 기존의 모든 예금 보험 시스템은 절망적으로 과도한 요구에 내몰릴 것이다.

8. 또한 은행에 문제가 발생했을 때, 비교적 온건한 몰수 형태인 역

금리 조치가 취해져도 현금은 안전하다.

9. 현금은 이용비용이 가장 저렴한 지불 방식이다. 우리는 카드사나 은행이 지불 정산을 해주는 대가로 직간접적인 무언가를 지불해야 한다. 상인이 결제를 받고 그 값에 대한 비용이 우리에게 할당될 때, 우리는 간접적으로 뭔가를 지불한다. 글로벌 신용카드사인 비자와 마스터카드의 이익률은 매우 높다. 하지만 누군가가 그 이익을 지불한다는 것을 유념할 일이다.

10. 한편 탈세자와 범죄자들이 현금의 익명성을 높이 평가해 소액 위주로 악용하는 것은 부인할 수 없는 사실이다. 이런 자들이 현금 사용으로 이득을 본다는 것이 현금을 반대하는 주된 논거다.

저마다 취향은 제각각이다. 은행과 결제 서비스 업체, IT 기업, 국가 그리고 일부 상인 들은 이용자가 장점이라고 느끼는 것을 단점으로 받아들인다.

가능한 많이 팔려는 사람들로선 현금이 지출 통제에 유용하다는 것이 엄청난 단점이다. 첩보기관이나 보안기관은 익명성을 큰 단점으로 여긴다. 수사관들이 포괄적인 계정 및 원격 통신 데이터에 쉽게 접속할 수 있다면 범죄와의 전쟁은 더 수월해질 것이다. 그렇게 되면 웬만한 범죄는 명확하게 드러날 것이다. 하지만 범죄자가 시민으로서 현금을 자유롭게 사용할 권리를 악용하는 것을 완전히 차단하려면 그 자유를 없애야 하는데, 이는 민주주의를 무시하는 것과 마찬가지다. 문제는 언제나 합리적인 균형이다. 그리고 이 균형은 마땅히 열린 공간에서 민주적인 절차에 따라 이루어지는 것이 옳겠지만, 실상은 의회와 동떨어진, 금융과 관련된 무질서한 초국가적인 영역 어딘가에서 결정된다.

우리의 소중한 금융 데이터를 갖고 싶어 하는 지불 대행사와 IT 기업에도 현금의 익명성은 화근거리다. 데이터에 흔적을 남기지 않고 수행되는 모든 거래는 그들이 우리에게서 추출해내는 프로파일을 왜곡하고 그 가치를 떨어뜨리기 때문이다. 우리는 미심쩍은 경우, 예컨대 신용도를 떨어뜨리거나 회사원으로서 부정적 인상을 줄 수 있는 거래, 건강상 이상 징후 혹은 모험가라는 인상을 남길 만한 주요 거래 시, 기꺼이 현금으로 결제한다. 데이터 저장과 분석이 광범위해질수록, 민감한 데이터를 보호하는 현금이라는 피난처는 반대편 진영에선 그만큼 더 괴로운 존재다. 병약하거나 정치적으로 부적합한 지원자를 걸러내려는 고용주, 혹은 오로지 건강하고 신중한 사람과만 계약하고 싶은 보험사라면, 담배를 피우는지, 약을 구입하는 데 지출이 많은지, 아니면 과격한 잡지를 구독하는지 등에 관해 믿을 만한 정보를 알려주지 않는 프로파일에 돈을 들이고 싶지 않을 것이다.

은행은 더 이상 현금으로 인출할 수 없도록 우리의 돈이 은행시스템에 갇혀 있는 것을 선호한다. 그러다 은행시스템이 집단적으로 붕괴되면, 은행 구제 과정에서 고객의 예금은 그 가치를 상실할 수 있다. '예금'이라고 불리는 계좌의 자산은 은행의 대차대조표에는 차변에 기록된다. 즉 예금주에 대한 은행의 부채다. 그런데 손실로 인해 자본이 잠식당한 나머지 대차대조표의 대변이 충분치 못할 경우, 예금을 삭감해서 은행을 구제할 경우가 생긴다. 키프로스의 금융 위기에서처럼 이런 사태는 단번에 발생할 수도 있고, 몇 년간 높은 역금리를 통해 점진적으로 발생할 수도 있다. 예금에 마이너스 4퍼센트의 이자가 적용되면 3년 후 예금액은 10퍼센트가량 경감하며 그에 따라 은행의 부채도 줄어든다. 그러면 은행은 더 이상 국가가 달려들어 구제해주기를 기다릴 필요가 없다. 물론 국가로서는 큰 문제지만.

동전이나 지폐가 주는 혜택도 있지만 마찬가지로 현금이 탈세자나 범죄자에게 불편함을 줄 수 있다는 점도 기억해야 한다. 현금은 고액을 운반할 경우 매우 힘들고 막대한 위험이 따른다. 그러므로 탈세자나 범죄자들은 은행 화폐 또는 장부 화폐로도 불리는 디지털 화폐를 출처나 소유관계가 투명한 것처럼 위장한 뒤, 전문화된 로펌이나 은행을 이용해 조세도피처 혹은 합법적인 유통 경로로 밀반출한다. 물론 모든 것이 기록에 남지만 허위계산서나 그와 비슷한 수법을 써서 회계장부를 적당히 위조한다. 현금이 퇴출되고 디지털 화폐의 시대가 오면 탈세나 범죄, 나아가 테러까지 막을 수 있을 것처럼 떠벌리면서도, 정작 디지털 화폐로 대규모의 불법 자금이 밀반출되는 것에 대해서는 아무 말이 없다.

결정적인 것은, 기술 인프라를 갖춘 비자나 마이크로소프트, 보다

폰Vodafone 같은 기업은 현금 거래에서는 한 푼도 벌지 못한다는 것이다. 디지털화가 이루어진 모든 거래는 이들 기업이 추가로 떠맡은 사업이다. 대체 지불 방식이라 할 수 있는 현금이 사라지거나 비용이 상승할 때 이들 기업에는 이익을 늘릴 기회가 찾아온다.

그리고 비자나 마스터카드 같은 기업은 세계적으로 미디어 캠페인을 벌이며 현금결제 방식이 얼마나 어리석고 한물간 방식인지, 반면 디지털 방식은 얼마나 현대적이고 편리한지 각인시키려고 혈안돼 있다. 이들은 각종 레스토랑이 현금 결제를 거부하면 보상을 해주며 이를 언론에 대대적으로 홍보한다. 신문 매점에 가판대를 설치해주는 것도 탁월한 홍보 효과 때문이다. 전 세계 각국 정부는 직접 지불 방식을 금하거나 제한하거나 어렵게 만들고, 비용을 올리며 범죄의 온상이라는 구실을 들어 관계 법령과 규정을 반포한다.

자국민에 관해 모든 것을 알고 싶어 하는 건 중국 정부만이 아니다. 서방 국가의 정부도 유리처럼 투명한 시민을 선호한다. 세계를 선도하는 미국은 심지어 가능하면 모든 지구촌 국민을 확실하게 디지털 방식으로 파악하고 통제하려 한다. 이른바 테러와의 전쟁에 기여한다고 하지만, 이것은 동시에 동맹국과 적대국을 막론하고 이들 앞에서 미국의 힘을 강화시킬 것이 분명하다. 이런 점에서 스웨덴에서 사우디아라비아에 이르기까지, 모든 정부는 세계를 선도하는 미국의 금융 및 IT 기업을 파트너로 삼아 일치단결하여 현금에 반대하는 거대한 민관 '동맹 관계' 아래 협력하는 일이 벌어질 것이다.

전 세계적인 협력 운동

2016년 11월, 인도 정부가 유통 중인 대부분의 현금을 거래 시장에서 갑작스럽게 퇴출시키기로 결정한 것은 극단적인 사례다. 독일에서는 그보다는 좀 더 우아하고 간접적인 방법으로 진행 중인데, 예를 들자면 현금인출기가 점점 더 철거되고 은행은 갑자기 현금인출에 대한 수수료를 요구하기 시작했다. 상인에게는 신용카드 비용을 고객에게 떠넘기는 것이 금지되었으며, 택시 운전사들은 갑자기 신용카드사와 계약을 맺어야 했다. 이에 따라 현금 거래를 계속하는 은행과 상인은 이른바 돈세탁 퇴치에 기여한다는 성가신 규칙들에 파묻혀 몸살을 앓고 있다. 국경을 넘는 여행자는 1,000~2,000유로만 지니고 있어도 세관원에 그 돈을 압류당할 것을 각오해야 하는 실정이다.

2016년 초 전 도이치 은행장 존 크라이언이 예측한 바에 따르면, 2025년이면 독일에서 현금을 볼 수 없게 될 것이라 한다. 독일연방의회에서 사민당SPD과 기민당CDU을 주도하는 정치인들의 의지에 따라, 금융기관의 개입 없이 고액을 직접 결제하는 것은 곧 금지될 예정이다. 몇몇 유럽 국가들은 이미 지불 상한선을 두고 있다. 이제 곧 우리가 디지털로 결제하는 모든 내용은 경찰이나 사회보장 및 세무 당국과 첩보 기관의 감시를 받게 될 것이다. 은행 거래의 마지막 비밀 영역마저 무너진 것이다.

최근 몇 년간 전 세계에 걸쳐 이와 유사한 일이 일어나고 있으며 이는 우연이 아니다. 말라위와 나이지리아, 필리핀, 멕시코, 그 외 10여 개 국가는 곧 현금 없는 세상이 오기를 바란다고 선포하기까지 했다. 이들 국가에서는 정부 차원에서 현금과의 전쟁을 위해 생체인식으로 전 국민의 특징을 수록한 데이터베이스를 구축 중이다. 이 모든 것은 '금융포용'과 '디지털 아이덴티티'라고 불리는 글로벌 캠페인의 일부로, 더 구체적으로 말하자면 이 두 캠페인은 서로 긴밀하게 맞물려 있다. 이른바 '금융포용financial inclusion'이란 구호 아래 자행되는 첫 번째 캠페인은 현금 퇴치를 에둘러 말하는 것에 지나지 않는다. 두 번째 캠페인은 '디지털 ID'라는 전투적 구호 뒤에 집결한다. 유엔개발목표가 요구하듯 앞으로 모든 신생아에게 ID를 제공한다는 구실로, 이 운동은 모든 개인에 대한 생체인식 기반의 확인을 강요한다. 따라서 이미 오래전에 신분증이 발급된 절대 다수의 사람들에게까지 그 범위가 확장된다.

이런 캠페인은 경제적으로 영향력이 큰 국가 집단인 G20이 추진하고 있으며, 미국의 거대기업 및 재단과 협력하는 미국 정부가 주도한다. 이들이 공동으로 결성한 '금융포용을 위한 세계적 협력체'의 목표는 지불 방식의 디지털화를 관철하고 전 국민을 생체인식-디지털 방식으로 파악하는 것이다. 이 협력체에는 일련의 민관동맹이 관여하고 있는데, 그중에서도 마스터카드와 비자, 마이크로소프트의 창업주인 빌 게이츠 재단, 그리고 미 국무부와 더불어 '현금보다 좋은 동맹Better Than Cash Alliance'이 핵심 회원으로 활동 중이다.

'금융포용, ID에 대한 권리와 디지털 격차의 극복'이라는 위장 개념의 배후에는 언제나 변함없이 마스터카드와 비자, 페이팔, 마이크로소프트, 보다폰 같은 기업의 상업적 야심이 숨어 있다. 비공식적이지만 막강한 힘을 가진 다국적 위원회는 세계적인 반反현금 캠페인에 관여하면서 이러한 틀 안에서 은행 감독 기구와 규제 및 보안 당국과 공동으로 금융 업무를 위한 기준을 개발한다. 이 기준은 독일을 포함한 모든 나라에서 국민대표나 개인정보 보호 기관에 어떤 통보도 없이 법제화될 것이다. 기준 제정 기구는 가능하면 이 기준을 현금에 적대적이고 감시에 친화적인 형태로 만들 의무를 부과했다. 독일연방은행과 각 정부의 대표들도 이에 참여하고 있다.

이런 기준을 제정하는 초국가적 기구의 음지 영역에서 EU 위원회가 확실하게 현금 상한선을 정하고, 이들에게 관세에 대한, 그리고 언제든 현금을 압류할 수 있는 권한을 부여하도록 하는 목표가 나온다. 소액이라 할지라도 이른바 최종적인 돈세탁을 배제하기 위해 은행과 상인을 성가시게 괴롭히는 규칙은 바로 여기에 그 기원이 있다. 반면 큰손들에게는 계속 눈감아주며 허용한다. 이 음지 영역의 규칙은 이제 인터넷에서 익명으로는 거의 아무것도 구입할 수 없도록 관리할 것을 약속한다. 일반 대중과 의회는 이런 전개과정에 거의 관여할 수 없다. 그 결과 고객의 디지털 금융 거래에 대한 총체적 감시와 장기적 저장 행위는 아무도 모르는 채, 어떤 언질도 없이 기정사실화된다. 그러는 사이, 원격 통신에 대한 소수의 데이터 보존에만 강력한 논란이 제기될 뿐이다. 이 문제는 의회에서 논의되고 결정되지만, 첫 번째 문제는 민주주의가 미치지 않는 다국적 성격을 띤 그 어딘가에서 비밀리에 거래된다.

마스터카드의 현금 퇴출 운동은 선진국보다 개발도상국 및 신흥 개발국에서 훨씬 더 조직적으로 추진된다. 기준 제정 기구의 비공식적인 반反현금 규칙에 자발적으로 따르지 않는 국가는 보조금을 못 받거나 비협조적인 국가 리스트에 오를 수 있다. 현금 퇴출이라는 이슈와 생체인식 방식에 의한 데이터 수집에 그다지 열의를 보이지 않는 국가는 세계은행과 IMF의 검증 평가에서 나쁜 점수를 받을 것이며, 불리한 경제적 결과를 초래할 수 있다. 빌 게이츠 재단은 개발도상국의 중앙은행들을 지원하기 위해 마스터카드와 비자의 기술 지원과 더불어 디지털 지불수단을 개발하기 위한 '금융포용동맹'에 자금을 지원하고 있다. 이후 규모가 큰 여러 국가에서는 신분증 기능을 하는 마스터카드사의 지불 카드가 출시됐다. 가난한 케냐 국민들이 영국에서 통제하는 모바일 머니 공급자에게 거래 비용의 40퍼센트까지 건네줘야 하는 상황을 만든 데는 게이츠의 포용동맹 또한 공동 책임이 있다.

세계통화의 디지털화 경향

　　　　　디지털 경제의 기본 원칙은 '승자 독식'이다. 여유 있게 앞서가는 자가 언젠가 독점하는 구조다. 여기에는 두 가지 이유가 있는데 첫째, 디지털 시설을 이용하는 사람이 많을수록 네트워크에 따른 디지털 이용은 그만큼 더 수익을 낸다. 이런 이치는 컴퓨터 프로그램이나 결제 서비스, 통화는 물론 소셜 미디어 플랫폼에도 적용된다. 둘째, 디지털 서비스가 또 다른 고객을 유치하는 데는 거의 비용이 들지 않는다. 따라서 더 많은 고객을 확보할수록, 건당 혹은 고객당 생산 비용은 더 낮아진다. 애플이나 아마존, 알파벳(구글), 마이크로소프트, 페이스북 등 디지털 기업이 불과 수년 사이에 알리바바나 텐센트 같은 몇몇 중국 디지털 기업과 더불어 세계적으로 가장 부유한 기업의 선두를 차지한 것은 우연이 아니다. 이들은 해당 분야의 사업 전반을 장악하면서 경쟁 없는 고수익률을 기록하고 있다.

　실제로 제로 원가를 실현한 디지털 화폐는 국제적으로 확산되고 있으며, 잠재적 사용자는 상대가 이 화폐를 더 많이 이용할수록 더 큰 이익을 본다. 이런 이유로 디지털 선두 국가는 통화 문제에서도 경쟁국을 쉽게 따돌릴 수 있다. 어쨌든 중앙정부에서 효과적인 대응을 할 수 없는 경우에는 뒤처질 수밖에 없다. 힘으로 밀어붙이는 세계적 디지털화 작업은 통화 축출 경쟁을 벌이면서 결국 세계통화의 등장을 목표로 한다.

지금까지 통화 주권은 각국 정부가 행사하는 힘의 주요 요인이었다. 따라서 이제는 그 힘이 점점 디지털 경제의 중심인 주요 도시로부터 나올지도 모른다. 바로 미국 서해안이다. 앞으로는 이 지역이 세계통화 지역의 중심이 될 것이다. IT 기업의 지휘자들은 각국 정부가 상실한 힘을 인수하겠다는 야망을 길러왔다.

세계 장악을 꿈꾸는 실리콘밸리의 야심가들이 약속하는 새로운 지불세계의 장점은 올더스 헉슬리Aldous Huxley가 1932년에 발표한 유명한 미래소설《멋진 신세계Brave New World》의 묘사와 닮았다. 즉, 원활한 감시가 이루어지므로 범죄가 근절된다는 것이다. 이 세계에서는 누구나 세금을 내며 복지수당 부정수급은 불가능하다. 비이성적인 자해 행위도 효과적으로 방지된다. 혈압이 높은 사람은 더 이상 돼지 족발을 살 수 없다. 그렇지 않으면 건강보험의 혜택을 받을 수 없기 때문이다. '멋진 신세계'에 사는 사람은 거의 모두가 행복하다. 사회적인 보상과 지위에 만족하고, 기분이 좋아지는 약물을 자유롭게 공급받을 수 있기 때문이다. 하지만 대부분의 독자들은 이 책을 공포소설로 해석한다. '멋진 신세계'에서 독자적인 사고와 행동은 최상위층의 결정권자에게만 허락된 것이기 때문이다.

헉슬리는 소설 맨 앞에서 러시아의 철학자 니콜라이 베르쟈예프Nikolai Berdjajew의 말을 인용했다. '유토피아는 실현 가능하다. 사람들은 유토피아를 이루기 위해 노력할 것이다. 하지만 새로운 세기가 시작되면 아마도 지식인들은 유토피아를 반대하고, 덜 완벽한 대신 더 자유로운 비유토피아 사회로 돌아가는 방법을 모색할 것이다.' 또 1949년의 개정판 서문에서는 이렇게 쓰고 있다. '모든 것이 15년 전 상상보다 유토피아에 훨씬 더 가까워진 듯 보인다. 당시 나는 이 유토피아가 한 600년 이후에나 가능할 것으로 생각했다. 오늘날에 는 단 100년 안에 이런 공포가 눈앞에 전개되는 일도 얼마든지 가능 할 것 같다.'[1]

혁슬리가 옳았다. 21세기는 이미 착착 진행 중인 특정 유토피아가 현실화되는 것을 막아야 하는 시대임이 명백하다. 그것이 아직 새로 운 기준이 되지 않은 상황에서, 이 유토피아 밖에서는 더 이상 생각 할 수 없는 상황이 닥치기 전에 그에 대한 미몽에서 깨어나는 데 성 공할 때 우리는 이 과제를 달성할 수 있다.

현금과 시민의 자유를 수호하기 위해 맞서야 하는 강력한 조직의 존재를 감안하면, 기술적인 초강력 무기를 바란다는 이유로 누군가 를 비난할 수 없다. 비트코인 같은 암호화폐에 그런 희망이 묻어난 다. 암호화폐는 현금의 훌륭한 특징을 디지털 미래로 이전할 것이라 고 예고한다. 익명성뿐만 아니라 은행의 파산으로부터 자산을 지켜 줄 것을 약속한다. 누군가는 국가가 중앙은행을 통해 현금의 디지털 후계자로 암호화폐를 도입할 가능성이 있다며 흥분한다. 이 화폐는 중앙은행이 보증하므로 은행의 파산에서도 안전할 수 있다. 충분한 사생활이 보장되도록 국가가 관리하는 돈이기도 하다.

하지만 사회 문제를 기술적 방식으로 해결한다는 희망은 언제나 믿을 것이 못 된다. 기술적인 해결 방식이 이런 과제를 충족하려면 사회적 조건과 힘의 관계가 유리해야 한다. 그렇지 않다면, 우리가 사용하고 싶어 하는 모든 기술적 수단을 이미 확보한 세력은 그 수단을 우리에게 겨눌 것이다. 암호화폐의 경우 이미 확연하게 그런 조짐이 보이며 국가에서 관리하는 것이라 해도 별반 다르지 않다.

그 대신 우리는 사회적 변화의 길을 가야 한다. 우리는 국민의 대표를 깊은 잠에서 깨워야 한다. 그들과 우리 이웃에게 무슨 일이 벌어지는지 설명해야 한다. 현금 지불의 감소는 저절로 일어나는 현상이 아니며 (그리고 결코 불가피한 것도 아닌) 계획적인 의도에 따라 추진되고 있음을 알려야 한다. 정부 대표나 연방은행, 유럽 중앙은행 대표가 현금에 적대적인 기준을 도입하는 데 동의했다면, 그 근거가 무엇인지 강력하게 추궁해야 한다. 마스터카드나 비자 같은 대기업과 더불어 그들이 어떤 식으로 현금 사용을 기피하게끔 국제적으로 공조하는지 설명해야 한다. 이 공조 체제가 무너진다면 우리는 바로 현금이 부활하는 것을 보게 될 것이다. 갈수록 디지털 방식으로 포착하고 저장되는 세계에서 현금 지불은 점점 더 소중해지는 개인정보 보호와 자기결정권에 오아시스를 제공할 것이다.

일러두기

이 책의 원고는 2018년 5월 말에 완성되었다. 그 뒤에 발생한 상황은 경우에 따라
간단히 언급했다. 본문에서 인용한 정보의 출처는 각 장과 분리된 미주로 책 뒤에
소개했다. 온라인으로 표시된 잡지 및 신문 기사는 검색 엔진의 제목으로 찾아볼
수 있다. 경우에 따라서는 가입자만 볼 수 있는 기사도 있다. 인용된 대부분의 연구
물도 마찬가지로 인터넷에서 제목으로 찾을 수 있다. 참고 문헌에서는 일목요연하
게 알 수 있도록, 도서와 학술 논문 및 연구물 혹은 브로슈어만 게재하고 일간지와
잡지의 보도문이나 기사는 제외했다. 영어 원문은 대개 필자가 번역한 것이다. 따
라서 매끄럽지 못한 번역상의 문제도 감안해야 한다. 주 번호는 종종 문단 끝에 위
치한다. 출처 표시는 문단 시작 혹은 같은 문단의 마지막 번호부터 전체 텍스트와
연관 있다.

마스터카드, 빌 게이츠, 그들의 '현금과의 전쟁'

마스터카드,
빌 게이츠,
그들의
'현금과의 전쟁'

'현금과의 전쟁^{War on Cash}**'을** 기술하는 사람이 있다면, 아마 그는 선
의의 독자가 보기에도 피해망상에 사로잡힌 비관론자처럼 비칠지
모른다. 하지만 현금 사용을 기피하는 '현금보다 좋은 동맹^{Better Than}
^{Cash Alliance}'(이하 '동맹'으로 줄여 표기하기도 할 것임―옮긴이)이라는 기구
가 있다는 것을 알면, 아마 경험상 많은 사람이 이게 뭘까 곰곰이 생
각해볼 것이다. 전 세계를 대상으로 현금 대신 디지털결제 수단 사
용을 목표로 하는 동맹은 20개 경제 대국 정부가 지원하는 조직이
다. 냉정히 생각해서 '현금과의 전쟁'이란 말은 현금 사용을 완강히
고집하는 자들의 과장이라고 볼 순 없을 것이다. 오히려 이 '현금보
다 좋은 동맹'의 회원들이 이익 증가를 위한 구호로 '현금과의 전쟁'
이란 표현을 사용했다.

　2005년, 지불 거래를 위한 회의에서 마스터카드사 대표는 카드

결제를 하는 신세대의 등장과 더불어 "전쟁에 돌입했다"고 말했다. 그런가 하면 경쟁 관계에 있는 비자카드사는 '현금과의 전쟁'에서 이길 것이라고 확신에 찬 태도를 보였다. 이들은 모두 '금융시스템에서 현금을 제거하려는' 의도를 드러냈다. 업계지인《유로피언 카드 리뷰*European Card Review*》는 '현금과의 전쟁'이란 제목으로 호의적인 기사를 실었다. '제도적으로 현금을 없애려는 은행과 각 정부의 바람이 일치한다고 해도, 각국 정부는 주도적으로 나서지 않을 것이다. 현금과의 전쟁이 사회적으로 순조롭게 진행되지 않을 것을 우려하고 있어서다.'[1] 그러면서 '우리도 현금과의 전쟁이란 목표를 공유하고 있지만, 전쟁을 올바로 수행하기 위해서는 적절한 가격 정책이 필요하다'라는 유럽연합의 담당 부서 책임자의 말을 인용했다.[2] 이 말은 '카드 결제 수수료를 낮출수록 현금에서 더 빨리 벗어나게 된다'는 의미일 것이다. 마스터카드 유럽 지사장 알렉산더 라바크는 '현금 이후의 미래'라는 연설에서 "동전과 지폐는 사회에 적잖은 비용을 초래하므로" 현금과의 전쟁에서 이겨야 하고 또 이길 것이라고 말했다.[3] EU 이사회는 이른바 현금의 고비용이라는 불확실한 계산을 들먹이며 그 말을 거들었다. 미국의 경영 컨설팅사 맥킨지는 현금을 몰아낼 경우 금융 이익은 대폭 상승할 것임을 예상하며 이런 열풍의 근거를 제시했다.

은행과 카드사는 회의석상이나 투자 분석가들 앞에서 공공연하게 현금 사용을 반대할 처지가 못 된다. 공개적으로는 조심스러운 정세 관망이 확실한 전략이기 때문이다. 국제통화기금^{IMF}은 현금 축출이 다른 동기에서 유발된 뜻밖의 부작용으로 보이며, 이 부작용이 차츰 현실화될 것을 우려한다. IMF가 각 정부에 민간 부문에 우선권을 줄 것을 권고하는 것도, 국가가 직접 개입하면 국민의 불필요한 저항을 야기할 것이라서다. 고액권을 폐기하고 처음에는 현금 지불 상한선을 좀 여유롭게 잡는 식으로, 정부는 안전해 보이는 조치부터 시작해야 한다는 것이다. 이 모든 조치가 무계획적으로 보여도 실제로는 국제적으로 민간 금융 부문과 긴밀한 협조하에 이루어져야 한다는 것이 IMF의 주장이다.[4]

맥킨지의 지불 거래 관련 보고서는 그런 '안전해 보이는 조치'에서 무엇을 생각할 수 있고 그 사이 많은 곳에서 무슨 조치를 취했는지를 각국 정부에 보여준다.[5] 보고서에 따르면, 각국 정부와 은행, 지불업계의 이해 관계자는 '현금과의 체계적인 전쟁'을 수행하기 위해 협력해야 한다. 표면상 드러나지 않는 조치로는 카드 결제 가맹점에게 고객의 비용 전가를 금하는 규정 등을 들 수 있다. 하지만 모든 간접비용을 포함한 '실제비용'은 현금 사용자에게 부과될 것이다. 또한 현금은 유통상의 안전과 철저한 관리 기준을 유지하는 데 상당 비용이 든다. 핀란드에서는 결제서비스제공사PSP가 담합을 통해 현금 사용 비용을 유독 높임으로써 현금 사용률을 낮추는 데 성공했다고 맥킨지는 떠벌린다. 캐나다와 노르웨이, 오스트레일리아에서도 같은 목표에 도달하기 위해 중앙은행이 타 은행들과 협력했다고 한다.

현금보다 좋은 동맹

배후에 도사리고 있으면서 굳이 존재를 숨기지 않는 '현금보다 좋은 동맹'을 들여다보면, 현금과의 전쟁에서 비자와 마스터카드가 동맹을 맺고 있음을 어렵지 않게 발견할 수 있다. 2012년 창립 당시 회원사의 면면을 살펴보면, 마이크로소프트 창업자인 빌 게이츠와 아내 멜린다의 재단 외에 이베이 창업자인 피에르 오미디야르의 오미디야르 네트워크, 미국의 대형 은행인 시티뱅크, 신용카드 회사인 비자와 포드 재단 등이었다. 개발원조 프로그램인 국제개발처USAID를 산하기관으로 둔 미 국무부도 여기에 참여했다. 동맹은 뉴욕의 '유엔자본개발기금UNCDF'에 사무국을 두고 있다. 마스터카드가 공식 회원에 포함되지 않은 것은 상업적인 이유로 현금과의 전쟁을 선포한 기업이 엄연한 창립 회원으로 나선 모양새를 언론에 보여주고 싶지 않았기 때문이다.

마스터카드가 실리콘밸리와 월스트리트, 미국 정부 등으로 구성된 이 민관 반反현금 연합에 합류한 것은 1년이라는 적절한 시간이 지나고 나서였다.⁶ '실리콘밸리'라는 약칭은 훗날, 비록 '실리콘 계곡'이라는 별명이 붙은 샌프란시스코 남쪽 지역에 본사가 있지 않은 경우에도 미 서해안의 모든 IT 기업과 신흥 기업을 의미하게 되었다. 또 '월스트리트'는 전 세계에서 활동을 벌이는 대규모 미 금융회사를 의미한다.

마스터카드가 미 국무부와 게이츠 재단 외에 동맹 설립을 추진한 세력에 속한다는 분명한 증거가 있다. 설립 2년 전, 게이츠 재단과 마스터카드는 UNCDF의 최대 기부자였다. 이전까지는 소규모 출연에 그쳤던 게이츠 재단과 마스터카드의 기부 금액을 합치면 조직 예산의 20퍼센트가 넘는다. 이런 넉넉한 씀씀이는 뉴욕의 동맹이 UNCDF 내에 원하는 자리를 확보할 명분을 주고 이를 통해 대외적으로 유엔 산하조직처럼 보이게 된 배경이 된다. 이러한 절차는 정식 유엔 산하기관이 아닌 UNCDF에게 외형상 합법성을 부여했다. 마치 사생아 같은 유엔의 자치조직으로서 취약할 수밖에 없는 재무구조를 그런 식으로 쉽게 벌어들인 돈으로 유지한다.[7]

아직 유엔에 속하지 못한 것은, '유엔' 명칭이 붙은 기구는 사무실과 주소를 배정받기 때문이다. 그럼에도 이 로비집단은 유엔으로부터 권한을 위임받은 것처럼 공세적인 태도를 취한다. 정부와 그 밖의 협력 파트너를 현금과의 전쟁에 동원할 의도로 안내책자를 발간할 때면, 이 기구는 번번이 '유엔기반조직'을 자처하며 유엔 보고서 형식으로 발표한다.[8]

동맹의 공식적인 목표는 마스터카드가 다음과 같이 자사의 가입을 알린 장황한 보도자료의 제목에 숨어 있다. '1,500만 달러라는 출연 약속은 현금에서 전자결제로 전환하는 사람들에게 힘을 실어주고 경제성장을 촉진할 세계적 동력의 기폭제가 될 것이다.' 마스터카드는 동맹이 현금 결제에 들어가는 비싼 비용에 경각심을 심어줌으로써 사회적 감동을 안겼다고 썼다.

각국 정부와 '비정부기구'[9] 그리고 기업들은 현금 사용에 종지부를 찍기 위해 서로 협력해야 한다는 것이다.[10] 통제권과 지불수단을 가진 이들에게서 기회를 빼앗고, 중개인을 끌어들여 타인에게 최종 통제권을 넘겨주는 방식을 강요하면서 '권한 부여'를 언급하다니, 얼마나 뻔뻔한가.

2010년까지 마스터카드는 현금과의 전쟁에서 오로지 자사 이익 증가에만 관심을 쏟았다. 2011년이 되자 이 회사는 세계를 개선하고 빈곤을 추방하는 것이 더 중요하다는 것을 확실히 깨달았다. '현금과의 전쟁'이란 말은 이때부터 더 이상 시의적절한 표현이 아니게 됐다. 추정컨대 마스터카드사에서 이 표현이 마지막으로 사용된 것은 2010년이었을 것이다. 당시 경제전문지《포브스》는 마스터카드의 기대 수익 급상승을 다룬 기사에서 이렇게 썼다. '이익은, 마스터카드사의 회장 아제이 방가가 말한 현금과의 전쟁을 통해 추진되는 전자결제 방식이 성장함으로써 나온다고 이 기업은 말한다.'[11]

'현금보다 좋은 동맹'은 홈페이지에서 다음과 같이 목표를 설명한다. '디지털결제는 금융포용을 촉진하는 중요한 도구로 발전했다. 이것이 빈곤층의 금융서비스 비용을 낮춰주고 저축 및 지불거래, 보험 상품 이용의 안전성과 편의성을 높여주기 때문이다.'[12] 따라서 지금까지 사용한 '현금과의 전쟁'이란 명칭은 '금융포용'이라는 인간 친화적인 표현에 흡수되었다. 여기서 독자는 무의식적으로, 특수 시설로 '보내지는' 대신 정상적인 또래 아이들의 학급에 편성된 장애 아동 및 청소년을 떠올릴지도 모른다. 하지만 현실에서 금융포용이란 이전에 사용하던 현금과의 전쟁과 같은 의미다. 문제는 현금결제가 줄어든다는 것이다. 특히 지금까지 은행서비스와는 거리가 있던 빈곤층의 이용이 줄어든다는 것이 문제다. 원칙적으로는 이에 반대할 이유가 없다. 금융서비스 제공자 입장에선 잠재 고객의 이익에 철저히 부응하는, 지극히 정상적인 상업적 목표이기 때문이다.

만일 금융이 빈곤층에게 현금보다 더 유용한 지불 기능 서비스를 제공한다면 그것은 빈곤층에게도, 동시에 기업으로서도 이익이 될 것이다. 그렇다면 이것은 시장경제의 축복받은 효과라고 할 만하다. 그러나 이는 뭔가 특별한 것도 아니고 장려할 만한 것은 더욱 아니다. 현금 퇴출을 선전하는 자들은 금융포용이 빈곤과 저개발을 치료하는 특효약인 듯 떠벌리면서 그런 착시효과를 노린다. '현금보다 좋은 동맹'은 홈페이지에서 '대체로 금융포용은 빈곤 퇴치와 포괄적인 성장 달성을 위해 필수적인 것으로 간주된다'라고 떳떳하지 못한 수동태 표현을 써가며 주장한다. 또 현금결제가 줄어들면 불평등도 줄어든다고 설득하기도 한다.

빈곤 및 저개발 퇴치를 위한 자체 사업 확대를 필수불가결한 것으로 규정한 이래, 마스터카드와 비자는 공공연히 세계적으로 현금 퇴출을 위한 이른바 선의의 음모를 밀어붙일 수 있게 되었다. 물론 가능한 한 이 문제를 전문가들의 범위 안에 묶어놓으려고 애를 쓰고는 있지만, 엄격한 비밀유지가 꼭 필요한 것은 아니다. 이기적 동기를 의심받는 동맹의 회원사가 영업이익을 도모하고 있음을 부인해선 안 되는 이유는, 여기서 발생하는 이익은 곧 세계적 빈곤 퇴치라는 고상한 목표와 완벽히 부합한다고 주장해왔기 때문이다. 2010년 업계 소식지 《닐슨 리포트*Nilson Report*》는 카드사가 실제로 무엇을 중요시해야 하는지에 대하여, 이렇게 정곡을 찔렀다. '비자와 마스터카드는 새 사업을 일으켜야 할 것이다. 그것은 바로 해외 시장이다. 이들에게 필요한 것은 경쟁에 따른 수익 압박을 받지 않는 처녀지다.'[13]

여러 해가 지나면서 다수의 개발도상국가 및 신흥국가는 워싱턴의 초대를 받고 '현금보다 좋은 동맹'의 회원이 될 절호의 기회를 얻는 데 성공했다.

'동맹' 협력사의 동기

세계 개선이라는 허울 뒤에 사업상 목표를 숨긴 것이 비단 카드사뿐만은 아니다. 맥킨지 글로벌 인스티튜트의 연구에 따르면 금융산업은 결제가 완전히 디지털화될 경우, 분명히 과장된 수치로 보이기는 하지만 매년 4,000억 달러라는 천문학적인 직접비용을 절감할 것이라고 한다. 뿐만 아니라 규모가 더 크고 적극적인 고객층은 연간 4조 2,000억 달러의 소득 증대를 올릴 수 있다는 것이다.[14]

과장되었다고는 해도, 이것은 왜 시티뱅크가 '현금보다 좋은 동맹'에 창립회원으로 가담했는지에 대한 이유를 잘 설명해준다. 세계 최대이자 국제적으로 가장 실적이 우수한 은행의 하나로서 시티뱅크는 현금 퇴출이라는 문제에서 모든 은행과 관심을 공유한다. 은행이 현금을 공급하자면 그것을 확보할 때마다 더 많은 비용을 들여야 하기 때문이다. 그 밖에도 현금이 퇴출되면 고객의 돈은 은행시스템에 갇히게 돼 고객으로서는 불쾌하고 은행으로서는 아주 값진 결과를 얻게 된다. 현금이 사라지면, 고객은 주거래 은행에서 다른 은행으로 자금을 이체할 수는 있어도 인출은 불가능해진다. 은행들이 집단적인 투기사업으로 자본을 날린다 해도, 가뜩이나 쪼들리는 정부가 이들을 구제하기 위해 수십억 유로씩 지원할 필요가 없다. 대신 은행은 매년 예금주에 대한 채무를 차츰 줄여가는 역금리를 통해 점차적으로 회생하면 된다. 아니면, 국가가 예금을 20퍼센트나 30퍼센트 혹은 50퍼센트씩 삭감하는 조치를 취한다면 단번에 회생하는 것도 가능하다. 이때 은행 고객은 현금 부족 사태로 은행시스템에서 빠져나오지 못하게 되어 돈을 인출할 수 없다.

반^{R}현금연합의 또 다른 주요 집단은 미국 서해안에 있는 IT 대기업들이다. 이들 역시 상업적인 이유로 금융포용에 관심을 보인다. 최근 독일연방 총리 앙겔라 메르켈이 말한 대로, 데이터는 21세기의 천연 원료다. EU의 여성 위원은 데이터가 "인터넷의 새로운 석유이자 새 통화"라고 말한다.[15] 그 옛날 석유왕의 지위는 오늘날 마이크로소프트와 알파벳, 아마존, 애플, 페이스북 및 이들의 중국 협력사인 바이두와 알리바바, 텐센트가 차지했다. 자산 가치로 볼 때, 이들이 세계 최고의 기업군에 속한 것은 우연이 아니다. 이들은 디지털 경제의 프로그램과 기기, 서버, 플랫폼을 공급함으로써 돈을 벌어들이며 무엇보다 돈과 권력이 될 만한 정보를 얻는다. 현금 거래에서는 이들이 접근해 이용할 수 있는 데이터가 발생하지 않고, 이로 인해 서비스 공급자가 직접 큰돈을 벌 수 있는 방법도 없다. 이와 반대로 디지털로 금전 거래를 할 때는 엄청나게 가치 있는 데이터가 발생한다. 그것은 우리가 얼마나 많은 돈을 갖고 있는지, 정확히 어디에 지출하는지에 대한 데이터다. 한편 무현금 결제 방식의 확산에 중요한 디지털 ID 분야에서도 실리콘밸리의 회사들과 그 중국 협력사들이 앞서 나가고 있다.

특히 특허 출원을 통한 결제 데이터의 이용 가능성은 깔끔하게 문서화되어 있다. 항공사에 정보를 팔려고 할 때, 마스터카드사는 이 특허를 통해 고객의 구매 데이터에서 그 고객의 키와 몸무게를 계산하는 절차를 보호받는다. 항공사는 이 정보의 도움으로 비행기 탑승객에게 알맞은 좌석을 배정할 수 있을 것이다. 물론 항공사가 고객에게 직접 신장과 체중을 물어볼 수도 있다. 하지만 고객이 이런 질문에 사실과 다르게 대답할 수도 있음을 마스터카드는 염두에 둔 것이다.[16]

인터넷결제 서비스 분야의 세계적인 선도기업인 페이팔의 사장 댄 슐먼은 2015년 '금융포용포럼'에 참석했다. 페이팔의 모기업 이베이는 오미디야르 네트워크의 자금원이기도 하다. 이 자리에서 슐먼은 금융포용은 엄청난 사업기회이자 사람들을 시스템 안으로 끌어들이는 것을 의미하는 유행어라고 설명했다.[17] 현금 퇴출과 페이팔의 상업적인 관심이 결합했다는 것은 익히 알려진 사실이다. 오미디야르 네트워크 역시 그에 못지않은 관심을 갖고 있다. 이것은 비영리 공익 기업과 상업적-공익적 벤처 캐피탈 기업의 혼합 형태다.

오미디야르 네트워크는 금융포용과 디지털 ID에 큰 관심을 갖고 있다. 오미디야르 홈페이지는 '디지털 ID는 디지털 뱅킹과 정부의 사회보장 서비스, 그 밖에 수많은 서비스에 접속하기 위한 필수 조건이다'라고 설명하고 있다. '디지털 ID 분야의 포트폴리오를 구축하면서 우리는 ID 체계가 모든 계층을 위한 경제적, 사회적 포용의 확대를 보증하도록 혁신적인 신생기업에 투자하고 연구를 지원하며 정치적, 기술적 해결책을 위해 노력할 것이다.'[18]

전 세계 대부분의 컴퓨터와 공공 부문 프로그램은 빌&멜린다 게이츠 재단에 출연하는 기업인 마이크로소프트사의 윈도-인터페이스를 기반으로 한다. 독일연방정부가 해마다 마이크로소프트에 지불하는 저작권료만 해도 2억 5,000만 유로가 넘는다.[19]

또 사람들을 생물측정학으로 파악하는 많은 기계 장치도 윈도를 기반으로 한다. 이를 통해서 전 세계의 포괄적 금융은 마이크로소프트에 추가 이익을 안겨주고 무엇보다 중요한 데이터를 제공한다. 이밖에도 마이크로소프트는 안면인식과 생체인식 소프트웨어, 클라우드 컴퓨팅 분야의 대기업 중 하나다.

미국 정부는 개발원조기구인 USAID를 통해 '현금보다 좋은 동맹'의 일원으로 가담하고 있다. 여기서 미국 정부는 거의 모든 정부가 하는 일을 수행한다. 즉, 국내 금융 및 IT 서비스 공급자의 사업상 이익을 보호하고 이들이 최대한 역량을 발휘하도록 사업을 장려한다. 결국 국제적인 결제와 투자 금융, 인터넷, 소셜미디어, 기억매체(클라우드) 시장, 소프트웨어 공급, 그 밖의 IT 하드웨어 시장 부문을 지배하는 것은 미국 기업들이다. 이들 기업은 금융 및 IT 서비스로 어마어마한 무역 흑자를 올린다. 2015년 미국의 은행서비스 수출은 740억 달러에 이른 반면, 수입은 180억 달러에 불과했다. IT 소프트웨어와 하드웨어의 경우, 흑자폭은 훨씬 더 클 것으로 예상된다. 미국 정부의 경우, 전략적으로 중요한 경제 분야라고 할 혁신적인 금융기술, 간단히 말해 핀테크FinTech(금융과 IT의 합성어로서 디지털 기술혁신을 통한 금융서비스를 뜻함─옮긴이)도 같은 예에 해당한다. 2017년 백서에서 미 정부는, 미국이 세계적인 리더십을 유지하기 위한 전제조건은 미국에 자리 잡은 핀테크 기업이 상품 및 서비스를 수출할 때 지원하는 것이라 쓰고 있다.

미국 정부의 전략적 이익은 이러한 이익을 추구할 능력만큼이나 선택의 폭이 넓다. 2017년에 도널드 트럼프 대통령이 개발 원조 예산을 감축하겠다고 발표했을 때, 그는 미 정부의 이익에 관한 교육을 받았다. 이런 원조가 미국 기업과 국가 안보에 유익하다는 사실을 몰랐기 때문이다. 미국의 금융 기관은 세계적 선두주자다. "모든 이해 당사자들이 미국 정부의 후원 아래 서로 협력한다면, 그들은 금융 통합의 세계를 창출할 수 있습니다"라고 '금융포용센터Center for Financial Inclusion'의 엘리자베스 라인은 강조했다. 라인은 전에 USAID의 소액금융운동을 주도했던 사람이다.[20] 국가 안보의 이점을 위해 세계적 현금 퇴출을 대통령들의 구미에 맞게 만든 라인은 또한 이렇게 덧붙였다. "금융포용은 현금의 흐름을 보여주므로 테러리즘의 자금 이동을 어렵게 만듭니다."

앞서 페이팔의 슐먼 사장이 금융포용은 "사람들을 시스템 안으로 끌어들인다"는 의미라고 한 말을 기억할 것이다. 일단 시스템 안으로 들어온 사람들은, 마이크로소프트 창업자 빌 게이츠의 말을 인용하자면, "관찰되며 서비스를 받는다". 이익의 보상은 대부분의 미국 기업에게서 받고 미국의 서비스로부터 관찰을 받는다. 게이츠는 미국과 무관한 시스템을 통해 현금 흐름에 가담하는 것을 막으라고 충고했다. 그러지 않으면, "추적해야 할 거래를 추적하고, 차단하고 싶은 거래를 차단하는 것"이 훨씬 어려워진다는 것이다.[21]

이 같은 사고 과정이 완전히 새로운 것은 아니다. 이미 2012년에 오바마 미국 대통령은 대통령령을 통해 USAID에 '세계개발회의 Global Development Council'를 설치하도록 했다. 이 기구 안의 위원회가 개발 정책을 통해 미국의 힘을 확대할 방안을 대통령에게 자문하라는 것이었다. 대통령령의 첫 문장은 미국 정부가 개발 원조에 어떤 입장인지를 설명한다. '국가 안보를 튼튼히 하고 세계에서 미국 경제와 (……) 전략적 이익을 늘리는 데 이바지하기 위한 연방정부의 목표는, 국력을 키우는 데 특별히 중요한 국책의 순서에서 개발 순위를 끌어올리는 것이다.'[22] 이런 의미에서 USAID는 정부의 개발 목표를 실천하는 데 어떻게 도움을 줄지, 이렇게 언급하고 있다. 'USAID는 각국 정부가 디지털 지불 방식의 확산에 유리한 규제 환경을 만들도록 장려하고 그들과 협력해서 빈곤층을 위한 디지털 금융서비스가 확대되도록 노력한다.' 이 밖에 USAID는 디지털 지불 수요를 창출하기 위해 본래의 결제 행위나 기부자의 기부 행위 모두 현금 없이 분배되도록 관리한다.[23]

어디에든 빠지지 않는 게이츠 재단의 한 여성 대표는 대통령을 위한 '세계개발회의'의 회원이었으며, 이 밖에도 금융 부문의 숱한 대표들도 있었다. 월스트리트와 실리콘밸리의 통제를 받는 이 팀은 대통령의 기대를 저버리지 않고, 이른바 금융포용을 미국의 개발 및 안보정책의 최우선순위에 올려놓도록 대통령에게 조언했다.

국가 안보 및 전략적인 미국의 이익은 현금 퇴출과 여러 가지로 관련이 있다. 민주당과 공화당의 초당파적 전략지정학 연구소인 '신미국안보센터[CNAS]'는 금융제재를 '경제 위기의 새로운 도구'라고 부른다. 미국 금융시스템의 규모와 유동성, 완벽성이 미국의 전략적 최강점인 이유는 바로 금융제재를 통해 각 나라와 기업 혹은 개인을 그 시스템에서 배제할 수 있기 때문이라는 것이다.[24] 따라서 국제적인 사업을 벌이는 모든 은행은 미국에게 위협받을 수 있다. 달러 및 미국 사업권의 회수는 파산을 의미하기 때문이다. 2016년, 140억 달러의 벌금을 물고 파산지경으로 내몰릴 것인지, 그중 절반만 갚고 파산을 모면할 것인지를 놓고 미 재무부와 수개월씩 협상을 벌인 도이치 은행의 사례가 그러하다.[25]

미 재무부 처분에 맡겨진 처지에서 보듯, 거의 모든 나라에서 최대 은행을 재판 절차 없이 파산으로 내몰 수 있다면, 그 정부에 대해서도 힘을 행사할 수 있는 법이다. 가능한 많은 나라와 국민들이 이 금융시스템에 깊이 발을 들여놓을수록, 제재 위력은 그만큼 더 강력해진다. 게다가 결제의 디지털화는 종종 달러의 사용 증가를 수반한다. 아프리카에 휴대전화 결제 방식을 제안하는 미국 기업에게 예컨대 달러로 거래하자고 제안하는 것은 매력적이고 쉬운 일이다.

군사력이나 그 밖의 힘 혹은 테러와의 전쟁은 보통 '국가안보'를 의미한다. 파키스탄이나 예멘, 말리, 나이지리아, 기타 많은 국가의 오지에서도 테러의 징후는 포착될 수 있다. 현장관측 요원이 모든 징후를 감시하는 것은 불가능하다. 그 때문에 아주 멀리 떨어진 지역에서도 현금 사용을 전자결제로 대체하는 방식으로, 자동화된 중앙 집중적 감시 형태를 도입하려고 한다. 가령 2018년에 구글이 정부의 무인기 정찰 프로그램과 협력한다는 사실이 알려졌을 때, 구글 직원들이 회사 지도부에 항의서를 보낸 적이 있다. 구글이 참여한 메이븐Maven 프로젝트는 미군을 통해 빅데이터와 기계학습(머신러닝 machine learning)을 이용하도록 하라는 분명한 목표에 기여하고 있다.[26] 더 이상 현금이 존재하지 않을 때, 그리고 생체인식 장치로 인해 누구도 가명으로 휴대전화나 컴퓨터를 사용할 수 없을 때, 드론 공격으로 폭발 테러를 준비하는 사람들만 골라서 죽이는 목표는 더욱 현실화된다. 무고한 생명을 더 이상 살상할 필요가 없는 것이다. 예상을 빗나가거나 바람직하지 않은 극단적인 경우의 수를 줄이기 위해, 기업 및 개인의 신용도 하락에서부터 계좌 폐쇄 수법에 이르기까지 단계별로 제재를 가할 가능성도 열려 있다.

국제개발처(USAID), 세계은행, 민관협력체

이들의 배후에서도 '현금보다 좋은 동맹'에 속한 기업들이 똑같이 막강한 영향력을 행사하는 강력한 조직이 작동하고 있다. 이 모임은 '민관협력을 위한 포럼'을 자처하며, 흔히 '세계경제포럼World Economic Forum'이라 불린다. 억만장자와 대기업군을 주축으로 한 이 모임의 정치적 파워가 어느 정도인지는, 2018년 다보스 회의에서 도널드 트럼프와 앙겔라 메르켈, 테리사 메이, 에마뉘엘 마크롱, 장 클로드 융커, 저스틴 트뤼도, 나렌드라 모디, 그 밖에 70여 개국 정상 및 정부 수반들이 모여 그 모임의 비위를 맞춘 것만 봐도 알 수 있다.

세계경제포럼은 결제의 디지털화를 촉진하면서 그와 관련해 포괄적인 생체인식 방식의 시민 데이터베이스 구축을 지원하기 위한 프로그램을 관리했거나 관리 중이다. 이 프로그램에는 예컨대 의류업체 갭Gap 같은 다국적 대기업이 빈국의 공급자들에게 디지털결제 방식 전환을 요구한다는 구체적인 약속이 포함되어 있다. 만약 각 지역 기업이 현금을 배제한 지불 방식을 거부하면, 그 기업은 협력 대상에서 제외된다.[27]

2000년 경제 대국 모임인 G7 회의가 세계경제포럼에 세계적 디지털화 촉진을 위한 희망 목록을 제출할 기회를 주었을 때, 관련 대기업들은 민관협력을 위한 공식 절차를 원했다.[28] 이런 바람에 대하여 USAID는 당국이 월스트리트와 실리콘밸리의 서비스 공급자로서 서슴없이 행동할 수 있는 '세계개발협력기구Global Development Partnerships'를 설치해주며 화답했다. USAID는 '미국 기업은 개발을 자선 문제라기보다 점점 핵심적인 전략 문제로 보고 있다'라는 말로 민간 파트너를 홍보해준다.[29] 민간 파트너에게 적잖은 혜택이 주어지는 것이다. 이미 '세계개발협력기구'라는 명칭에 미국 정부의 개발 목표와 더불어 민간 부문의 영업이익을 촉진할 것이라는 의미가 내포돼 있다. 기업이 저렴한 상품을 팔 수 있게 새로운 시장을 개척해준다는 것이다. 또 참여 기업의 영업이익과 미국 정부의 전략적 이익을 증진시키기 위한 그러한 개발 협력이 바로 '현금보다 좋은 동맹'이라는 것이다.

세계은행 역시 세계경제포럼의 관심사에 매우 개방적인 태도를 보여준다. 오늘날 세계은행은 국제적인 대기업이 개발도상국 및 신흥개발국 시업에 참여하는 데 촉매 역할을 자처하고 있다. 세계은행 총재인 김용은 더 이상 정부의 자금에 크게 의존하지 않는다. 그는 개인 투자가들에게 세계은행 프로젝트에 투자하면 큰돈을 벌 수 있다고 설득하고 있다.《뉴욕타임스》는 '세계은행이 월스트리트의 산물로 다시 태어나다'[30]라는 호의적인 제목으로 이 소식을 전하고 있다.

세계은행이 중요한 까닭은 이미 꽤 오랫동안 비슷한 목표를 추구해온 그룹, 다시 말해 '현금보다 좋은 동맹'의 선구 역할을 하는 그룹에서 결정적 역할을 하기 때문이다. 이 그룹은 이른바 빈곤층을 위한다는 말까지 이름에 달고 있다. 1995년에 창립된 이 그룹의 이름은 '빈곤층 원조를 위한 자문그룹ᶜᴳᴬᴾ(Consultative Group to Assist the Poor 원문에서는 이후 '자문그룹'으로 표기한다—옮긴이)이다. 처음에는 약호의 'P'가 '극빈층(Poorest)'의 의미로 쓰였지만, 이것은 슬그머니 '빈곤층(Poor)'의 'P'로 바뀌었다. 아마 영리를 추구하는 기업 입장에서 극빈층은 지불 능력이 너무 취약했기 때문이었을 것이다.[31] CGAP가 창립될 때 빌&멜린다 게이츠 재단, 오미디아르 네트워크, 마스터카드, 시티뱅크 등 '동맹'에 늦게 합류한 창립 회원사가 대부분 참여했다. 오늘날 이 두 기구 모두에 포함된 집단은 세계적 반反현금 캠페인에서 모두 주도적으로 활동하고 있다.

CGAP의 사무국은 워싱턴의 세계은행에 있다. USAID는 미국 정부의 직할기구인 반면, 세계은행과 그 자매기관인 IMF와는 간접적인 관계다. 미 안보 보좌관이자 전략지정학자인 브레진스키Zbigniew Brzezinski는 1998년에 "공식적으로 두 기관은 세계적 관심사를 대표하지만, 현실적으로는 1944년에 이 기관을 설립한 미국의 지배를 받는다고 봐야 한다"라고 말한 적이 있다.[32] 세계은행 총재를 선임하며 그 노선을 결정하는 것은 언제나 미국이다. 이런 사실은 2018년 초에 세계은행의 수석경제학자인 폴 로머가 세계은행이 다년간 칠레에 대한 평가를 조작해왔다고 폭로함으로써 분명해졌다. 그동안 칠레의 좌파 정부는 부정적으로, 친미 우파 정부는 좋게 보이도록 평가를 조작해왔다는 것이다. 그는 즉시 이 자리에서 쫓겨났다.

경제학자들은 지금까지 세계은행 및 IMF의 결정을 좌우하는 것은 최우선적으로 미국의 이익이라는 것을 증명해왔다.[33]

현금 폐지로 가는 길:
소액융자에서 금융포용에 이르기까지

　　　　　CGAP와 '동맹'의 회원이 대부분 중복되는 것은 우연이 아니다. 결국 두 집단의 주요 관심사는 가능하면 많은 사람이, 가능하면 긴밀하게 미국이 지배하는 공식 금융시스템으로 결속하는 것이기 때문이다.

　CGAP는 1990년대에, 무하마드 유누스^Muhammad Yunus의 소액금융 모델 확장 작업을 통해 이런 목표를 추구했다. 이후 노벨상을 수상한 유누스가 설립한 방글라데시의 그라민 은행은 빈민에게 보조금을 융자해주었다. 이 방식은 빈민을 돕는다는 취지와 잘 맞았다. 그런데 세계은행과 그에 속한 CGAP는 상반된 행동을 하는데, 이들은 유누스 방식을 홍보하면서 동시에 그것을 오염시켰다. 이들은 전체는 이익을 낼 때만 '지속적으로' 작동할 수 있다고 주장했다. 이런 논리로 워싱턴의 지원에 힘입어 상업적인 대규모 소액금융 부문이 개발되었다. 여기서 그치지 않고 그라민 은행도 영리 목적의 사업 모델로 전환했다. 그러자 자본도 담보도 없는 데다가 배운 것까지 없는 마을 주민들은 여기에 홀딱 속아 넘어가 무려 30퍼센트라는 엄청 높은 이자로 대출을 받기에 이르렀다. 이율은 100퍼센트가 넘을 때도 많았다. 누가 봐도, 자격이 안 되는 미국인의 주택 구입에 융자를 아끼지 않은 서브프라임 모기지와 쏙 빼닮았다. 은행에 극단적인 이익을 안겨주는 서브프라임 모기지의 다단계 사기도 사회정치적인 세계 개선이라는 전통문화로 위장하며 정당성을 내세운 바 있다. 중요한 것은 극빈층 구성원에게도 이른바 내 집 마련의 기회를 제공한다는 것이었다. CGAP 회원인 시티뱅크는 두 가지 비우량(Subprime) 부문에서 큰손이었다.

부동산과 소액금융이라는 두 가지 사업 분야가 서로 인접해 있다는 것은 여러 이력서에서 드러난다. 가령 게이츠 재단의 '빈민을 위한 금융서비스' 부사장인 제이슨 램은 워싱턴 뮤츄얼^{Washington Mutual}의 운영 리스크를 관리했던 사람인데, 워싱턴 뮤츄얼은 가장 부도덕하고 정도가 지나친 서브프라임 모기지론을, 그것도 리먼 브라더스가 파산하고 며칠 지나지 않아 남발한 은행이다.[34] 은행원인 모나 카츠와하는 처음에 시티뱅크의 부동산 대출 리스크를 관리하다 이곳의 소액금융을 담당한 직원이었다.[35] 이런 경력은 은행 분야에서 드문 일이 아니다.

빈민 상대의 소액대출사업은 큰돈을 벌 수 있다. 이런 인식은 무하마드 유누스가 직접 깨달은 것이다. 그는 마을 주민 간에 긴밀한 사회적 유대감이 형성될 때 높은 상환율을 달성한다는 것을 확인했다. 이런 배경에서 회원들이 집단의 신용도를 보호하기 위해 상호간에 윤리적 압박을 받는 경우, 고액대출이 이루어진다. 혹은 마을 공동체가 대출받는 사람의 보증을 서기도 한다. 이런 방식으로 소액금융업자는 지나친 고리에도 불구하고 장기간 낮은 연체율 속에서 그에 걸맞은 큰 이익을 올릴 수 있었다.

유누스는 CGAP의 초대 학술고문이 된다. 1997년, 그가 한 약속은 대단했다. 그는 한 세대 안에 소액금융으로 전 세계 빈곤을 극복할 것이라고 약속했다. 그때가 되면 우리 자녀들은 빈곤의 개념을 이해하기 위해 빈곤 박물관으로 견학을 가야 할 것이라고도 했다. 무엇보다 여성의 지위가 대폭 개선될 거라고 했다.[36]

많은 빈국에서 소액대출산업은 급성장하면서 곧 그 나라의 시장을 잠식했다. 유누스의 약속이 실현될 수 있는 조건이 충족된 것이다. 하지만 낙관적인 전망에서는 예측하지 못했던 일이 발생했다. 대출받은 사람들이 높은 이자율 때문에 고난에 처하게 된 것이다. 빈민들은 굶주림에 허덕였고, 자녀의 학업을 중단시켰으며, 파산 선고를 막기 위해 가축이나 땅을 팔아넘겼다. 1차 부채를 갚기 위해 다시 대출을 받는 사람도 있었다. 더 이상 헤어날 방법이 없다고 여겼던 수많은 아버지들은 수치심에 스스로 목숨을 끊었다. 이러한 자살은 전염병처럼 번져 나갔다.[37]

이러한 형식의 다단계 사기는 2008년부터 니카라과, 파키스탄, 인도, 방글라데시를 포함한 많은 나라를 붕괴시켰다.[38] 방글라데시의 소액금융에 따른 위기는 끝내 그라민 은행에 대한 정부 조사로 이어졌다. 유누스는 은행의 고위직에서 강제로 퇴출되었다.

소액대출이 매우 광범위한 지역에서 만연했다는 것에는 의심의 여지가 없다. 2017년 초, 독일연방은행 총재인 옌스 바이트만은 이렇게 경고했다. "2010년 소액금융에 따른 인도의 위기는 너무 많은 비우량 고객이 융자를 받을 때 무슨 일이 발생할 수 있는지를 여실히 보여준다."[39] '공익'을 목적으로 한 워싱턴의 대형 소액대출기구인 비영리 소액대출서비스Finca의 의뢰로 실시한 연구도 이와 똑같은 결론을 내리고 있다.[40] 이 보고서는 다음과 같이 지적한다. 'Finca와 사회적 책임이 있는 대출공동체의 동료들은 다른 나라에서 엄청난 비난을 야기한 부채 위기가 멕시코에서 발생하는 것을 피하는 데 급급하다.' 79개국의 소액대출 실무자들을 대상으로 한 설문 조사에서도 어디서나 과잉대출이 최대 걱정거리라는 결과를 보여준다. 연구진은 이렇게 강조한다. '이러한 상황은, 갈수록 빚은 늘고 엄청난 연체 이자와 때때로 잔인한 상환 독촉에 시달리다 못해 어쩔 수 없이 다시 대출받는 채무자와 그 가족에겐 매우 절망적이다.'[41]

고액 연봉을 받는 Finca 경영진이 채무에 시달리는 빈민을 우려한 것이 과연 진심이었는지는 2016년, Finca가 믿음을 저버리고 멕시코 지사와 그 고객을 대부업체 테 크리모스Te Creemos에 팔아넘겼을 때 명백해졌다.[42] 테 크리모스는 100퍼센트가 넘는 고리로 업계에서는 가장 악명 높은 고리대금업체로 통하는 곳이다.[43] 이미 2014년에 Finca의 CEO는 공익과 상관없는 일을 하며 120만 달러의 보수를 받았다. Finca 멕시코 지사의 성공적인 매각 이후, 업계의 관례에 따라 다시 많은 돈이 세계를 개선한다는 경영진의 수중으로 흘러들어갔을 것이다.

소액금융업계와 그 옹호자들은 자신들의 행위가 비참한 결과를 가져온 것을 정당화할 필요가 있을 때는 노련하게 대처한다. 이들은 대개 중점적으로 추진한 이익 지향 모델 때문에 그 같은 결과가 나온 것이 아니며, 골치 아픈 문제는 따로 있다고 둘러댄다. 빌 게이츠는 다른 핑계를 댔다. 그의 주장에 따르면 대출기관은 대출자와 물리적 상호관계에서 발생하는 고비용 때문에 비싼 이자를 요구할 수밖에 없다는 것이다. 그 때문에 게이츠 재단은 결제 방식의 디지털화에 열심히 참여한다고 주장한다.[44]

하지만 관련업계는 이런 실패 사례를 번번이 묵살하며 계속 똑같은 방식만 선전해댄다. 매번 이름만 바꿔가며 틀에 박힌 엉터리 약속을 반복한다. 좀 더 빠른 속도로 현금 반대 운동에 접근해보자. CGAP의 책임 아래 진행된 전문가의 보고서에서는 이 운동이 이런 식의, 새롭고 덜 의심스러운 개념으로 전환되었다. '빈곤층을 위한 금융서비스 폭을 넓히기 위해 소액대출기관의 서비스가 확산되는 가운데 소액금융microfinance이라는 개념이 발전했다. 최근에는 그런 서비스 제공에 금융포용을 활용하는 것이 일반적인 추세다.'[45]

솔직히 말해 금융포용은 바람직한 것일 수도 있다. 독일에서 은행 계좌를 만들 수 없는 사람은 은행시스템의 서비스를 받지 못하는 것으로 불이익을 받는다. 진정한 금융포용이라면 누구나 기본적인 은행서비스를 받을 수 있는 기회를 주어야 한다. 현금 없이 돈을 보내고 받을 수 있는 계좌가 바로 그런 기회에 속한다. 소수의 사람만 공식 금융서비스를 이용할 수 있는, 인도나 말라위의 시골 등에서 발생할 수밖에 없는 서비스 배제 행태와는 매우 다르다. 이곳 사람들은 금융서비스를 사용할 만큼의 충분한 돈을 확보하지 못한다. 아마 이들에게 충분한 돈을 벌 기회를 준다면, 금융서비스는 저절로 찾아올 것이다. 이들에게 계좌를 개설해주거나 개설 기회를 준다 해도 여전히 돈이 없다면, 전혀 무용지물일 수밖에 없다.

세계은행과 게이츠 재단, '현금보다 좋은 동맹'은 2014년 공동 보고서에서 이전의 소액대출과 똑같은 표현 및 주장을 담아 이렇게 금융포용을 두둔한다. '공식적인 금융서비스에 접근하지 못하는 여성과 빈민, 소기업 그리고 그 밖에 다른 이유로 배제된 사람들은 교육이나 사업에 투자할 때, (극히 제한된) 비공식 혹은 반*공식적인 저축과 대출에 의존한다.' 이 때문에 소득 불평등을 해소하고 폭넓은 경제 성장을 달성하기 어렵다는 것이다.[46]

그들은 이런 표현을 써가며 극빈층은 계좌가 있을 때만 저축의 문턱이 낮아지고 이를 통해 그들의 국가가 경제적으로 훨씬 발전할 것이라고 끊임없이 잘못된 결론을 내린다. 앞으로 알게 되겠지만, 이런 극단적인 주장에는 믿을 만한 근거가 없다.

현금 퇴출을 위한 신조어, 금융포용

'금융포용'과 '금융배제'라는 개념은 조지 오웰George Orwell로부터 시작되었을 가능성이 있다. 오웰은 미래 소설 《1984년》에 묘사된 전체주의 정부를 위해 기만적인 언어를 만들어냈다. 소설에 나오는 가상의 정부는 언어의 의미를 비틀거나 '전쟁이 평화다', '자유는 노예제', '모르는 것이 힘' 같은 구호를 선전하면서 사람들이 정부가 원치 않는 방향으로 생각하는 것을 방해한다. 문외한인 우리가 '금융에서 배제된 사람들에게 도움을'이라는 말이 실제로 어떤 의미인지 판단하려면— 말하자면 현금 이용자들을 압박해서 금융 및 통신업계의 이용 고객으로 만들려는 것은 아닌지— 일단 의심을 품어야 한다. 사실이 그렇다.

CGAP는 정부를 위한 전략 문서에 민간과의 협조 및 지속 가능한 접근이 금융포용에 필수적이라고 밝혔다.[47] 여기서 '지속 가능한'이라는 긍정적인 개념은 전혀 다른 의미로 쓰인다. 즉, 지속 가능은 금융포용과 연계돼 상업적인 '이익 가능성'으로 변질된다. 이러한 이데올로기에 따르면 인류의 복지는 상업적인 기업 참여에 좌우되며, 이런 기업은 이익이 발생할 때만 지속적으로 참여한다. 굳이 오웰처럼 개념을 재해석하지 않더라도, 비자 같은 회원사가 분석가와 투자자들 앞에서 회사 목표를 설명할 때면 똑같은 말이 전혀 다르게 들린다. 2017년 비자의 CEO 알 켈리는 한 투자회의에서 현금 퇴출이 회사의 최우선 과제라고 말했기 때문이다. 그러면서 현금 거래를 전자 거래로 전환하는 것이 비자를 위한 가장 절대적인 성장 지렛대라고 했다.[48]

CGAP의 실용적 정의는 '금융포용'을 위해서는 금융시스템에 대한 효율적인 접근이 필요하다고 강조한다.[49] 이는 실제로 고객이 디지털 금융서비스를 이용하고, 동시에 디지털 금융서비스가 제공자에게 이익을 가져다 줄 경우에만 가능하다. 이 정의에 따르면, 가령 비용이 들지 않는 국책은행이나 우체국 계좌를 선호하는 시민은 언제나 예외 없이 배제 대상이 될 것이다. 이때 금융서비스는 '이익 발생'이라는 의미에서 볼 때, '지속 가능한' 형태로 제공되지 않을 것이기 때문이다. 이 정의대로라면, 현금을 선호하므로 은행계좌를 별로 이용하고 싶지 않은 고객은 누구나 금융배제 상태가 된다. 바꿔 말해 현금을 포기하지 않는다면 순수한 금융포용은 없다는 것이다. 그러나 현금은 가장 간편하고 저렴한 지불수단이므로, 실제로 이는 다른 의미를 내포한다. 즉, 현금 이용을 고집하는 사람들을 금융서비스에서 배제하거나 현금 이용을 매력 없게 보이도록 만드는 것이 중요하다. 금융포용이란 말은 금융배제를 위한 기만적 언어에 불과하다. '금융배제자'는 그저 '현금 이용자'라고 해석하면 된다.

2015년 12월, 워싱턴에서 열린 금융포용포럼에서도 현금 퇴치가 중요하다는 것이 명백해졌다. 페이팔의 댄 슐만 사장은 마땅히 공격해야 할 주요 경쟁상대로 현금을 지목했다. 유명한 금융포용 유엔 특별대표인 네덜란드의 막시마 왕비는 "우리의 적은 현금이다"라고 말했고, 이 의미심장한 말은 아프리카의 대형 이동통신사로서 결제 플랫폼을 가지고 있는 에코넷의 설립자이자 회장인 스트라이브 마시이와의 입에서도 나왔다.[50]

반대로 빈민을 돕는다는 표면상의 목표는 너무도 요원한 실정이다. 유엔무역개발회의UNCTAD의 개발금융과장 스테파니 블랑켄부르크는 터무니없는 개념을 위장하는 번지르르한 말에 넘어가지 않는다. 그녀가 "하루에 고작 1~2달러 버는 사람이 은행서비스를 이용할 때 수수료를 내야 한다면 그게 무슨 도움이 되겠어요?"라고 반문하는 것은 지극히 당연하다.[51]

세계은행은 이러한 이의 제기에 대해 홈페이지에서 '금융포용'이라는 표제 밑에 독특한 답변을 게재하고 있다. 계좌가 없는 사람의 59퍼센트는 의미 있게 계좌를 이용할 만한 돈을 벌지 못하는 것을 이유로 든다는 말이 여기 나온다. 그러면서 이들은 더 많은 돈이 필요한 것이 아니라, '금융서비스가 아직 저렴하지 않거나 저소득층 사용자들에게 맞춤화되지 않아서'라는 식의 결론을 낸다.[52] 세계은행과 게이츠 재단, '현금보다 좋은 동맹'의 공동보고서는 냉소주의를 내비치는, 황당무계하기 그지없는 내용이다. 보고서 작성자들은 하루에 2달러 이하를 버는 성인의 4분의 3 이상이 공식 금융기관의 계좌를 갖고 있지 않다고 한탄한다. 이런 불만에 이어 다음과 같은 약속이 나온다. '디지털결제는 빈민에게 자동 저축 시스템 혹은 반복적인 저축 요구 시스템과 결속하는 기회를 가져다주고 또한 저축에 대한 심리적 장벽을 극복하는 데 도움을 줄 것이다.'[53] 쉽게 말해, 빈곤에서 벗어나기 위해 하루 수입(2달러 이하의 돈)을 저축하는 데 단련돼 있지 않은 것이 문제라는 식이다.

　2009년 CGAP의 한 보고서에는 이미 그들 스스로의 약속에 대한 믿음이 부족하다는 것이 드러나 있다. 보고서는 '금융서비스로 소득을 올리고 사람들을 빈곤에서 구해준다는 주장에 대해선 상당한 논란이 있다'라고 현실을 인정한다. 하지만 이것은 전혀 문제가 안 된다는 것이다. 그러면서 '저축과 대출이 빈곤에서 벗어나는 데 도움이 되는가와는 상관없이 빈민은 공식적인 금융 상품을 높이 평가한다. 그것이 빈곤에 대처하는 데 도움이 되기 때문이다'라는 이유를 댄다.[54]

　정책 성공에 대한 이런 근시안적인 주장 앞에, 소액금융과 금융포용으로는 저들의 약속과 달리 세계적 빈곤을 추방하지 못했음을 확인할 필요는 없다. 유누스가 거창한 약속을 한 지 20년이 넘었고, 그라민 은행을 설립한 지 35년(완전한 한 세대)이 지났지만, 소액대출과 소액금융 혹은 금융포용이 빈곤 퇴치를 위해 이렇다 할 긍정적 기여를 했다는 것을 인정할 만한 증거는 찾아볼 수 없다. 공식적인 금융 서비스에서 제외된 여성에 대한 극심한 차별 역시, 한 세대쯤 지나면 분명히 금융포용의 시급성에 대한 사이비 논쟁으로 다가올 것이다. 세계적인 극빈층 비율 감소에 가장 큰 기여를 한 중국이 하필이면 금융포용업계의 접근이 차단된 나라라는 점도 기이하다.

개발도상국에서 빈곤 퇴치를 구실로 추진되는 사업이 제대로 작동하든 말든 큰 관심이 없다 해도, 금융포용으로서는 무시해서는 안 될 것이 하나 있다. 그것은 바로, 앞으로 보게 되겠지만, 현금에 반대하는 기업과 정부로 꾸려진 세계 연합이 둘러대야 할 핑계다. 이들의 활동은 출발 당시에만 빈국에 집중되었을 뿐, 그 사이 현금 반대 운동은 독일을 비롯한 선진국까지 확실하게 장악하고 있다.

거짓 약속과 매수의 증거

금융포용이 빈곤을 추방하는 데 도움이 안 된다는 결론은, 긍정적인 효과를 장담하는 그들의 많은 연구 결과와 일치하지 않는다. 금융포용 옹호론자들의 연구는 긍정적인 효과를 입증하는 것처럼 보이며 그들은 그런 연구 결과를 언급하기를 매우 좋아한다. 여기서의 모순은 부분적으로 인용한 '증거'의 상당 부분이 맥킨지나 보스턴 컨설팅 그룹 같은 미국의 대형 경영자문회사의 평가 자료에서 나온 것이라는 점이다. 이들 기업은 고액의 보수나 기타 대우를 받는 대가로 구미에 맞는 연구물을 발표할 준비가 되어 있는 기관이다. 바로 여기서 현금 퇴치를 통해 얼마나 많은 돈이 절약되는지, 그로 인해 얼마큼의 성장이 이루어지는지가 다루어진다. 이런 수치를 들여다보면 주먹구구식 어림계산 수준을 능가하는 것은 거의 없고 때로는 완전히 비현실적 가정하에 이루어지기도 한다. 그리고 이때의 가정은 전혀 확인이 안 될 때가 많으며, 가끔은 재량껏 적어내기도 한다.

이런 보고서는 학술적 요건을 충족하지 못하므로 아무도 그것을 심각하게 받아들이지 않는다. 하지만 세계은행과 다양한 반x현금그룹으로 하여금 명목상 증거로 사용된다는 점에서는 언제나 쓸모 있다. 현금이라서 부패나 손실로 인해 해마다 공적 자금에서 1,100억 달러가 빠져나간다는 것이 한 예다. 이것은 맥킨지가 산하 글로벌 인스티튜트를 통해 '계산해낸' 것이다. 또 금융포용 옹호세력 사이에서 자주 인용되듯, 빈민에게 지원되는 현금 원조의 3분의 1이 잘못된 경로로 전달된다는 증거도 이 연구소에서 나왔다.[55] 물론 이에 대한 증거는 없으며, 맥킨지는 디지털 방식의 원조금 지원에서 옆으로 새 나가는 돈이 얼마인지에 대한 평가도 당연히 하지 않는다. 같은 원칙에 따라 맥킨지 글로벌 인스티튜트는 개발도상국 및 신흥개발국의 경제성과가 디지털 금융서비스로 인해 3조 7,000억 달러, 즉 아프리카 전체의 생산량 이상으로 늘어났다는 결론을 내리고 이것을 널리 알렸다. 이에 따라 9,500만 개의 일자리를 추가로 창출할 것이라고 한다.[56]

다만 회계감사기관의 평가 자료를 통해 분명히 알 수 있는 것은 그것들 대부분이 연구논문으로 인쇄할 가치가 없다는 것이다(이는 보통 '학술적' 연구의 문제점으로 지적되는 바다). 이런 지적은 소액금융의 모든 영향 분석에 대한 체계적인 감정평가에서 나온 것으로서, 영국 정부에서 예산을 지원하기 때문에 누군가의 비위를 맞출 필요가 없는 것이었다. 그리고 '현재의 열기는 사상누각이다'라는 결론을 내렸다.[57] 더욱이 이 '역사상 가장 관심을 끈 개발 아이디어'를 분석한 종합보고서에서는 소액금융에 집중하는 추세를 전반적으로 유해한 것이라 설명했다. 여기에 필진으로 참여한 인류학자, 경제학자, 정치학자들은 이 운동이 공동체의 연대와 신뢰를 파괴하고 지역 경제를 약화시켰으며, 양성 평등권을 방해하고 빈곤과 기회 박탈을 악화시켰다고 평가하고 있다.[58]

어떻게 이런 일이 있을 수 있으며, 반대 주장을 편 그 많은 연구물은 대체 어디에 있다는 말인가? 대답은 간단하다. 돈을 주고 사들인 연구물이라는 것이다. 경제학이 이익과 권력에 대한 관심을 공익으로 위장한 허울을 공급한 것은 비단 어제오늘의 일이 아니다. 2009년에 나온 CGAP 보고서에는, 이처럼 학계를 매수하는 프로그램이 아주 노골적으로 소개돼 있다. 거기에는 '후원자의 역할'이라는 제하에 사회보장 분야에서 금융포용의 가치를 '기록하기' 위해 더 많은 연구가 필요하다는 말이 나온다. 이 말은 연구소의 후원금을 조달하려는 사람들에게, 연구 결과가 어떤 방향으로 나와야 할지를 분명히 전달한다. 또 '정치인들에게 자극적인 동기부여를 위해 은행의 사업 가능성을 잘 이해할 수 있는' 연구가 더 필요하다는 말도 있다. 따라서 연구비를 지원받는 학자는 금융포용이 이익 추구 모델을 제도적으로 뒷받침할 수 있도록 마스터카드나 시티뱅크 같은 기업을 위한 시장 연구를 해야 한다는 것이다.

이런 사업 모델의 모범적인 예로 남아프리카에서 국가원조 프로그램을 위해 자금을 이체해주고, 동시에 수신인들에게는 소비자 대출을 해주는 기업이 소개된다. 앞으로 기업이 직접 압류하는 국가의 사회보장 부담금은 대출 담보물이 될 것이다. 이렇게 확실한 안전장치에도 불구하고 기업이 높은 이자를 받는다는 사실과 여기서 조금만 규제해도 문제될 것이 없다는 제안은 각주로 숨긴다.[59]

게이츠 재단과 몇몇 금융포용 협력사들은 미리 결론이 정해진 연구에 매달리도록 미국 유명 대학의 다수 교수진과 연구소에 수천만 달러를 후원했다. 2009년 게이츠 재단에서 기부한 수백만 달러의 도움으로 시카고 대학교에 '금융시스템과 빈곤을 위한 컨소시엄 CFSP'이 설치된 것도 그런 후원의 일환이다. 여기서는 케냐의 빈민 중에 모바일결제 시스템인 엠페사M-Pesa에 연결된 사람들이 그렇지 않은 사람보다 비상시에 더 많은 사람과 더 먼 곳에서 더 많은 돈을 받는다는 것을 밝혀낸 연구를 지원했다. 하지만 이는 그리 놀랄 만한 일이 아니며, 이 주장대로 사람들이 엠페사 덕분에 더 많은 돈을 받는다는 것을 의미하지는 않는다. 외국이나 도시에 잠재적 후원자가 없는 사람은 엠페사를 이용할 이유가 없기 때문이다. 통계는 바로 이런 점은 고려하지 않고 엠페사 가입과 더 많은 돈을 받는 것 사이에 형성된 표면상의 관계만 밝혀낸 것이다.[60]

마찬가지로 게이츠 재단에서 수백만 달러를 지원받은 캘리포니아 대학의 '통화기술 및 금융포용연구소IMTFI'도 인도와 멕시코, 미국을 포함해 다양한 국가의 '현금비용'이란 제목으로 이미 수없이 인용된 연구물들을 쏟아내고 있다.[61] 여기서 계산된 현금비용은 비싸게 소개된다. 2006년에는 뉴욕 대학교에서 게이츠 재단의 후원을 받은 조너선 모르두흐가 '금융접근성 이니셔티브[FAI]'를 창립했다.[62] 이 밖에 게이츠 재단은 워싱턴의 '세계개발센터[CGD]' 및 런던 지부의 최대 후원자이기도 하다. 2018년 게이츠 재단의 후원금만 해도 매달 50만 달러에 가깝다.[63] 게이츠 재단은 또 마스터카드와 마이크로소프트, 시티뱅크 등의 기업과 더불어 터프츠 대학교의 '글로벌 환경의 경영연구소[IBGC]'를 후원한다. 여기서는 빈국의 정치인 중 '떠오르는 별들'에게 금융포용을 깨우쳐주고 있다.[64]

또 게이츠 재단은 더 나은 현금 파트너인 국제개발처[USAID]와 함께 버클리 대학교의 '효율적인 글로벌 행동 센터[CEGA]'도 후원하는데, 이곳은 특히 농업의 혁신적인 금융 해결 방안에 매달리고 있다.[65]

게이츠 재단에서 후원받는 대규모의 주요 연구소 중에는, 보스턴 소재의 명문대인 MIT의 '압둘 라티프 자밀의 빈곤행동연구소[J-PAL]', 그리고 이곳과 인적 자원이 겹치는 반+상업적 연구소 '빈곤행동혁신[IPA]'이 있다. IPA의 경우 2015년 연례보고서에 따르면, '현금보다 좋은 동맹'의 다른 회원사인 시티뱅크와 USAID, 오미디야르 네트워크, 포드 재단, 그 밖에 자선 활동을 하는 블랙록[BlackRock]이나 도이치은행, JP 모건 같은 다른 대규모 조직에게서도 후원받는다. 2015년, 이 연구소는 부유한 기부자들로부터 거둬들인 4,000만 달러에 가까운 후원금으로 이 훌륭한 사업을 위한 연구진을 충원할 수 있게 되었다. IPA는 최근에 '디지털 금융서비스를 통해 여성의 지위를 향상시킬 수 있음을 보여주려는' 학자들에게 4,100만 달러의 연구 지원금을 지급한다고 고지했다.[66] 반대로 시종일관 학술 본연의 연구에 매달리는 학자들은 그런 거액의 연구비를 받을 기회가 없다는 것은 공공연한 사실이다.

미국에서 매우 영향력이 큰 경제기관인 브루킹스 연구소는 2008년에 게이츠 재단으로부터 580만 달러를 지원받고 '아프리카 성장계획'이라는 프로그램을 가동했다.[67] 이후 여기서는 성장을 위해 금융혁신과 포용의 두드러진 의미를 강조하는 논문들이 정기적으로 발표된다. 이들은 "2018년은 아프리카 전역의 경제가 '현금보다 좋은 동맹'에 가입할 때다"라는 노골적인 표현을 써가며 주요 후원사의 '현금보다 좋은 동맹'을 홍보하곤 한다.[68]

게이츠 재단이 2008년에 설립된 '국제충격평가계획International Initiative for Impact Evaluation'의 대후원사가 된 것은, 개발도상국의 경제학에서 관절 역할을 해야 하는 현장 실험이 금융포용 분야에서 올바른 결과를 이끌어내도록 하기 위함이다. 게이츠는 처음 5년 동안에만 2,100만 달러를 지원하겠다고 약속했다. 이에 따라 또 다른 반反현금 진영에서도 추가 지원이 이루어진다.[69]

또 개발도상국의 수많은 기관 역시 현금에 반대할 학술적인 근거를 찾아낸다는 명목하에 후원받고 있다. 그중 가장 대표적인 기관으로 남아프리카의 '금융규제 및 포용센터Cenfri'를 들 수 있다. 이 연구소는 게이츠 재단과 마스터카드, UNCDF의 공동지원을 받는다.[70] 또 다른 중요한 예로는, 앞으로 한 번 더 나오겠지만, '케냐 금융부문 신뢰강화Financial Sector Deepening Trust Kenya'다.

따라서 미국에서 빈곤 및 개발 연구자가 현금 반대 집단이 지원하는 광범위한 이 네트워크에 속하지 않은 채 안정적 직장을 가진 사례는 없으며 외국의 경우도 소수에 불과하다. 유엔무역개발회의UNCTAD의 경제학자인 블랑켄부르크는 그런 의미에서 실제로 긍정적인 결과를 담은 연구는 예외 없이 이 연구 결과와 이해관계가 있는 쪽에서 지원받은 것임을 지적한다. 반反현금운동의 지원을 받지 않은 소수의 연구소나 연구진은 대부분 금융포용 약속에 매우 비판적인 태도를 보인다.

　그런데 게이츠나 세계은행으로부터 지원받은 학자 중에서도 조심스럽게 대오에서 이탈하는 이들이 있다. 예를 들어 2018년 초, '금융접근성 이니셔티브'의 대표인 조너선 모르두흐는 대형 보고서에 뭔가 숨겨져 있음을 인정했다. "요즘 유누스의 예상은 그 가정과 더불어 무너지고 있다. 소액금융은 매우 훌륭한 사업 모델임이 입증되었지만, 빈곤 대책으로 입증된 것은 아니다." 모르두흐 역시 2009년 CGAP가 그랬듯이 똑같은 구실을 대며 발을 빼고 있다. 금융포용이 빈곤 추방에 아무 기여를 못했어도 빈민들이 금융서비스를 높이 평가하므로 좋은 정책이라고 말하기 때문이다.[71] 세계은행 그룹의 일원인 아시아개발은행ADB은 2018년 연구를 통해 금융포용으로는 더 이상 빈국의 빈곤이 줄어들지 않는다는 결론을 내렸다. 빈곤 추방을 위해 훨씬 더 중요한 것은 농업 생산성 강화라는 것이다.[72] J-Pal의 아브히지트 바너지와 에스더 듀플로도 이와 아주 유사한 발언을 했다. 이들은 전에 수많은 연구와 세계적인 베스트셀러였던《빈곤의 경제학Poor Economics》을 통해 금융포용의 수익성을 홍보한 사람들이다.[73]

이처럼 반대 증거가 넘치는 데도 2017년까지도 독일 정부는 전형적인 과장어법으로 이렇게 주장했다. "포용적이고 지속적인 금융시스템은 포용적이고 지속적인 성장의 핵심 요인이다." 독일 정부는 이런 식으로 여러 모순되는 주장을 펼치며 금융포용을 경제대국모임인 G20 정상회의의 3대 최우선 과제로 꼽았다.[74] 의구심을 품은 필자의 문의에 재무부 대변인은 이렇게 답장을 보내왔다. '독립적인 다수의 연구는 금융포용과 성장, 불평등 및 빈곤 감소의 상관관계에 대한 경험적 증거를 보여줍니다.' 이 대변인은 런던 카스 경영 대학원의 토르스텐 벡Thorsten Beck이 발표한 자료를 증거로 제시했다. 하지만 벡은 필자의 질의에, 금융서비스가 무조건 발달 과정의 가장 큰 제한 요인인 것은 아니라고 답했다. 또 금융서비스에 대한 접근이 전국적으로 빈곤 퇴치에 기여한다는 학술적 증거는 없다는 것을 인정했다.[75]

마찬가지로 남아프리카의 세계은행 책임자는 2017년 말까지도 유누스와 같은 태도로, 극단적 빈곤을 근절하는 데 금융포용만큼 핵심적인 문제는 없다고 노골적으로 주장해왔다. 잠비아 재무장관이 세계은행에서 지원하는 국가의 '금융포용전략'을 엄숙하게 선언한 것이 이 같은 주장의 동기가 되었다. 그때까지 세계은행 기금으로 그와 유사한 반反현금 전략을 제시한 곳은 이미 30개국이 넘었다.[76]

잠비아뿐만 아니라 세계의 거의 절반에 가까운 국가들이 현금을 없애거나 줄이겠다고 선언한 것에 가장 큰 책임이 있는 사람은, 다음 장에서 보다시피 분주하게 움직이는 마이크로소프트의 창업자 빌 게이츠와 그의 재단이다. 이 재단은 '현금보다 좋은 동맹'과 CGAP의 주요회원일 뿐 아니라, 게이츠가 차후에 반反현금 집단의 일원으로 결속시킨 100여 개 빈곤국의 중앙은행 조련사이기도 하다.

빌 게이츠의 금융포용동맹

2005년 마스터카드가 현금과의 전쟁을 선포했을 때, 게이츠 재단은 독일의 개발원조기관인 국제협력협회GIZ의 알프레드 하니히를 스카우트했다.[77] CGAP를 통해 알게 된 사람이었다. 게이츠를 위해 하니히가 해야 할 과제는 금융포용 촉진을 위해 세계연합의 결성을 준비하는 것이었다. 결국 2008년 이 '금융포용동맹AFI'이 공식적으로 설립된다. 하니히는 100명에 이르는 빈곤국 중앙은행장들에게 접근하며 환심을 샀다. 이들은 게이츠와 세계은행 등의 자금과 마스터카드, 비자, 보다폰의 기술 원조를 받으며 결제를 디지털화하고 현금을 퇴출시키는 작업을 했다. 하니히는 개발도상국과 원활하게 접촉했을 뿐만 아니라 AFI의 기존조직을 유리한 조건으로 인수했기 때문에 그의 영입은 재단으로서는 유익했다.[78] 이로 인해 이른바 이 정부연합의 신뢰도는 유난히 높아졌다. 마치 게이츠 재단에 사무국을 둘 것처럼 보였고, 비용도 재단에서 지불한다는 얘기가 나왔다.

반면 연합에 참여한 각국의 중앙은행은 반대급부로 책임진다는 약속을 해야 했고, 규제와 시장개방 문제에서는 게이츠와 워싱턴의 기준을 따라야 했다. 2011년 '마야선언'에서 이들은 '빈민계층의 권한이 강화되고 그들의 삶이 개선되는 과정에서 금융포용의 두드러진 의미'를 인정한다고 굳게 약속했다. 경직된 믿음을 인정하는 맹목적인 약속은 그것이 잘못되었음이 계속 입증돼도 고집스럽게 밀어붙일 수 있다는 장점이 있다. 그 밖에 서명자들은 적절한 '혁신 기술'을 '전면 활용할 것'을 약속했다. 바꿔 말하면 이것은 그들이 선진국의 IT 및 통신, 금융 대기업에 꼼짝없이 시장을 내주고, 가능한 한 현금 이용을 억제해야 한다는 것을 의미한다.

이 배후에서 작동한 주고받기식 타협의 비교적 생생한 사례는 AFI의 지각생인 요르단이 보여준다. 다수의 시리아 난민을 받아들인 요르단 정부는 2017년 12월, 암만에서 '금융포용을 위한 정책포럼'을 개최하고 그 자리에서 '금융포용을 위한 국가전략'을 가결했다. 이 전략 안건은 각국에서 포럼에 참석한 빌 게이츠 주변 사람들이 미리 작성해서 가져온 것이 분명했다. 이로부터 2개월이 조금 지나 요르단은 게이츠 재단에서 300만 달러를 받았고, 이 돈은 다른 후원자의 기부금과 합쳐져 1,100만 달러로 불어났다고 한다. 이 돈은 요르단 정부가 빈민에게 제공할 지출과 난민을 위한 인도적 자금이 현금 없이 전달될 수 있게 하는 모바일 금융서비스 인프라 구축에 지원되었다.[79] 이것은 요르단이 혁신적이고 진보적인 형태로 난민에게 자금을 지원한다는 명목으로 언론에 자주 소개되었다. 이런 예는 앞으로 더욱 자주 보게 될 것이다.

인터넷에서 포용 관련 주제를 찾다보면 그런 성공사례를 연속해서 만날 수 있다. 예를 들면 르완다 중앙은행이 '현금 없는 경제'라는 목표에 더 가까이 다가가기 위해 시민과 상인, 기업들에게 디지털결제를 요구하고 있다는 사실을 알게 된다.[80] 또 이런 정책의 결과, 동맹의 파트너를 위한 아름다운 거래가 있음도 알 수 있다. 그런 의도에서 2013년 마스터카드는 나이지리아 기업이 1,300만 장의 '국민 ID 스마트카드'를 위한 1차 추가지원금을 받았다고 공표했는지도 모른다. 이 카드는 생체인식 기반의 신분증임과 동시에 마스터카드의 신용카드로도 사용할 수 있다. 즉, 억지로 카드를 발급받은 1,300만 고객이 갑자기 다음 단계에서는 다시 적어도 1억 명의 억지 고객으로 확대될 전망을 제공한다는 말이다. 이것이 미개척지의 성공적인 정복을 의미하는 것이 아니라면 말이다. 나이지리아 당국 책임자는 이렇게 말했다. "우리가 마스터카드를 공급사로 선정한 것은, 그 기업이 현금 퇴출 방법으로 금융포용을 촉진하는 데 전력을 다했기 때문이다." 내 생각에 이 말은 게이츠 진영으로부터 모종의 압력을 받았음을 슬쩍 암시하는 것 같다. 그 밖에 마스터카드에 따르면, 카드 공급사로서 관련 경험을 보여준 것이 주효했다. 이집트에서도 이미 마스터카드 신분증을 사용하고 있다.[81]

마스터카드는 케냐에서도 금융포용을 통해 '현금 없는 세계를 향한 우리의 꿈이 전 대륙에 도달하도록' 노력하고 있다. 마스터카드 경영진은 이른바 후두마Huduma 카드 발행을 위한 정부의 파트너로서 이와 같은 목표 달성을 장담했다.[82]

후두마는 사회보장 수급자를 위한 카드인 동시에 마스터카드의 선불카드 기능도 한다. 따라서 카드 소지자는 정부로부터 현금 없이 지원금을 받을 수 있고, 또 마땅히 현금 없이 받아야 한다. 그렇게 되면 마스터카드는 양쪽에서 디지털 비율을 늘릴 수 있고, 다시 수백만의 억지 고객이 생겨난다. 브라질에서는 경쟁사인 비자가 국민에 대한 정부 지출 부문에서 큰 사업을 따냈다. 국영은행 카이샤 에코노미카는 1,240만 명의 보우사 파밀리아^{Bolsa-Família} 지원금 수급자 계좌를 비자 직불카드가 포함된 기능으로 바꾸었다.[83] 이처럼 '금융 포용동맹'이라는 허울 아래 자행되는 현금 퇴출의 상업적 이익 사례는 수도 없이 많다. 이것은 비단 카드 공급사뿐만이 아니다. 이동전화 기반의 이체 시스템인 엠페사를 사용하는 케냐도 의심할 여지없이 이에 속한다.

케냐에서는 불과 몇 년 사이에 엠페사M-Pesa라는 통화체계를 구축했다. '페사'는 스와힐리어로 '돈'을 의미한다. 이동전화로 간단히 문자서비스 기능을 하기도 하는 엠페사는 케냐의 주민 다수가 이용한다. 그런데 이 시스템은 터무니없는 이용료로 운영자금을 충당한다. 이용자는 통신사 사파리컴Safaricom 계좌에 입금해서 자신의 전화시간 계정을 채운다. 이 예치금을 엠페사 모바일계좌에서 다른 계좌로 이체할 수 있으며, 은행 계좌는 따로 없어도 된다. 수취인은 엠페사 예치금을 현금으로 인출할 수도 있다.

'금융포용동맹'의 안내서는 출범 당시 상황을 이렇게 묘사하고 있다. '주민의 70퍼센트는 시골에 살기 때문에 기본적인 인프라에 대한 접근이 제한되었다. 지불 가능한 결제 서비스나 예금계좌도 매우 제한적이었다. 엠페사의 허가를 신청할 시점에 주민 10만 명당 은행 지점은 1.5개, 현금 인출기는 단 하나뿐이었다. 케냐에서는 휴대전화를 가진 사람의 숫자가 은행계좌가 있는 사람의 두 배나 되었다.'[84]

엠페사는 종종 아프리카 대륙, 나아가 그 이상의 완전한 모범사례로 칭송된다. 공식적인 디지털 서비스를 이용하는 케냐인의 수를 따져보면, 엠페사가 눈에 띄는 성공을 거둔 것은 사실이다. 게이츠 재단의 안내서 제목으로 나온 '빈곤은 이익으로 다스린다'라는 구호를 기준으로 봐도 성공을 거두었다고 볼 수 있다.[85] 엠페사의 경우 가장 우선적인 목표는 이익이다. 특히 빈민의 일상을 지배한다고 볼 수 있는 소액거래의 수수료가 매우 비싸다. 현금을 인출할 때 최대 20퍼센트까지 수수료를 받기도 한다. 비고객에 대한 이체는 최대 44퍼센트까지 차이가 난다. 엠페사 고객 간의 예치금 이체도 아무튼 소액은 무료지만, 일정액 이상은 최대 11퍼센트까지 수수료를 받는다.[86] 공급자 사파리컴이 유난히 수익성이 큰 기업인 데는 그럴 만한 이유가 있는 것이다.

많은 이용자가 문맹이어서 글을 제대로 읽지 못하는 것과, 건강 서비스 시설이나 시력 보조 기구가 없어서 잘 보지 못하는 것도 사파리컴의 이익에 보탬이 된다. 온갖 술수를 써가며 단순 클릭을 통해 고객이 벨소리 같은 비싼 서비스를 신청하도록 만든다. 일정한 시간이 흘러 언젠가 고객이 엠페사 계좌 잔고가 왜 항상 빨리 바닥나는지 이유를 발견한다 해도, 누군가의 도움을 받지 않고서는 서비스를 쉽게 해지할 수 없다. 그러려면 복잡하게 뒤얽힌 여러 메뉴 과정을 거쳐야 한다. 이런 배경으로, 미국과 케냐의 현장 연구원 3명은 USAID에서 지원한 연구에서 '특별히 이익을 보는 쪽은 무관심하게 방치된 주민이 아니라 공급자인 사파리컴'이라고 결론 내린다.[87] 인도의 마이크로소프트 리서치 공동설립자인 켄타로 토야마가 2015년에 발표한 저서에서 다양한 예를 제시한 '강화법칙'은 이러한 사실을 한 번 더 확인시켜준다. 책에서 토야마는 '기술이 부자보다 빈민과 무학자, 무능력자에게 더 유익하다면 얼마나 좋겠는가!'라고 탄식한다. 하지만 실제로 기술의 주된 효과는 기존의 힘 있는 자들의 능력을 더욱 강화하는 데 있다.[88]

사파리컴은 케냐 전체의 전화 통신과 문자 서비스 수입의 약 90퍼센트, 그리고 2,800만 명에 이르는 모바일 이체 서비스 이용자의 80퍼센트를 차지한다. 2018년이 되어서야 이 기업은 자체의 네트워크와 두 곳의 소규모 경쟁사인 에어텔 및 텔컴 간의 계좌이체를 허용했다. 이렇게 노선을 전환한 이유는 아마도 통신위원회가 순식간에 독점적 지위에 오른 기업들을 분리하는 계획을 검토했기 때문일 것이다.[89]

이미 2013년에 게이츠 재단은 제한적 경쟁 상황에서는 소비자 부담 가격을 지나치게 높게 유지할 수밖에 없을 것이라고 경고했다. 재단은 경계 사례로 케냐를 지목했는데, '케냐에서는 1달러 50센트를 이체하는 비용이 30센트로, 이는 탄자니아에서 같은 공급업체가 요구하는 것의 10배에 달한다'.[90] 그런데 빌 게이츠는 재단에서 이 내용을 확인하고도 2015년 워싱턴에서 열린 '금융포용포럼'에서는 사실과 달리 소개했다. 그는 금융포용이 유익한 효과를 가져다주는 사례로 케냐의 경우를 들면서, 이곳에서는 빈민에게 저렴한 금융서비스가 제공된다고 서슴없이 말한 것이다.[91] 이 밖에도 주목할 것은, 거의 독점적인 기업 엠페사가 이익을 창출할 때, 게이츠 재단으로부터 전폭적인 지원을 받는 시설이나 협력파트너로서 케냐 은행의 핵심역할을 빼먹는다는 것이다.

그 역할을 살펴보기 전에 언급할 것은, 엠페사의 이익은 대부분 영국으로 간다는 사실이다. 사파리컴의 모기업은 영국의 이동통신사인 보다폰이다. 엠페사 홍보기사에서 왜 런던과 워싱턴의 역할을 애써 감추는지를 이해하는 것이 중요하다.[92] 여기서 영국의 개발원조부와 게이츠가 중요한 역할을 하기 때문이다.

케냐의 성공을 모방하려는 국가를 위해 '금융포용동맹'을 주제로 실시된 연구에서는 진정한 원인을 숨기듯 외면한다. 이 연구는 엠페사 설립 당시 케냐 중앙은행의 역할을 이렇게 기술한다. '2006 금융서비스 접근성 조사는 전통적인 은행 부문에서 중앙은행의 영향력이 크지 않음을 분명히 보여주었다. 중앙은행에서 금융서비스 접근성 조사를 발표한 직후 엠페사는 우연히 엠페사 출범 계획과 관련된 질의를 했다.'[93] 하지만 부록에 팩시밀리로 첨부된 중앙은행의 신문 광고에는 분명한 설명이 나온다.[94] '2005년, 개발원조기구는 금융서비스 및 상품에 대한 접근 방식을 개선함으로써 효율적인 비용으로 케냐의 금융 부문을 강화할 수 있는 방법에 대한 제안서를 제출할 것을 이해 관계자들에게 요청했다. 이동통신사 사파리컴은 영국의 보다폰과 함께 (……) 이동전화 이체 방식을 기반으로 한 제안서를 제출했다.'

따라서 실제 원인은 다른 데 있는 것처럼 보였다. 즉, 영국의 개발원조당국인 국제개발부[DFID]가 자국 기업인 보다폰의 아프리카 시장 점령을 위해 시장조사 연구용역을 준 것이 아니냐는 말이다. 그런 목적으로 DFID는 '케냐금융부문신용강화[FSD]'라는 기구를 설립한 것이다. 이 기구의 주요 기부자 중에는 게이츠 재단도 포함된다. 여기서 소액대출 확산을 위한 토대로 이동전화를 이용하자는 아이디어가 나왔다. DFID는 보다폰과 공동으로 시범 프로젝트를 시작했다. 게이츠가 주도하는 '금융포용동맹'의 회원인 케냐 중앙은행은 주저 없이 이 연구를 허가했고, 2007년 엠페사는 다시 중앙은행의 우대조건을 받으며 출범했다. 중앙은행은 엠페사를 금융기관처럼 규제하는 조건을 시원하게 면제해준 것이다. 사파리컴이 중앙은행과 계약하기 직전에 '우연히' 이 프로젝트가 필요하고 유용하다는 것을 밝혀준 '금융서비스 접근성 조사'는 케냐 'FSD'에서 온 것이고, 이는 영국의 DFID에서 온 것이다. 이것은 결코 우연이 아니다.

보다폰과 사파리컴이 금융서비스를 두드러지게 확장하게 된 배경은 지속적, 대대적으로 이루어진 중앙은행의 보호를 이유로 들 수 있다. 엠페사의 확장은 10만여 명의 자영업 대리인을 통해서 이루어졌다. 이들은 자신의 계좌를 통해 엠페사 고객에게 현금을 지급하거나 입금 서비스를 해주는 사업가들이다. 그 대가로 이들은 수수료를 받는다. 인도는 시골 주민에게 은행서비스를 제공하면서 이와 비슷한 '대리인기반모형 AGM'으로 똑같이 큰 성공을 거두었다. 하지만 인도에서는 대리인이 은행을 위해 일했다. 물론 케냐에서도 그것이 원칙적으로는 가능했을지 모른다. 다만 빌 게이츠나 DFID와 긴밀하게 협력하는 케냐의 중앙은행은 보다폰이나 사파리컴이 지역 은행과 벌일 수 있는 모든 경쟁을 차단했다는 점에서 다르다. 중앙은행의 지불거래 담당과장인 제럴드 냐오마는 동시에 '금융포용동맹'의 대사이기도 했다. 중앙은행은 엠페사가 독보적으로 시장을 장악하고 경쟁사로부터 더 이상 추월당하지 않는 2010년까지, 시중은행이 대리인을 고용하는 것을 금지했다. 이것만으로도 모자라 엠페사의 경쟁사인 자인Zain에 수년간 모바일 이체업무를 허가해주지 않았다.

엠페사는 소액대출을 위해서든 실리콘밸리 기업을 위해서든, 인기 있는 유통경로가 되었다. 서비스 대행사는 10여 곳이 있는데, 이 중 다수는 규제로부터 완전히 벗어나 있다. 일부는 원금 회수를 위해 미래 급여에 대한 압류 권한을 확보해두기도 한다. 스마트폰으로 유혹하는 불분명한 조건의 대출은 쓸모없거나 비싼 신용보험과 연관 있다는 것이 상식이다. 서비스 대행사 중에는 수백 퍼센트의 연리를 요구하는 곳도 많다.[95]

케냐에서는 개인정보 보호에 관해 거의 알려진 것이 없다. 엠페사에서 제공하는 문자 서비스는 쉽사리 노출되며 조작하기도 쉽다. 보다폰이나 사파리컴 혹은 인기를 끄는 다른 중개 서비스 업체는 여기서 그치지 않고 개인정보로 그들이 원하는 것을 만들어낼 수도 있다. 모든 정보를 원하는 것은 정부도 마찬가지다. 2017년 케냐 정부는 모든 통신 내용에 정부가 접근할 수 있도록 이동통신사에 명령을 내렸다. 이에 따라 정부는 주민의 전반적인 모바일 이체를 감시할 수 있게 되었다.[96]

영국의 개발 전문가인 앨런 깁슨은 2016년 케냐 FSD 10주년 기념 논문의 후반부에서 게이츠 재단의 수사적 표현이 거짓말임을 은밀하게 지적한 바 있다. '보다 근본적인 의문은 금융포용의 결과, 빈민의 삶 속에 반영된 발전의 두드러진 변화가 어느 정도인가다.' 그는 또 이렇게 비난한다. '실물경제 대출에는 거의 변화가 없으며, 특히 중요한 농업부문에서 빈민에 대한 대출은 줄어들기까지 했다.'[97] 논란의 여지없이, 많은 사람을 끌어들인 모바일결제 시스템은 빈민의 생존 여건을 뚜렷이 개선할 수 없었다는 것이다. 또한 깁슨은 극명한 대조현상을 이렇게 지적한다. '지난 10년간 금융시장의 공급자들이 엄청난 수익을 올렸음은 의심할 여지가 없다. 포용의 시간은 공급자가 엄청난 호경기를 누린 세월이었다.'

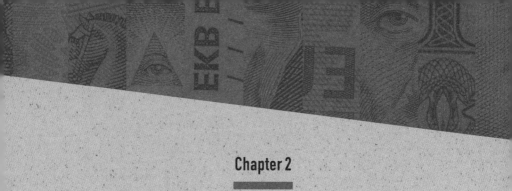

Chapter 2

금융포용의 전제조건:
생체인식 데이터베이스

금융포용의
전제조건:
생 체 인 식
데 이 터 베 이 스

금융포용은 암호문자일 뿐만 아니라 현금 퇴출의 토대가 되기도 한
다. 또한 모든 사람에게 생체인식 기반 식별장치를 제공하고 이것을
중앙 혹은 네트워크화된 데이터베이스에 저장할 때도 같은 기능을
수행한다. 여기서부터 정부와 금융, IT 및 이동통신 사업은 금융포용
에 손을 뻗칠 수 있을 것이다. 생체인식이란 변치 않는 유일한 신체
적 특징을 바탕으로 신원을 확인하는 것을 말한다. 대부분 디지털화
된 지문, 홍채 인식, 안면 사진 같은 방식이 사용되는데, 아마도 미래
에는 DNA 확인 방식도 나올 것이다. 결국 중앙에 저장된 생체인식
특징과 통신기기가 결합함으로써 어느 누구도 익명으로 뭔가를 할
수 없게 된다.

"은행계좌 개설을 가로막는 최대 방해요인 중 하나는 신원증명
을 믿을 수 없다는 것입니다." 2018년 4월, 필리핀 중앙은행 부총

재는 이렇게 주장하면서 모든 국민을 대상으로 한 생체인식 데이터
베이스화 안건을 가결하도록 국회를 압박했다.[1] 이 데이터베이스는
USAID가 필리핀 국민의 금융포용을 위해 준비한 프로그램의 일부
로 '이페소E-Peso'라고 불린다.[2]

　개발 원조 프로그램이 국가 경쟁력 개선과 민주주의의 촉진을 목
적으로 한다면, 모든 국민에게 신분증을 제공하고 동시에 개인정보
보호 기준을 관리할 정부의 시스템 구축을 도와야 한다. 하지만 현
재 그와는 반대 현상이 대대적으로 벌어지고 있다. 사실상 세계은행
과 게이츠 재단 등이 자금과 기술 원조를 제공하는 곳마다 전혀 다
른 상황이 펼쳐진다. 말로는 모든 신생아에게 국가가 인정할 수 있
는 ID를 부여한다면서 유엔의 개발 목표를 들먹인다. 하지만 실제로
는 그 범위를 훨씬 벗어나, 이미 신원확인이 가능한 사람을 포함하여
모든 시민을 완벽하게 파악한다는 것을 목표로 한다. 전반적으로는
개발 목표에선 결코 거론되지 않은 방식, 다시 말해 디지털과 생체인
식 형태로 진행돼야 하는데, 이때 생체인식 형태의 신원확인은 현재
신생아와 유아에게 적용하기에는 부적절하다. 어린 아이들의 경우
생체인식 특징은 너무 가변적이기 때문이다. 따라서 세계 개발 목표
의 주 대상인 신생아가 적용 대상에서 배제되는 문제가 발생한다.

　USAID는 직원들에게 배부한 안내문에서 금융포용 운동과 생체
인식 확인 방식 간의 긴밀한 전략적 상관관계를 이렇게 기술하고 있
다. '디지털결제는 디지털 신원확인을 촉진하는 데 이용될 수 있고,
반대로 이런 확인 방식이 디지털결제를 촉진하기도 한다. 그리고 이
전까지 사회적으로나 재정적으로 소외된 시민들을 주류 사회로 불

러들인다.'³ 얼마 전 대부분의 국가들은 디지털 금융포용을 서두르기로 약속했다. 그리고 이제는 현대적이고 효율적이며 금융포용을 위해 필수적이라는 이유로, 생체인식 기반의 신원확인까지 수용하도록 강요받고 있다. 그 외에도 디지털 금융거래는 특정인을 식별함으로써 사기나 테러를 방지하는 데 적합하다고도 한다. 그런 목표가 자동적으로 처리되기 위해서는 그 과정이 컴퓨터상에서 진행되는 것이 금융기관으로서는 중요하다. 특히 무엇보다 이 방식은 세계적으로 활발하게 활동하는 미국 기관에 중요하다. 만일 신원증명이 표준화되지 않은 문서를 통해 이루어지면 미국보다 각 국가 기관이 훨씬 유리한 위치를 차지할 것이기 때문이다. 또한 디지털 방식은 특히 미국의 보안당국에 아주 중요한데, 오로지 이 방식만이 중앙자동 감시체계를 가능하게 해주기 때문이다.

하지만 신원확인에 대한 절실하고 엄격한 요구와, 가능하면 많은 사람을 감시 체계로 끌어들이려는 의도 사이에는 충돌이 발생한다. 게이츠 재단 보고서 작성자 두 사람은 '누가 거래하는지를 추적하는 것과 어떤 거래가 이루어지는지를 추적하는 것'의 차이로 이 충돌을 설명한다. 신원확인 요구가 덜 까다로울수록 거래자에 대한 확실성은 떨어지겠지만, 더 많은 거래를 디지털 방식으로 감시할 수 있다.

이런 식의 목표 충돌을 어떻게 해결할지는 이들의 다음 진술을 통해 알 수 있다. "보안 당국의 1차 목표는 사람들을 공식적인(감시가 가능한) 금융시스템으로 끌어들일 때 달성하기 쉬워진다. 계좌 개설이 간단치 않다면 대중을 은행으로 데려오지 못할 것이다." 누구든 일단 체계 안으로 끌고 들어오면 고삐를 쥘 수 있다는 것이 이들의 추천 방식이다. 그런 다음 금융거래량을 늘리고 계좌 이용 기준을 높여가면서, 차츰차츰 다음 목표를 달성할 수 있을 것이라는 말이다.[4] 앞으로 보게 되겠지만 이런 전략은 전 세계적으로 추진되고 있다. 대부분의 금융거래가 현금으로 이루어지는 인도 같은 나라에서는 지극히 불안정하고 오류투성이인 생체인식 데이터베이스가 빠른 속도로 구축되면서 은행 업무를 위한 신원확인의 토대가 되고 있다. 이들은 차후에 시스템을 더 정교하게 개선할 수 있으리라 기대한다. 이와 반대로 사실상 누구나 은행계좌가 있고 카드를 사용하는 독일 같은 나라는, 소액의 경우도 은행 고객에게 불합리할 정도로 정확한 신원확인을 요구한다. 그토록 엄격한 규칙이 현금 사용을 억제하는 데 효과를 발휘하기 때문이다.

계좌 관리 및 현금 배제 결제 방식을 위해 당국은 시민에게 생체인식 기반의 ID를 조건으로 요구함으로써 신원확인을 강요할 수 있다. 예를 들어, 나이지리아 정부는 게이츠 재단과 세계은행의 지원을 받아 성인 전체 인구 1억 2,000만 명에게 정부의 생체인식 데이터베이스에 가입하라고 강요하고 있다. 2018년 2월, 나이지리아 정부는 생체인식 기반의 '국민 ID 번호'만이 모든 은행 거래를 위한 유일한 신원확인 방식임을 선언했다.[5]

거대한 생체인식 데이터베이스는 공포의 대상이다. 데이터베이스에 접속해 데이터를 저장할 수 있는 자들에게 극도로 무시무시한 통제력과 권한을 쥐어줄 수 있고, 다른 한편으로는 그런 방식이 위조와 조작으로부터 절대 안전하지 않기 때문이다. 미국인들은 대체로 국가를 불신하기 때문에, 미국에는 우리 신분증처럼 국가가 관리하는 신원증명이 존재하지 않는다. 그 대신 운전면허증이나 사회보장 번호 같은 것들을 사용한다. 물론 독일 국민의 신분증은 점차 기계가 읽을 수 있는 방식으로 바뀌었으며, 거기에 저장할 수 있는 디지털 사진까지 추가되었다. 하지만 개인정보 보호와 데이터 보안을 이유로, 중앙에서 통제하는 생체인식 기반의 데이터베이스는 허용하지 않는다. 이런 자료는 지역의 주민 센터에만 저장될 뿐이다. 신분증을 제작하는 연방인쇄국은 각 개인에게 교부되는 즉시 해당 자료를 바로 삭제해야 한다.

2012년 프랑스의 헌법재판소는 전 국민의 생체인식 데이터베이스를 구축하겠다는 정부 계획을 중단시켰다. 효용성 측면에서 개인의 자유를 제한하는 것은 지나친 조치라고 판결한 것이다. 또 정보를 보호해줄 합리적 안전장치 없이 일상적 거래에서 신원확인을 하려는 경찰의 목표가 자유를 제한하는 데 연관될 수 있다는 점도 비판했다.[6]

영국 정부 역시 전 국민의 생체인식 특징을 하나의 중앙데이터베이스에 저장하려는 계획을 세웠다. 이 데이터는 가능한 한 모든 공적, 사적 목적에 이용될 것이 뻔했다. 긴 논란을 벌인 끝에 마침내 2010년, 정부는 이 프로젝트를 포기했다. 런던정치경제대학교[LSE]의 보고서에서는 법안 계획의 찬반을 놓고 대대적인 분석이 이루어졌다. 영국의 개인정보 보호 책임자인 리처드 토머스는 서론에서부터 그 계획이 뚜렷한 장점도 없이 개인정보 보호와 정보 보안 문제에 심각한 우려를 야기할 것이라고 쓰고 있다.

가령 테러리즘을 퇴치하는 문제에서도 이런 식의 중앙데이터베이스보다는 국경 검문을 강화하고 장비를 개선하는 것이 훨씬 효과적이라는 것이다. 보고서는 '이 계획은 너무 복잡하고 기술적으로 불확실하며 불필요하게 자유를 제한하는 데다가 공신력이 없다'라고 지적한다. 또 계획의 규모와 복잡한 절차 때문에 대대적인 안전 조치가 전제되어야 하는데 여기에는 엄청난 비용이 들어갈 것이라며 이렇게 덧붙인다. '이 시스템은 오류가 날 가능성이 너무 크므로, 공공질서와 개인의 권리에 대한 위험 요인으로 보지 않을 수 없다.' 프랑스의 헌법재판소 판결처럼, LSE의 과학자들은 동시다발적으로 과다한 목표를 추구하는 것을 분명히 경고한다. '범죄 퇴치는 공공 서비스로서, 생체인식 기반의 신분증명서를 사용하려는 목표와는 서로 조화를 이룰 수 없다.' 또 오작동 가능성이 있는 생체인식 기반의 신분증명 때문에 중대한 국가 서비스 및 구호에 대한 접근이 부분적으로 차단되는 것도 우려된다고 지적한다.[7]

가난한 사람들에겐 정보보호권도 없다

지금까지 왜 영국과 프랑스가 생체인식과 관련된 대규모 데이터베이스를 중단했는지, 왜 서구 선진국들은 (공개적으로) 그런 형태의 시스템을 도입하지 않는지 그 이유를 자세히 설명한 까닭은, 그런 기술이 개발도상국이나 신흥개발국에서 불합리하게 이용되어서는 안 되기 때문이다. 이들 국가들은 주로 미국, 영국, 스웨덴, 세계은행으로부터 전 국민을 대상으로 한 중앙 다기능 데이터베이스와 재정을 지원받는다. 하지만 개인정보 보호와 수준 높은 정보 보안, 안정된 민주주의를 누리는 선진국보다 바로 이런 나라에서 그런 기술 도입을 반대하는 훨씬 강력한 논란이 벌어지고 있다.

생체인식 기반의 신원 파악 프로그램을 유난히 야심차게 밀어붙이는 세력은 국제적인 최대 기업과 최대 부호 클럽인 세계경제포럼이다. 이들은 세계를 개선하기 위하여 생체인식 데이터베이스 네트워크라는 세계적 구상에 매달리고 있다는 구실을 내세운다. 그러기 위해 가능한 모든 세계 시민의 신원을 파악해야 한다는 것이다. 이 프로그램은 '금융서비스의 파괴적 혁신'이라고 불리며, 어디든 빠지지 않는 빌 & 멜린다 게이츠 재단의 후원을 받는다.[8] 세계경제포럼의 보고서에 따르면, 그들은 세계적으로 단일화된 ID 계획이 관철되지 않는 것을 안타까워한다. 그럼에도 불구하고 그 목표에 도달하기 위해 국가별로 시스템을 구축해서 나중에 이들을 결합할 것을 계획한다. 또한 네트워크화된 이 시스템 구축에 금융 기관이 관심을 쏟는 것이 최선이라고 주장한다. 국제적 차원의 표준을 개발하고 그것을 전국적으로 시행해온 경험이 있어서다.[9]

세계은행은 '개발을 위한 ID'라는 프로그램을 발표했다. 이를 통해 빈국을 대상으로 생체인식 기반의 ID와 중앙데이터베이스를 전 세계로 확산시키려 한다. 물론 이 프로그램 또한 주로 미국의 대기업과 재단이 관여하는 가운데 민관 협력이라는 외형을 갖추고 있다. 이 데이터베이스를 권위주의적 정부가 관리하며 따라서 개인정보 보호나 정보 보안 측면에서 완전히 부적합하다는 점은 문제로 부각되지 않는다. 이 프로그램 역시 게이츠 재단이 지원한다. 빌 게이츠

의 '현금보다 좋은 동맹' 파트너인 오미디야르 네트워크도 주요 후원사다.[10]

2015년, 게이츠는 워싱턴의 '금융포용포럼'에서 인도와 파키스탄, 방글라데시, 아프리카에 광범위한 ID 시스템을 구축하는 것이 목표라고 설명했다. 이와 관련해 자신의 재단이 중앙은행과 긴밀하게 협력하고 있다고도 했다.[11] 그가 세계적으로 인구가 많은 나라부터 (그가 접근하지 못하는 중국은 제외하고) 먼저 접근한 것은 분명 우연이 아니다.

워싱턴에서는 2014년부터 '아이디포아프리카ID4Africa'라는 기관이 활동 중이며, 여기에는 미국 보안업계에서 잔뼈가 굵은 조지프 아틱이 대표를 맡고 있다. 막강한 재정력을 갖춘 이 집단은 아프리카에서 모든 사람을 생체인식 형태로 파악하는 시스템을 홍보한다. 이들은 거의 모든 나라에서 고위급 '대사들'과 친분을 쌓고 대규모 회의를 주재한다. 자문단에는 세계은행과 유엔자본개발기금UNCDP이 자리하고 있고, 그 밖에 게이츠의 후원을 받는 '세계개발센터'도 있다.

2018년 나이지리아에서 열린 '아이디포아프리카' 회의에서, 아틱은 어떻게 이상적인 생체인식 데이터베이스를 구상하고 있는지를 소개하면서 이를 '조화로운 생태계'의 기능이라고 주장했다. 아프리카 전역에서 온 참석자들은 이에 동조했다. '한 사람의 ID가 모든 데이터베이스를 통해 서로 결합한다'라는 '조화'의 정의를 공개적으로 주장한다는 건 서구 민주주의에서는 불가능하다. 주민센터나 의료기관, 보험사, 개인시설의 정보가 모두 결합된다는 의미이기 때문이다. 이는 곧 어떤 정보가 업데이트될 때, 그 변동 사항이 모든 나라에

즉시 입력된다는 말이다. '한 개인의 ID 번호가 평생 모든 용도에 원
칙이 된다'는 것 아닌가.[12] 그야말로 완벽한 공포가 아닐 수 없다.

25개국의 생체인식 데이터를 가져오다

보안 당국 및 안보산업과 ID 문제가 긴밀하게 결합한 것
은 '아이디포아프리카'만의 사례가 아니다. 이것은 미국 정부가 '생
체인식 및 ID 공동체'와의 협력을 위해 매년 개최하는 '세계 ID 정상
회의'의 구성 형태에서도 쉽게 엿볼 수 있다. 이 모임은 공식적으로
는 미 국방부와 국토안보부, FBI의 지배를 받지만, 비공식적으로는
생체인식 ID와 국방, IT 관련 산업이 지배한다. 이들 민간 부문은 대
개 정보기관, 군부 및 경찰과 면밀하게 업무 연락을 취한다.[13] 2017
년부터 이 모임은 '연방정체성포럼과 국토안보회의'라고 불린다.

가장 먼저 생체인식 ID 기술에 관심을 쏟은 곳은 정보기관이다.
1992년에 비밀정보기관인 국가안보국NSA과 표준기술을 담당하는
국립표준기술연구소NIST는 공동으로 '생체인식 컨소시엄'을 구성했
다. 1993년에는 미 국방부가 산하 연구기관인 방위고등연구기획국
DARPA의 책임하에 안면인식기술프로그램FERET을 가동했다. 2001년
에는 911 테러 공격으로 전 세계가 엄청난 정치적 충격에 빠져 있
었다. 미 정부의 '국립과학기술위원회'는 이 분야의 연구에 국제적
공조를 위하여 '생체인식 소위원회'를 가동했다. 유럽연합도 뒤를
이어 생체인식 형태로 국민의 신원을 파악하는 국가 프로그램을 강

화하고 상호 협력하기 위해 '유럽생체인식포럼EBF'을 가동했다. 사실상 채 2년도 안 돼 서구 전체가 생체인식 절차를 활용하는 문제를 정치 과제의 우선순위로 끌어올린 것이다.[14] 그러나 각국 의회는 기껏해야 초보적인 수준에서 이 문제를 이해하는 데 그쳤다.

이 정보들은 공식 · 비공식 경로를 거쳐 비밀정보기관으로 들어가게 된다. 2009년 《국방매거진National Defense Magazine》에 실린 한 기사는 국토안보부의 자문위원인 알 밀러의 말을 인용하며 미국은 이미 2008년에 25개국과 생체인식 데이터 교류를 위한 쌍방 합의를 이루었다는 사실을 확인시켜주었다. 국무부는 외국의 정치 지도자가 워싱턴에 올 때마다 그런 협정에 서명하도록 한다는 것이다.[15] 2011년 11월, 위키리크스는 2009년에 작성된 파키스탄 주재 미국 대사관의 비밀 보고서를 공개했다. 내용인즉, 미 국토안보부가 항공기 승객의 사전 신고 정보를 분석하고 다른 데이터베이스와 결합하게 해주는 기기와 소프트웨어를 파키스탄 정부에 제공한다는 것이었다. 파키스탄이 전 국민을 생체인식으로 파악하는 프로그램을 확보한 것이 발단이었는데, 이것은 국가 데이터베이스 및 등록부의 약자로서 '나드라Nadra'라고 불렸다. 이 항공 데이터베이스는 결국 나드라와 결합될 수밖에 없을 것이고, 이로써 미국은 파키스탄 국민 전체의 생체인식 데이터에 접근할 수 있는 경로를 확보할 것이다.

파키스탄은 이미 입출국 신고서를 분석하기 위한 사전 모델인 '피시즈Pisces'라는 프로그램을 미국으로부터 선물받은 적이 있었다. 피시즈의 공급자는 에드워드 스노든Edward Snowden을 수하에 둔 NSA의 계약자였다. 이후 NSA가 불법으로 정보를 빼돌렸다는 의혹이 불거졌다.[16] 하지만 프로그램 접근 권한이 없었던 파키스탄은 수정을 시도할 수도 없었다. 모든 비밀번호는 오로지 제작자 수중에 있었다.[17] 당시 일간지《데일리 파키스탄》의 보도를 보면, 미국이 파키스탄에 피시즈의 후속 프로그램을 관대하게 선물한 이유는 당시 파키스탄 정부가 피시즈를 자체 개발 기술로 막 대체하려고 했기 때문이라는 사실로 설명된다.

  당시 이 거래는 겉으로 드러나지 않았던 것처럼 보인다. 파키스탄으로서는 언론 보도에도 신경 쓰지 않을 수 없었을 것이다. 이후 나드라 당국이 영국에 거주하는 재외 파키스탄인 관련 업무를 2009년에 우연히 설립된 민간기업 '국제 ID 서비스[IIS]'에 넘겨주었다는 사실이 밝혀진다.[18] 이로써 영국의 회사가 거의 모든 파키스탄인의 생체인식 및 그 밖의 데이터에 접근하게 됐다. 정보에 굶주린 파키스탄에 이런 방식으로 피시즈의 후속 프로그램을 공급하게 되면, 이후에도 비슷한 상황이 반복될 것이다.

  생체인식 기반 정보의 도움으로 정보기관과 경찰 당국이 모든 거래 내용에 접속하는 기술은, 스마트폰 정보를 통한 확인 방식이 클라우드를 통한 확인 방식으로 교체될 때 다시 한 번 극적으로 개선될 것이다. 클라우드는 구글이나 마이크로소프트, 아마존 같은 거대 중앙 공급자의 컴퓨터 서버에 대한 마케팅 개념이다. 보안 당국이나 정보기관은 이런 서버에 접근 권한이 있다고 봐야 한다. 2018년 3월, 트럼프 대통령은 별 논란 없이 예산회계법 부칙으로 의회에서 통과돼 바로 그 권한을 확보하게 된 '클라우드법'을 가결했다.

무방비 상태의 실험용 토끼가 된 난민

'금융포용센터'의 엘리자베스 라인은 생체인식 기반의 ID와 금융포용의 상관관계를 명확하게 표현하며 강조했다. 라인은 현금 퇴치를 위해 전쟁 난민 및 이재민을 위한 원조금을 활용할 것을 촉구했다. 원조금을 디지털로만 인출할 수 있게 하면 비용이 한 푼도 들지 않을 뿐만 아니라 그 외에도 많은 이점이 따르고 수혜국 정부도 자국의 원조를 동일한 방법으로 처리할 수밖에 없을 것이라는 말이었다.[19]

특히 이 문제에 매우 적극적인 유엔난민기구UNHCR는 게이츠 재단이나 '현금보다 좋은 동맹' 진영의 다른 파트너와도 종종 협력한다. 2017년 12월, 유엔난민기구는 '나이지리아 ID 관리위원회'와 함께 테러 조직 보코 하람Boko Haram에 의해 쫓겨난 자국 난민 10만 명을 생체인식 방법으로 파악한 뒤 그들에게 증명 가능한 ID를 부여하고 '보다 안전한 환경'을 제공하는 계획을 나이지리아에 통보했다.[20] 2018년 2월에는 요르단과 시리아의 인접국에서 시리아 난민 230만 명이 생체인식 방식으로 등록되었다. 어기서 선택한 수단은 홍채 인식 스캐너였다. 구호 단체인 옥스팜의 진술에 따르면, 이미 2017년에 43개국에서 400만 명의 난민 대부분이 유엔 기구와 협력 기관에 의해 생체인식으로 확인되었다고 한다. 협력에 나서는 원조기구는 유엔의 선례를 따르도록 압력을 받고 있다.[21]

이들이 주로 내세우는 근거 혹은 구실은 금융포용이다. 난민을 위해 현금 없이 간편하게 결제하도록 만든다는 것이다. 수용소에는 유엔난민기구와 원조기구에서 제공하는 배급물자 대신, 난민이 현지 상점에서 생필품을 구입하는 데 사용할 돈만 있다. 하지만 난민이 생체인식 형태로 등록을 마치고 나면, 이들은 계산대에 설치된 카메라를 바라보는 식으로 신분을 증명해야만 물품을 구입할 수 있다. 동시에 이것은 지불 승인 기능을 한다. 이러한 기술 장비를 제공한 곳은 세계은행의 자회사인 '국제금융공사IFC'다. 그 사이에 유엔난민기구는 블록체인 기술을 이용하기 시작했다. 따라서 난민이 언제 어디서 무엇을 구입했는지 등을 포함한 모든 정보가 영구불변의 상태로 인터넷에 저장된다. 하지만 완벽하게 익명 처리되기 때문에 오로지 기부자만 ID를 아는 구조다.[22] 이는 분명 현실적으로 매우 불안정한 구조다. 2017년 12월, 한 IT 기업이 유엔 당국과 이른바 비정부기구가 이용하는 데이터 플랫폼의 클라우드 서버를 해킹하고 서아프리카 원조 수급자 수천 명의 이름과 사진, 가족 정보에 접근한 적이 있었다. 그렇지 않아도 몹시 불안한 상황에 놓인 사람들을 대상으로 이렇게 민감한 정보가 노출된다 한들, 이에 대한 검증이나 구속력 있는 보안지침은 없다. 또한 이런 방법으로 사기나 원조금 전용이 발생할 가능성도 있으며, 이용자라면 누구나 접근 가능한, 불안정한 데이터베이스에 정보가 저장될 때는 그럴 위험성은 더욱 커진다.[23]

이것은 난민으로 하여금 현금을 지출하지 못하도록 총체적 감시체제 안에 가두는 방식이다. 이런 구조라면 데이터베이스의 운영자나 해당국가, 노련한 해커는 모든 쇼핑 내용과 동선을 낱낱이 감시할 수 있다. 이를 강요한다는 것은, 중국이라면 모를까, 상상할 수 없다. 그렇다 해도 난민으로서는 금전적 여유가 없는 한, 선택의 여지가 없다. 아무리 그럴듯하게 포용을 미화한다고 해도, 난민에 대한 감시와 통제를 우선시한다는 것은 명명백백하다. 일단 생체인식 형태로 등록된 사람은 전 세계 어디서든 빠르고 확실하게 신분을 확인할 수 있다.

난민의 경우, 박해받는 사람이 많다는 것을 감안하면 이런 방법은 문제가 아닐 수 없다. 난민들은 본국에서뿐만 아니라 첫 도착지에서도 안정적인 민주주의 환경을 만나기 힘든 경우가 대부분이다. 난민과 본국에 남은 친척들에게 호의적이지 않은 정권이나 집단에 그들의 정보가 넘어가지 않는다는 보장이 없다. 레바논과 기타 주변국 정부는 난민 정보를 담은 데이터베이스에 대한 접근을 요구했고, 원조 국가는 '테러와의 전쟁'에 이 정보를 사용한다.[24] 이미 에드워드 스노든이 폭로한 NSA 기밀문서는 NSA와 영국의 협력기관이 의도적으로 국제원조기구를 사찰했음을 보여준다.[25]

생체인식 정보를 등록하지 않은 사람은 대부분의 중동 난민캠프 운영 당국이나 유엔난민기구로부터 도움을 받지 못한다. 이런 점에서 정보 공유 권한을 자의적으로 행사하는 유엔난민기구의 정보 보호 규정에 동의하는 것은 자발적 결정이라 할 수 없다. 유럽이라면 요르단에 대대적으로 투입된 홍채 인식 스캐너를 그런 조건에서 사용할 수 없을 것이다. 이라크와 아프가니스탄의 원조기구에서 일했고, 현재 독립적으로 인도주의 자문 활동을 하는 폴 쿠리온은 서구의 IT 기업이나 정부가 법 규정이 느슨한 지역에서는 난민을 실험대상으로 이용하고 있다고 비판한다.[26] 이런 지역은 IT 기업에게는 최상의 환경이다. 자신들의 사업모델을 인도주의적 원조로 치장해 팔면서 서구 정부와 연결 시스템을 구축할 수 있고, 대규모로 기기를 테스트할 수 있기 때문이다.

처음 유엔난민기구의 생체인식 등록 프로그램은 EU와 미국 정부에서 후원했다. 이때 미국 정부는 국토안보부에서 개발한 지문 기술 중 한 가지를 이용할 것을 압박했다.[27] 요즘엔 이마드 말하스의 IT 기업인 아이리스가드^{IrisGuard}가 유엔난민기구를 위한 기기와 기술을 공급한다. 이 회사의 감사위원으로는 2004년까지 영국 해외정보국 MI6의 국장을 역임한 리처드 디어러브와 당시 조지 부시 미 대통령의 국토안보 자문위원을 지낸 프랜시스 타운센드가 있다. 아이리스가드는 불법 이민자들을 추방하기 위해 자체 개발한 시스템을 아랍에미리트에 구축한 적이 있다. 이제 말하스로서는 난민을 대상으로 기술을 테스트할 좋은 기회를 얻은 셈이다. 그는 자신의 스캐너를 가지고, 특히 개인용 노트북을 통한 홈뱅킹에 더 이상 비밀번호를 기억할 필요가 없는 만능 상품을 만들려고 한다. 또한 신용카드나 휴대전화 대신, 난민캠프에서 카메라를 바라보는 방식의 결제가 일반 대중에게 쓸모가 많다고 생각한다. 이미 수백만 명의 난민이 자신도 모르게 실험동물로 테스트를 당하고 있는 것이다.[28]

2015년, 영국의 대규모 원조기구인 옥스팜은 그런 이유로 추후 통지가 있을 때까지 생체인식 방식을 더 이상 사용하지 않기로 결정했다. 이 기구는 컨설팅사인 엔진룸$^{The Engine Room}$에 기회와 리스크에 대한 현황 조사를 의뢰했다.[29] 그리고 엔진룸의 컨설턴트들은 이 문제와 관련한 문헌을 선별 정리하고 현지에서 활동 중인 개발 원조 담당자들과 해당 난민들에게 설문조사를 실시했다. 다음에서 알 수 있듯, 결과는 그다지 마음에 들 만한 것이 아니었다. '실제로 인도적 문제 해결에 기여한다는 증거가 없음에도 불구하고, 생체인식은 막대한 과대광고로 이목이 집중된 기술을 실험적으로 적용하는 영역에 속한다.' 게다가 도입 과정에 필요한 시간 및 비용도 추후 절감의 결과로 정당화될 수 있는지의 여부도 아직 진지하게 조사되지 않았다. 이는 그들의 말처럼 큰 효과를 가져다주지 않을 거라는 확실한 증거다. 더 자세히 들여다보면, 생체인식 모델이 원조 활동의 오남용을 막을 수 있다고 선전하는 것도 증거를 찾을 수 없다. 잘 알다시피 원조금의 유용은 거의가 이를 두 번 받으려는 난민에게서 발생하는 것이 아니다. 생체인식 모델은 오로지 난민들을 통제하기 위한 수단이지, 원조기구나 협력기관의 직원 관리에 이용되는 것이 아니다.

미국 정부는, 자국에서 환영받지 못하는 분위기에서, 난민 안정을 위한 구실을 만드는 데 오랜 시간을 허비하지 않는다. 미국 국토안보부는 검문소와 이민국 유치장에 근무하는 인접국 멕시코 관리들을 무장시키기 위해 생체인식 특징을 확인하는 장비와 자문단을 지원했다. 미 정부요원들의 말에 따르면, 이것은 중앙아메리카 국가에서 비슷한 프로그램을 실시하기 위한 선례가 될 것이라고 한다. 멕시코에서 확보한 정보는 곧바로 국토안보부와 그 밖의 미 정보 당국으로 전달된다.[30] 2014년 비밀 프로그램은 2018년에 비로소《워싱턴포스트》에 의해 알려졌는데, 그에 따르면 멕시코에 적대적인 트럼프의 등장으로 인해 이 중대 프로그램의 지속이 위태로워졌기 때문이라는 것이다. 덧붙이자면《워싱턴포스트》는 아마존 사주인 제프 베조스의 소유이기도 하다.

2016년 11월 8일, 지구 반대편에 위치한 두 나라에서 전 세계의 이목을 끄는 일이 발생했다. 미국에서는 유권자들이 선거인단을 뽑기 위해 투표소로 갔고, 이들은 마침내 도널드 트럼프를 대통령으로 선출했다. 같은 날, 인도에서는 저녁 8시에 나렌드라 모디 총리가 방송사 카메라 앞에 섰다. 그는 이날 자정부터 인도 최고 고액권인 500루피와 1,000루피 지폐를 더 이상 지급 수단으로 사용할 수 없다는 충격적인 내용을 발표했다. 이 같은 '통용 폐지'에 따라 당시 유통 중이던 현금의 85퍼센트를 갑자기 사용할 수 없게 됐다. 의회의 동의 절차도 전혀 거치지 않은, 이렇게 권위적이고 기습적인 조치는 유럽에서는 상상조차 못할 일이다. 아마 독일에서 이런 정책이 시행된다면 큰 피해는 없을 것이다. 중부 유럽에서는 거의 누구나 신용카드나 체크카드, 은행계좌 중 적어도 하나쯤은 갖고 있을 테니까. 하지만 인도에서는 모든 소매점 결제의 97퍼센트가 현금으로 이루어지고 있었으며, 통용 폐지 시점에 상점의 94퍼센트는 카드단말기를 갖고 있지 않았다.[31] 대다수 인도인에게 인터넷 접속은 그림의 떡일 뿐이다. 또 이동통신도 시골에서는 기껏해야 흔적만 있을 뿐이었고, 도시 지역이라 해도 이보다 크게 나을 것이 없다.

사람들은 갑자기 과중한 업무를 떠맡은 은행으로 가서 유통 중지된 지폐를 연말까지 자기 계좌에 입금해야 했다. 게다가 소지한 지폐가 많을 때는 돈의 합법적인 출처를 증명해야 했고, 그러지 못할 경우엔 그 돈을 쓸 수 없었다. 은행의 현금인출기에서는 더 이상 돈을 뽑을 수가 없었다. 물론 발권은행에서 새 지폐를 찍어내기는 했지만 2,000루피짜리 뿐이었다. 이 지폐는 구권보다 규격이 컸으므로 인출기에는 맞지 않았고, 어차피 이 고액권에 대한 거스름돈도 사실상 없었기 때문에 사용상 한계가 있었다. 은행 창구에서 지급하는 현금도 엄격하게 할당되었다.

갑작스러운 현금 고갈로 수많은 인도인은 엄청난 고초를 겪었으며 생존을 위협받기까지 했다. 그중에서도 뜨내기 노동자와 대다수가 시골 외딴 지역에 사는 극빈층의 타격이 컸다. 이들은 은행계좌가 없었기 때문에 생계비를 벌어야 할 시간에 은행에 가서 종일 줄을 서야 했다. 이제 농장 일꾼이나 인력거꾼, 구두닦이에게 지불할 현금을 지닌 사람은 아무도 없었다. 현금이 있다 해도 중요한 것을 구입하는 데 썼다. 너무도 많은 사람이 일자리를 잃고 소득이 끊겼다. 그들의 고용주들 역시 상품과 서비스를 구매할 소비자를 찾지 못한 나머지 고용원에게 임금으로 지급할 돈이 없었다. 수많은 영세 상인의 삶은 고달파졌다. 신용카드가 있는 사람은 넉넉지 않은 현금을 변두리 상인에게 쓰기보다 현금 없이도 장을 볼 수 있는 쇼핑센터로 가는 길을 택했다.

현금 퇴출 목격담

인도 남부 케랄라 주에 살던 독일인이 내 블로그에 올린 글을 보면 당시의 혼란스러운 상황을 잘 알 수 있다.[32]

2016년 11월 14일 케랄라.

너무나 충격적인 인도의 통화 개혁! 아무것도 모르는 관광객들에게는 1회에 한하여 5,000루피를 신권으로 교환할 기회를 주지만, 그 역시 나머지 모든 사람과 마찬가지로 12월 30일까지다. 이곳 케랄라에서 신분증도 없이 비인간적인 합판공장에서 노예처럼 일하며 집에 갈 때까지 돈을 숨겨오던 오리사와 비하르, 서벵갈 출신의 뜨내기 노동자 수천 명은 암담한 처지에 놓였다. 이런 실정 때문에 벌써 소규모의 소요가 벌어지고 있다. 우리 같은 여행자에게 적용되는 특정 조건에서는 다행히 하루에 4만 9,000루피씩 25만 루피까지 현금을 계좌에 입금할 수 있는데, 출처 증명을 하지 않아도 된다. 이 과정은 완전히 초만원인 은행에 길게 늘어선 세 줄 중 한 줄에서 이루어진다. 떠밀리고 짓눌리며 모두가 비좁은 공간에서 몸을 부대끼는 가운데 사람들은 몇 시간씩 줄을 선다. 악취와 끔찍한 무더위에 아무도 어디에 줄을 설지 몰라 무척이나 시끄럽다. 한 줄이 고액을 입금하는 자리라면 그 다음 줄은 교환하는 자리, 세 번째 줄은 소액을 입금하거나 신권을 받는 곳이다. 여자는 따로 줄을 서는데 나중에는 구불구불 6줄이 비좁은 공간에서 뒤엉킨 채, 굵은 쇠사슬로 고정된 반쯤 열린 벽을 지나고 복도로 통하는 좁은 계단을 내려가는 모습이 온통 아수라장이다! 그 사이의 어두컴컴한 복도에는 임시로 간이탁자가 하나 놓여 있고, 그 앞에는 사람들의 양식 작성을 돕기 위해 땀을 뻘뻘 흘리는 직원이 앉아 있다. 그리고 종이 상자와 각종 그릇, 양동이, 철망이 쳐진 벽에는 여기저기 구권 지폐가 산더미로 쌓여 있다.

며칠이 지나자 은행 상황은 적어도 마을에 있는 우리 관광객에게는 조금 진정되었다. 하지만 여전히 정상화되었다고는 볼 수 없다. 다른 곳에서는 이제 시작이기 때문이다. 각 사업장마다 현금과 거스름돈이 모자라서 일을 할 수 없었고, 이것은 연쇄반응을 일으켜 수많은 사람이 곤경에 빠졌다. 살 길이 막막해서 목숨을 끊은 사람도 수백 명이나 되었다. 예컨대 최근에 질병을 치료하거나 계획된 결혼식을 치르기 위해 소유지 전체를 팔았는데, 갑자기 이 돈이 불법 판정을 받게 된 것이다. 설사 구제책이 있다고 해도 합법화되는 과정에서 엄청난 정신적 압박을 받아야 했다. 몸이 허약한 사람은 은행 앞에서 혹은 안에서 며칠씩 줄을 서서 기다리는 동안 쓰러지기 일쑤였고, 다시는 일어나지 못한 채 그대로 숨진 사람도 많았다. 차츰 시위와 파업, 부분적으로 폭력이 수반된 소요가 일상화되었고 대다수의 주정부는 델리의 중앙정부에서 내린 결정과 처리 방식에 거세게 반발했다.

한 달 뒤 2016년 12월 13일.

어찌히 현금은 구경하기 어렵고 은행에서는 일주일 단위로 우스꽝스러울 정도의 소액을 지급하는데, 아무도 거슬러줄 수 없는 커다란 2,000루피권으로 2만 4,000루피까지 받을 수 있다. 이런 식으로 계좌 개설과 무현금 이체를 강요한다.

허울 좋은 핑계들

1년이 지나도 현금 관리에는 여전히 커다란 문제가 있었다. 발권은행이 적절한 규격의 작은 지폐를 찍어내지 않는 데다, 은행들은 상인들이 가져오는 동전을 점차적으로 거부했기 때문이다. 이에 반발한 상인들은 2017년 10월에 플래카드를 들고 시위를 벌였다가 폭동을 선동한다는 이유로 투옥되었다. 시위 주동자인 라주 카나는 이렇게 말했다. "우리는 곧 가게를 접어야 할 판입니다. 통용 폐지 이후 충분한 지폐가 유통되지 않고 있어요. 우리 같은 소상인들은 주로 동전을 받지만 은행에서는 이제 동전을 받아주지 않죠. 동전을 보관할 공간이 없다는 핑계로 말입니다."[33]

모디 총리는 인도 사람들이 겪는 이런 대혼란에 전혀 동요하지 않는 것처럼 보였고 오히려 현금 이용자들의 그런 어려움은 지극히 당연한 것이라는 속내를 드러냈다. 2017년에 있었던 인터뷰에서 그는 "목표는 지폐를 모아서 디지털 계좌로 이체하는 것입니다. 내가 원하는 것은 현금 없는 사회예요"라고 말한 적이 있다.[34] 이런 의미에서 주유소나 병원, 대학 등지에서 유럽 기준으로 4,000유로 이상의 현금 결제는 차츰 금지하는 계획이 관철될 것으로 보인다. 동시에 카드단말기와 지문 스캐너 수입은 면세 처리될 것이다.[35]

처음에 인도 정부는 급진적인 조치가 범죄와 부패를 추방하기 위한 어쩔 수 없는 선택이었음을 강조했다. 2016년 11월 중순, 국방장관은 이를 뇌물과 테러 자금, 마약 자금에 대한 외과수술이라고 표현했다.[36] 또 정부는 현금의 3분의 1은 그 소유자들이 은행에 입금할 엄두를 내지 못할 것이므로 곧 사장될 것이라고 예측했다. 하지만 그런 일은 일어나지 않았다. 2017년 9월에 중앙은행이 발표한 결과를 보면, 통용 폐지된 지폐의 99퍼센트가 은행에 입금됐다.[37] 아무튼 현금 폐지의 근거는 처음부터 의심스러운 것이었다. 불법 취득한 대규모 재산이 있다고 해도 일부만 현금으로 보유할 것이기 때문이다. 대부분의 재산은 기업이나 보석, 주택, 부동산의 형태로 또 흔히 국외에 보유하기 마련이다.[38] 하지만 2016년에 모디는 극단적인 운동을 벌이는 이유를 두고 갑자기 말을 바꿨다. 이제는 빈민에 대한 금융포용과 금융시스템의 현대화가 중요하다는 것이었다. 연말이 되자 의회에서 계속 독창적인 이유를 내세우며 또 말을 바꿨다. 은행시스템을 속이고 예금을 빼돌리는 범법자에 맞서 빈민의 권한을 강화해야 한다고 말이다.[39]

부정한 돈이든 합법적인 돈이든, 출처를 증명하지 못하는 돈의 소유자도 돈세탁을 할 방법이 생겼다. 기업은 보유한 현찰을 없애기 위해 고용원의 임금이나 공급업체에 줄 대금을 미리 지급했다. 누군가는 돈 없는 사람이나 범죄 조직에 보상을 하면서 그들의 이름으로 입금하도록 했다. 뇌물을 받는 은행 직원도 많았다. 이런 식으로 검은 돈을 보유한 이들과 합법적으로 거액을 소유한 사람들은 현금 자산 일부를 잃기는 했지만, 이것은 부패 세력과 범죄자에게 유리하게 작용했다. 결국 이 모든 조치는 거대한 부패 조장 프로그램이었던 것이다. 타밀나두 주에 미친 영향을 조사한 한 연구팀은 "우리가 언급한 검은 돈의 보유자 중에서 통용 폐지에 대해 불평한 사람은 없었다"라고 말한다.[40]

오히려 연구팀 앞에 이로 인한 고충을 낱낱이 밝힌 쪽은 여성들이었다. 이런 반응을 주목해야 하는 이유는 결제의 디지털화를 포용 혹은 심지어 '여권 신장'의 조치라고 내세웠기 때문이다. 하지만 인도에서는 그와 정반대였다. 계좌에 있는 돈은 쉽게 확인되고 추적되기 때문에, 인도의 여성들은 통용 폐지로 인해 권리를 박탈당했으며 내 돈이 타인의 수중에 들어가 있다는 느낌을 받았다. 그들은 개인적인 연고가 있는 주변 사람들에게 돈을 맡기는 데 익숙하다. 그래서 가정주부인 달리트는 "은행에 돈을 넣으면 남편에게 전부 설명하고 증거를 보여줘야 해요"라고 토로했다. 점포를 소유한 여성 P는 자신의 고객에 대해 이러한 얘기를 들려주었다. "L의 남편은 돈만 생기면 술값으로 날려버려요. L은 아이의 장래를 위해 5만 루피를 따로 모았는데, 남편은 모르는 돈이었어요. 그런데 눈치를 챈 남편이 매일 괴롭히면서 돈을 내놓으라고 했죠. 또 다른 문제는 돈을 은행에 넣으면 필요할 때 바로 꺼내 쓰지 못할까 봐 겁낸다는 겁니다."

2018년 세계 여성의 날에, 게이츠 재단이 인도와 케냐, 우간다, 탄자니아에 은행계좌와 관련된 여권 신장을 위해 1억 7,000만 달러를 지출할 것이라고 설명한 멜린다 게이츠는 마치 이런 문제란 존재하지 않는다는 투였다. "여성들이 수중에 돈을 쥐고 그것을 어떻게 사용할지 결정할 권한을 가질 때, 자신감과 힘을 얻을 것입니다. 그러므로 우리의 투자는 여성들이 디지털 서비스를 이용할 수 있는 권한을 확보하는 데 집중될 것입니다."[41]

모든 정보 단서는 워싱턴으로

미국의 투자은행 모건 스탠리는 인도에서 진행 중인 현금 퇴출로 큰 이익을 얻을 주식으로 아마존과 비자, 마스터카드를 꼽았다.[42] 아닐

아가왈 아시아 리서치 소장은 연구 성과를 설명하는 자리에서 "결제의 디지털화는 인도를 국제적 대기업의 주요 시장으로 만들 것이다"라고 소개하면서 '수십억 달러의 기회'라고 했다.[43] 아마존은 인도에서 온라인 거래의 약 40퍼센트를 차지하는 플립카트Flipkart 다음으로 시장 점유율 2위에 해당하는 기업이다. 2018년 4월, 미국의 백화점 기업인 월마트는 플립카트의 지분 77퍼센트를 160억 달러에 사들였는데 너무 고전을 하는 바람에 아마존에 좋은 기회가 왔다. 나머지 지분은 마이크로소프트와 중국의 텐센트가 보유하게 될 것이다.[44] 인도의 온라인 거래는 이제 절반 이상이 미국의 손에 넘어갔음이 분명하다.[45]

그런데 왜 나렌드라 모디같이 독재적이고 사치스러운 정부 수반은 자국민에 대한 지원을 위태롭게 하면서까지 외국의 결제업체와 국내 은행의 환심을 사려고 할까? 언론을 통해 인도와 국제사회에 알려진 이야기는 소수의 모디 측근들이 모여 은밀히 음모를 꾸몄다는 것뿐이다.[46] 하지만 좀 더 세밀하게 자초지종을 들여다보면 이런 주장은 전혀 받아들여질 수 없다.

(현금) 통용 폐지라는 돌발사건 이후, 처음으로 인도를 찾은 외국 방문객에 하필 빌 게이츠가 포함된 것은 우연이 아니다. 그는 현대화에 대해 강의했고, 이 자리에는 모디 총리뿐 아니라 아룬 자이틀리 재무장관을 비롯한 다수의 장관이 앞다투어 참석했다. 강의에서 게이츠는 디지털결제가 빈민의 삶을 변화시킬 수 있다고 말했다. 일시적인 현금 퇴치가 결제의 디지털화를 가속화하는 데 기여한다면, 그런 일시적 고통은 감내할 가치가 있을 거라고도 덧붙였다.[47]

인도 정부는 게이츠의 지원을 얼마든지 기대해도 될 것 같았다. 아무튼 게이츠 재단과 인도 중앙은행은 2012년 이후 결제의 디지털화에 대한 긴밀한 협력을 해왔다. 2012년은 인도 중앙은행이 게이츠가 지원하는 '금융포용동맹'의 핵심회원이 된 해다. 2015년 12월 워싱턴 금융포용포럼에서 게이츠는 자기 재단이 3년 안에, 즉 2018년 말까지 인도 경제를 완전히 디지털화할 것이라고 선언했다.[48] 2016년 말, 인도 경제는 게이츠의 이 야심만만한 목표에서 여전히 멀리 떨어져 있었다. 따라서 모디가 급진적인 반反현금조치를 통해 추진하는 사업을 대환영할 수밖에 없었다.

2013년부터 2016년까지 인도 중앙은행 총재를 지낸 라구람 라잔은 2003년부터 2006년까지 워싱턴에서 IMF의 수석경제학자로 재직했다. 그리고 중앙은행 총재로 취임할 때까지 시카고 대학교에서 경제학 강의를 했다. 취임 후 그의 첫 행보는 금융포용촉진위원회를 설치한 것이었다. 그러고는 미국에서 교육받은 은행가이자 인도준비은행의 감사위원인 나치케트 모르를 위원장으로 초빙했다. 이 사람은 2016년 3월부터 빌&멜린다 게이츠 인도 재단의 대표를 맡는다. 또 포용위원회의 회원이자 시티뱅크의 전 총재였던 비크람 팬디트도 빌 게이츠 및 그가 주관하는 '현금보다 좋은 동맹'과 긴밀한 관계를 맺은 인물이다.

라잔 자신은 현금 정책과 관련해 좀 더 온건한 조치를 선호했던 것으로 보인다. 그는 2016년 여름, 여당의 공공연한 현금 적대 정책 이후 통상 맡게 되어 있는 총재로서의 두 번째 임기를 포기했다.[49] 퇴임 1년 후 출간한 책에서 라잔은 2016년 2월에 정부가 통용 폐지에 대한 그의 의견을 물어왔다고 진술했다. 그에 대해 자신은 단기적인 현실 왜곡과 손실이 너무 클 것으로 예상한다고 대답했다고 한다.[50] 재무장관 샤크티칸타 다스에 따르면, 정부는 3월부터 중앙은행과 집중적으로 대화해오다 5월에는 공동으로 통용 폐지를 결정했다고 한다.[51] 따라서 이보다 먼저 퍼져나간 모디 측근들의 이야기는 잘못된 것이다.

　미국에서 모디는 꽤 오랫동안 평판이 나빴다. 급진 힌두 민족주의자인 그는 2002년 반 모슬렘 폭력 사태로 많은 사망자가 발생했을 당시 구자라트 주 장관으로서의 역할 논란 때문에 미국의 입국 블랙리스트에 올라 있었다.[52] 이 문제는 2014년 그가 인도 총리로 선출되고 미국 대통령을 공식 방문하면서 용서받고 잊혀졌다. 다만 오바마는 그에게 금융포용에 대한 다짐을 받고 나서 인도와 우호적인 안보 동반자 관계임을 선언했다. 그리고 13억 인도인 전체를 대상으로 생체인식 특징과 연결된 ID 번호를 발급하는 야심찬 프로그램이 두 사람의 공동과제가 되었다. 이른바 '아드하르Aadhaar'라는 이 프로그램은 모디가 야당 정치인 시절 줄기차게 반대했던 사안이다. 그랬던 그가 총리에 취임하고 워싱턴을 방문한 후에는 이 프로그램의 열렬한 옹호자가 되었다.[53] 그 뒤 오바마가 2015년 1월에 답방했을 때, 인도의 '현금보다 좋은 동맹' 가입이 결정되고 공포되었다.[54]

　여기 회원인 USAID는 인도의 현금 억제 정책에서 그들이 맡은 역할을 자랑스러워한다. 2017년에 발표된 정부 주도의 현금 퇴출 지침에서는 인도를 성공 사례로 꼽고 있다. USAID는 다음과 같이 언급한다. '오바마 대통령과 모디 총리의 정상회담에서 책임을 언급함에 따라, USAID는 인도 재무부와 긴밀한 협력 관계를 구축했다. 공식적으로는 '포용적 무현금결제를 위한 협력체'라고 부른다. 이 협력체의 목표는 디지털결제를 활성화하기 위한 혁신적인 접근법을 확인하고 테스트하며 대중 친화적으로 만드는 것이다.'[55] 이 협력체와 연대하는 회원으로는 '동맹' 외에, 전체적으로 다시 떨어져나간 '동맹' 회원으로서 비자와 마스터카드가 있고 그 밖에 인도에서 현금 퇴치 사업에 관심을 가진 금융, IT 및 통신기업들이 있다. 2016년, USAID는 이 협력체에 대한 1차 보고서에서 '현금 극복'이라는 제목으로 해당 과제가 무엇인지를 분명히 밝혔다.[56]

USAID의 관점에서 볼 때 문제는 이렇게 표현된다. '상인과 소비자는 (무현금 방식에 대한) 그들의 관심을 가로막는 현금 생태계에 갇혀 있다.' 즉, 외부로부터의 자극이 필요하다는 말이다. 이로부터 10개월 뒤에 나온 대대적인 통용 폐지는 인도 정부와 미국의 후원사를 통해 디지털화의 방향으로 나아가도록 자극을 가함으로써 소비자와 상인을 현금 생태계의 포로 상태로부터 구해주었다는 칭송을 받게 된다.

2016년 7월, 보스턴컨설팅그룹[BCG]과 구글은 인도의 디지털결제 시장을 일컫는 '5,000억 달러 금단지'에 대한 공동보고서를 발표했다. 보고서 3쪽은 앞으로 무슨 일이 일어날지 훤히 꿰뚫고 있다는 듯 말한다. '우리는 이후 며칠간은 디지털결제 시장이 근본적으로 외면당할 것으로 예상한다.' 하지만 보고서는 2020년까지 디지털결제가 10배는 늘어날 것이라고 예측하고 있다.[57] 이유를 묻자, 보고서의 공동저자이자 BCG의 인도 지사장인 알페시 샤는 보고서 작성자들이 모디의 계획을 전혀 몰랐다는 점을 강조했다. 보고서는 USAID와 인도 재무부, 이해관계가 있는 기업 등, 반反현금 협력체와는 아무 관계가 없다는 것이다. 하지만 보고서의 주체인 양 기업의 장담은 은연중에 사실과 다름을 드러낸다. 뿐만 아니라 보고서 운영위원회에 속한 것은 비자와 페이틈Payᵀᴹ, 보다폰 등 온통 USAID와 인도 재무부의 반현금 협력체를 구성하는 기업들이다. 보고서의 주요 진단은 모디 총리의 급진적인 반현금 조치를 사전에 몰랐다면, 전혀 있을 수 없는 내용이다.

보고서에서 BCG와 구글은 근본적으로 금융 디지털화 실행의 실질적인 문제에 유난히 솔직했다. 즉, 미국 결제서비스 공급사의 이익이 우선이라는 것이다. 그 목표를 위해 보고서는 디지털화가 시작될 때 공급사들이 만반의 준비를 갖추도록 배려했다. 작성자들은 일반 대중을 상대로 한 보고서에서 보이는 포용금융이나 빈민 원조에 대해서는 말을 아끼고 있다. 이들은 결제서비스 공급사가 연간 달성 가능한 요금 수입을 50억 달러로 평가한다. 정부에게는 주민들에게 검은돈과 탈세를 근절하는 데 드는 간접비용을 포함해서 현금에 들어가는 비용에 대한 인식을 심어주라고 권고한다. '검은돈 근절'이야말로 모디 정부가 현금 통용 폐지 초기에 되풀이해 강조한 부분이다. 이를 통해 정부는 국민이 (이른바) 검은돈 근절 비용을 통용 폐지 형태로 확연하게 깨닫도록 했다.

2016년 9월, 통용 폐지 두 달 전에 미국 컨설팅 회사인 맥킨지는 인도 중앙은행의 감사이자 신설 인도 게이츠 재단 대표인 나치케트 모르의 도움을 받아 게이츠 재단과 공동으로 보고서를 발표했다. 완벽한 디지털결제는 인도의 경제를 10퍼센트 이상 성장시킬 것이라고 약속하는 내용이었다.[58] 10월에는 USAID와 인도 정부가 공동으로 '무현금 결제를 위한 포용 협력체'라는 공동프로젝트 촉진사업을 시작했다.[59] 미국 대사 조너선 애들턴은 출범식에서 "인도는 경제 디지털화라는 세계적인 노력의 선봉에 섰다"라고 주목할 만한 발언을 했다. USAID는 3년간 재정 지원의 기폭제가 되겠다고 확약했다.

한 달 뒤, 모디는 통용 폐지라는 폭탄선언을 발표한다. 이 터무니없는 조치가 알려지자 전 세계는 고개를 절레절레 흔들었지만 미국에서만은 분명한 지지자들이 있었다. 미 국무부 대변인은 게이츠와 마찬가지로 칭찬 일색이었다. 이 조치가 많은 인도인과 미국 방문자들에게 고통을 안겨줄 것은 자명했지만, 불법 행위에 단호히 대처하기 위해서는 중요하고 또 필요하다는 것이다. 모디의 보좌관 아르빈드 굽타는 조지 메이슨 대학교의 경제학 교수 필립 오스월드와 공동으로 《하버드 비즈니스 리뷰*Harvard Business Review*》에 통용 폐지를 정부 주도의 '유일한 디지털 분열'이라고 찬양하는 글을 썼다.[60]

게이츠 재단과 시티뱅크로부터 전폭 지원을 받는 터프츠 대학교 '세계 상황 속의 경영 연구소[IBGC]'의 전무이사 바스카르 차크라보티는 통용 폐지가 부패 추방에 성과가 없었음을 인정하기는 했으나, 그것은 별 문제가 안 된다는 입장이었다. 가장 중요한 것은 모디가 확연히 실패했음에도 유권자로부터 지탄받지 않았다는 점인데, 그러한 결과는 '문제는 달콤한 이야기를 들려주는 것이지, 엄격한 증거 제시가 아님'을 보여준다는 것이다. 실제로 이것은 금융포용과 테러 추방을 구실로 세계적으로 현금 퇴치 운동을 벌이는 이들에겐 귀가 번쩍 뜨이는 소식이 아닐 수 없다. 이런 의미에서 가는 곳마다 이야기만 무성할 뿐, 내세운 목표와 관련해 성공을 거두었다는 증거는 어디서도 찾을 수 없다.[61]

10억을 위한 생체인식 데이터베이스

빌 게이츠는 인도에서 자신과 재단의 역할을 일종의 제2정부로, 심지어 상위정부로 여긴다. 그는 2015년 워싱턴에서 열린 '금융포용 포럼'에서 이런 생각을 한층 더 분명하게 밝혔다.

> "한 국가에 들어가 광범위한 신원확인 시스템을 구축한다는 것은 멋진 일입니다. 그런 면에서 인도는 아주 흥미로운 예에 해당하죠. 생체인식 특징이 깔린 12자리 숫자의 ID 번호로 된 아드하르 시스템을 전국 어디서나 볼 수 있으니까요. 가령 앞으로 실현될 예정입니다만, 우리는 사람들이 공공서비스를 원할 때, 개인 병원에 가서 자신의 건강 정보를 간단히 조회할 때 이 ID를 이용할 계획입니다. 또 시골 어느 지역에서 다른 곳으로 이사 가는 사람도 추적 가능해 서비스를 받을 수 있습니다."[62]

미국이나 유럽 시민에게는 요구할 수 없는 일도, 인도라는 거대한 야외 실험실에서는 즉시 실험을 거쳐 시행할 수 있다. 그 사이에 인도 정부는 중앙에서 통제하는 생체인식 기반의 다목적 데이터베이스 아드하르에 이미 10억 명 이상의 국민 신원을 파악해놓았다고 한다. 모든 국민은 생체 특징과 연결된 본인 고유의 아드하르 번호를 받는다.

이 대형 프로젝트를 설계한 사람은 난단 닐레카니였다. 인도의 서열 2위 IT 기업 인포시스Infosys의 설립자이자 대표이사인 닐레카니는 이 프로젝트를 담당하는 '인도신원확인청UIDAI'의 초대 청장으로 초빙되었다. 또 그는 인도 IT 부문의 로비단체인 '전국 소프트웨어 및 서비스 회사 협회'를 설립했다. UIDAI 청장에 취임하기 전 2년간은 세계경제포럼 재단이사회의 이사를 맡았다. 그는 자선 부문의 다양한 프로젝트에서 빌 게이츠 및 게이츠 재단과 긴밀하게 협력하고 있다. 따라서 모든 인도인의 생체인식 데이터베이스는 대부분 정보위탁으로 인해 이익을 보는 기업 대표들과 각국 정부로부터, 또 그런 데이터베이스를 줄기차게 받아내려는 다국적 대기업의 이익 대변자들로부터 나온 산물이라고 할 수 있다.

닐레카니의 말에 따르면 아드하르에도 중요한 것은 금융포용이다. 그는 2009년에 "내부적 목표는 포용이다. 상류층과 중산층은 신원을 증명할 방법이 많지만, 빈민층은 없다"라고 이 프로젝트의 배경을 설명했다.[63] 그는 왜 이미 확실한 '신분'을 지닌 10억 인도인에게도 생체인식 기반의 신원증명을 강요해야 하는지에 대해서는 설명하지 않았다. 이런 형태의 ID가 없으면 국가의 보호를 받지 못하고 세금도 낼 수 없으며 전화 가입도 안 되고 은행 거래도 더 이상 할 수 없는 실정이다.

인도 기술연구소 교수인 리티카 케라는 전문지에 기고한 논문에서, 아드하르를 통해 빈민들이 금융서비스에서 소외되는 현실이 끝나고 생존 조건이 개선될 것이라던 정부의 약속을 반박한다.[64] 케라는, 굳이 중앙데이터베이스에 연결되는 엄청난 위험과 단점을 무릅

쓰지 않고, 다른 방법으로도 충분히 최소한 아드하르 데이터베이스의 제한적인 이점 정도는 달성할 수 있을 것이라고 말한다. 감시 기능을 뺀다면, 이런 식의 중앙데이터베이스의 장점이라곤 지문 대조를 여러 번 하지 않아도 돼 절감할 수 있는 미미한 비용뿐이다. 그나마 이런 비용절감도 시민의 자유에 대한 오남용 가능성과 위험성이 배가됨으로써 다 날려버릴 수도 있다. 영국 프로그램을 조사한 런던의 연구진과 마찬가지로, 케라는 실제로 인도에 무슨 일이 일어났는지 진단하며 앞으로 무슨 일이 일어날지를 예언한다. 즉, 빈민들이 포용의 혜택을 받기보다 대대적으로 그 혜택에서 배제될 것이라는 말이다.

아드하르로 인해 프로그램과 서비스로부터 부당하게 배제될 수 있는 형태는 여러 가지다. 가령 끊임없이 벽돌을 만지는 사람은 몇 년 뒤면 성한 지문이 남아나지 않는다. 물론 홍채 인식이 보완 수단이 될 수 있겠지만, 이 방법은 비용이 많이 들고 어디서든지 써먹을 수도 없다. 게다가 홍채 모양을 변형시키는 눈병을 유발하기도 한다. 또 몸이 불편한 병자나 노인이 곡물 배급이나 그 밖의 구호 혜택을 받으려 해도 누군가를 대신 보낼 수 없다. 뜨내기 노동자는 데이터베이스에 입력한 내용과 맞지 않아 돈을 보낼 수도, 받을 수도 없을 것이다. 최초 인식 기기가 항상 완벽하게 작동하는 것도 아니고 항상 정확한 서비스를 하는 것도 아니다. 누군가의 ID를 데이터베이스와 맞춰볼 때도 마찬가지다.

인터넷 접속 환경이 열악하고 이동통신 여건도 불충분하므로 일상적으로 자신의 신원을 확인하는 것은 많은 사람에게 도박이나 다름없을 것이다. 아드하르 방식은 누구보다 여윳돈이 없는 사람들, 예컨대 신원증명을 못해 정부의 일자리 창출 프로그램에서 제외된 실업자나 아드하르 카드가 없어서 학교급식 혜택을 받지 못하는 아이들, 정부의 쌀 배급도 받을 수 없는 극빈층에게 특히 불리하다. 동성애자나 매춘부, 그 밖에 사회적으로 기피하거나 차별받는 집단의 구성원들은 자신의 번호로 확인받기보다 차라리 서비스를 포기할 경우가 많을 것이다. 이렇게 곳곳에서 심각한 문제점이 속출함에도 불구하고 정부와 UIDAI 당국은 수년째 완강히 부인하며 포용의 수사학을 고집한다.

하지만 2017년 4월, 텔랑가나 주정부는 주 전체의 조사 자료를 공개했다. 이에 따르면 빈민을 위한 일자리 창출 프로그램의 오류율은 무척 높았다. 최대 3분의 1의 노동자가 시스템상 인식되지 않은 데다가, 마모된 지문 때문에, 또 홍채 인식 스캐너가 부족해서 임금을 받지 못했다는 것이다.[65]

이미 이 기괴한 데이터베이스가 작동하는 방식이 모든 것을 말해준다. 2009년부터 2016년까지는 관련 법규가 없었으며, 의회의 진지한 검토를 거치치 않은 정부 규제만 시행되었다. 2016년이 되어서야 비로소 정부는 아드하르 관련 법안을 제출했다. 그리고 과반수의 동의를 장담할 수 없는 상원을 배제한 채, 정부는 이것을 '금융법'으로 공포했다. 이 법안이 처리된 뒤, 정부는 서둘러 선례를 만들고 세금 납부에서부터 은행 업무를 거쳐 전반적인 사회 서비스에 이르기까지 가능한 모든 것에 아드하르 번호를 강제하는 수많은 규정을 반포했다. 이동통신에서 개인병원, 아마존에 이르기까지 숱한 사기업도 자발적으로 그에 따랐다.

인도 헌법재판소는 공공부문 서비스 부문에 아드하르 번호를 의무화해서는 안 된다고 여러 번 판결했다. 그러나 모디 정부는 빌 게이츠가 설명한 목표에 따라 이와 같은 최고 재판소의 결정을 매번 무시했다. 2017년 8월, 헌법재판소는 또다시 분명한 신호를 보냈는데, 아드하르와 관련해 정부의 생각과 달리 인도에는 사생활에 대한 기본권이 존재한다고 판단한 것이다. 독일로 치자면 '정보자결권'이라고 할 수 있을 것이다.[66]

어쩌면 아드하르는 엄청난 재앙이다. 정부가 아드하르 번호를 수많은 민관 데이터베이스에 추가 입력할 데이터 항목으로 밀어붙이고 있기 때문이다. 이 단일화된 번호는 곳곳에서 이 데이터베이스와 모든 것이 연결되도록 관리된다. 고유번호만으로 이 번호를 사용하는 특정인의 모든 것을 데이터베이스에서 불러낼 수 있는 것이다. 보통 시민과 기업도 인터넷을 통해 이 숱한 데이터베이스에 접속할 수 있다. 시민들은 자신을 간파하고 있는 사람에게 더 이상 영향을 미칠 방법이 없다. 이것은 특정 이익에 반대하는 사람을 큰 위험에 빠뜨릴 수 있고 전체주의적인 환경에 힘을 실어줄 것이다.[67]

수많은 언론 보도에 따르면 아드하르 데이터베이스는 구조적으로 오남용에 매우 취약하다. 하지만 UIDAI는 틈만 나면 데이터는 완벽하게 안전하다고 주장해왔다. 약점을 지적하는 이는 경찰의 사찰을 받는다. 예를 들어 기업인 사미르 코하르가 그랬다. 그는 홈페이지에 글을 한 편 게재하면서, 기업들이 아드하르 데이터를 손쉽게 빼내 파악한 정보를 저장할 수 있음을 보여주었다.[68] 또 왓츠앱을 통해 7유로만 주면 아드하르 데이터베이스에 접속하는 비밀번호를 살 수 있다는 기사를 쓴 여기자도 마찬가지였다. 이 비밀번호로 수많은 사람의 이름과 전화번호, 주소를 내려받을 수 있다는 것이다. 뿐만 아니라 기자는 5유로를 주고 추가 구입한 프로그램으로 아드하르 카드를 인쇄할 수 있었다고 했다.[69] 아드하르 번호로 신분을 증명할 수 있는 곳이면 어디서든 그런 위조 카드를 소지한 사람이 원 정보자 행세를 할 수 있다. 예컨대 정상 작동하는 생체인식 판독기가 없는 시골 우체국에서 은행 업무를 볼 때 이런 사고가 발생할 가능성이 크다.

동시에 UIDAI 관련 법규는 정보를 도난당하거나 도용당한 시민에게 관련 정보를 알려줄 어떤 의무도 부과하지 않는다. 시민에게는 정보에 대한 권한도, 스스로 오남용 관련 조사를 강제할 기회도 주어지지 않는다. 델리 국립법과대학교의 소통관리센터 소장 친마이 아룬은 이를 강력히 비판한다. "중앙에서 통제하는 정부 데이터베이스라는 아이디어를 인도에 흔쾌히 제공한 미국 같은 나라는, 막상 자국민은 그런 터무니없는 생각으로 관리하지 않는다."[70]

2018년 1월, UIDAI는 간접적이나마 처음으로 이 시스템이 안전하지 않다는 것을 인정하고 이른바 '가상' ID라고 할 제2의 임시 아드하르 번호 형태로 추가 안전조치를 취한다고 발표했다. 이는 본래의 고유 아드하르 번호를 대신해 제시할 수 있는 번호를 말한다. 이 '가상' ID는 반복적으로 수정되기 때문에 데이터를 저장하는 기업들은 언젠가 무효가 될 번호만 소유한다는 의미다.[71]

그러나 최악의 오남용 사태를 이런 식으로 막을 수는 없는 노릇이다. 다른 사람의 지문을 확보하는 것은 식은 죽 먹기나 다름없기 때문이다. 그리고 이것을 검증하기 위해 생체인식 정보를 파악하는 사람 또한 다른 ID로 행세하며 그 정보를 남용할 수 있다. 즉, 이런 사람은 다른 이름으로 은행 업무를 보거나 쇼핑을 할 수 있다는 말이다. 이런 류의 사고를 ID를 도난당한 사람이 막기란 거의 불가능하며 오남용을 증명하기도 힘들다. 비밀번호는 바꿀 수 있어도 홍채나 지문은 바꿀 수 없기 때문이다.

다시 단서는 미국으로

아다하르 프로그램의 공식자료에서는 결코 언급되지 않았지만, 이런 대대적인 생체인식 프로젝트에 대한 추진력은 현금 조치 때와 마찬가지로 워싱턴에서 비롯된 것으로 보인다. 리티카 케라 교수에 따르면, 공공서비스 배급을 위해 생체인식 데이터베이스를 이용하려는 계획은 2008년 세계은행 인도 지부의 위탁으로 시행된 캘리포니아 소프트웨어 기업인 콜투콜Call2Call의 연구로 거슬러 올라간다.[72]

선구적 역할을 한 곳은 안드라프라데시 주였다. '안드라프라데시 스마트카드 프로그램'은 인도 전역을 대상으로 한 개적 프로젝트였고, 이 주의 빈민을 실험동물로 이용한 거대한 현장 실험이었다. 이것은 보스턴 제이팔J-Pal 연구소가 안드라프라데시 주정부와 공동으로 실시한 '무작위대조시험'이었다. 제이팔은 '동맹'의 회원사와 그 밖의 실리콘밸리 기부자들로부터 어마어마한 재정 지원을 받는 아비지트 배너지Abhijit Banerjee와 에스테르 뒤플로Esther Duflo의 연구소다.

안드라프라데시 내부의 구체적인 평가는 오미디야르 네트워크로부터 지원을 받았다. 연구진은 또한 '금융포용 및 정부 투명성에 대한 생체인식 신원확인의 긍정적 효과 연구에 장기적인 관심'을 보여준 데 대해 이 네트워크에 감사를 표한다. 주목할 것은 이 연구를 비과학적 조기 결정을 허용한 긍정적 효과에만 제한했다는 점이다. 처음부터 염두에 둔 것은 인도 전역에 시스템을 적용한다는 것, 특히 금융 부문에 이용한다는 것이었다. 따라서 제이팔 연구진을 위하여 닐레카니 청장을 포함, UIDAI 당국 인력이 관련 발언에 동원되었다.[73]

아드하르를 관리해야 할 UIDAI의 창설과 병행하여, 워싱턴에서는 인도 정부 대표가 참석한 가운데 2010년 4월에 발표한 '전자전환계획'에 착수했다. 이것은 세계은행과 프랑스 및 마이크로소프트, L1 ID 솔루션, IBM, 제말토 등의 기업이 합작한 민관협력체였다. L1은 3개월 후 아드하르 구축과 관련한 최고의 대형 계약을 은밀히 성사시킨 것으로 밝혀졌다. 이 회사는 국민을 생체인식으로 파악하는 기기를 공급했다. 하필 프랑스가 이 계획에 관여했다는 것은 워싱턴에서는 더 많은 것을 예상했거나 알고 있었음을 강력하게 암시한다. 프랑스 기업 사프란은 인도 지사를 통해 파악한 정보를 아드하르 데이터베이스에 입력하고, 이 자료를 이중으로 검증하는 업무 계약을 체결했다. 몇 주 후, 사프란은 다시 L1 ID 솔루션을 인수했다.[74]

마스터카드도 2010년 신임 사장의 뭄바이 출장에 대한《뉴욕타임스》보도에서 알 수 있듯이 처음부터 준비돼 있었다. 인도 전 국민에게 지문 및 홍채 스캔과 연결된 코드번호를 발급하는 정부 캠페인이 시작된 직후, 마스터카드 사장 아제이 방가는 원조활동을 위해 현장에 가 있었다. 보도에 따르면, 마스터카드가 기대하는 것은 신원확인이 한결 간편해진 덕분에 정부가 앞으로 수급자들에게 쌀이나 생필품 배급표 대신 디지털 방식으로 배급하게 될 때 이 사업에 전폭적으로 참여하는 것이다.[75] 이야말로 '동맹'의 대표적인 요구 사항이다. 공무원도 가능하면 현금이 아니라 계좌 혹은 결제 카드로만 돈을 받도록 한다는 것이다. 물론 허울 좋게 '디지털 생태계를 강화하기 위해서'라는 구실을 대지만, 아무튼 마스터카드나 비자는 기꺼이 참여할 준비를 마쳤다. 이렇게 되면 서비스 공급사는 결제서비스가 진행될 때마다 돈과 귀중한 정보를 얻는다.

이런 극단적인 기형 구조에도 불구하고, 아니 바로 그런 구조 때문에 아드하르 프로젝트가 워싱턴에서 큰 반향을 불러일으키고 대대적인 찬사를 받는 것에 놀랄 필요는 없다. 세계은행 또한 게이츠 재단과 '동맹'처럼 찬사 일색이다.[76] 특히 세계은행의 태도는 독창적이지만 정직하지 못하다. UIDAI와 인도 정부가 반복적으로 인용하는, 아드하르가 매년 정부로 하여금 110억 달러를, 그것도 사회복지 예산의 오용을 피하는 형태로 절감해준다는 소견도 세계은행으로부터 나온 말이다. 이런 터무니없는 액수의 출처는 세계은행이 각 주에서 밝히는 '빈민을 위한 금융자문그룹'의 보고서다. 문제는 다만 진 드로즈와 리티카 케라 같은 학자가 밝힌 대로, 세계은행이 말하는 110억 달러가 예산 절감과는 무관하고 국가 '전체의' 사회복지 수혜금을 나타내는 수치라는 것이다.

그렇다면 잘못된 수치가 인용됐음을 깨닫고 난 뒤 세계은행은 어떤 반응을 보였을까? 이들은 그 인용이 들어간 '세계개발보고서 2016'을 수정했다. 하지만 잘못된 주장을 해명하거나 바로잡는 대신 단순히 증거자료만 바꿨을 뿐이다. 그런 다음 1,000억 달러에 이르는 사회복지 예산에서 나온 두 가지 자체 계산을 제시하면서, 아드하르로 인한 절감액을 110억 달러로 평가했다. 이런 어마어마한 규모를 산출해내기 위해, 세계은행은 단순히 도로와 교량, 그 밖에 가능한 모든 것을 '사회복지'라고 설명했다.[77] EU 집행위원장은 뭐라고 말했을까? "사태가 심각할 때는 거짓말을 해야 한다." 세계은행 입장에서 인도인에 대한 생체인식 기반의 신원확인 문제가 심각한 것만은 분명하다.

이런 상황은 인도처럼 인구가 많은 인접국인 방글라데시에도 그대로 적용된다. 거기서 세계은행은 2억 1,900만 달러로 책정된 '개발 원조' 프로젝트로서 생체인식 기반의 '국가 ID 스마트카드' 사업을 진행했는데 이것은 감시 의도와는 무관한 것이었다.[78] 이 카드에는 전 국민의 지문 및 홍채 스캔이 입력된다. 2016년 10월부터 1억 방글라데시 국민에게 발급된 이 카드는 납세와 은행서비스, 의료서비스, 그리고 10여 가지 공공서비스를 위해 사용된다고 한다. 그리고 가장 좋은 점은 이 카드를 통해 이용자는 생체인식 형태로 자신의 휴대전화와 연결된다는 것이다. 이야말로 완벽한 감시도구가 아니겠는가?[79]

정보기관을 위한 직접 접속

단일 번호와 조화를 이룬 생체인식 데이터베이스는 이른바 미국의 안보 이익에 큰 보탬이 된다. 이런 시스템은 전국적으로 활동하는 통신기업과 아마존 같은 인터넷 기업이 데이터를 사용하고 저장하는 식으로 이미 시작되었다. 미국 정보기관은 필요에 따라 미국 기업을 통해 인도 국민의 정보에 접속한다. 아드하르 번호로 쉽고 간편하게 신원확인이 이루어지므로, 마치 모든 데이터베이스가 자체적 작동 원리를 갖춘 듯, 정보는 신빙성을 갖추고 자동화된 상태로 간단히 이용 가능하다.

이뿐만이 아니다. UIDAI 당국으로부터 공개 입찰 없이 소프트웨어 및 기술 준비와 데이터 검증의 1차 계약을 따낸 3개 사기업은 미국 및 프랑스 정보기관과 긴밀하게 결속되어 있다. L1 ID 솔루션은 미국 정보기관 및 보안 당국과 대규모 계약을 체결한 기업이다. 또 L1 이사회에는 전 CIA 국장 조지 테넷과 전 FBI 국장 루이스 프렌, 당시 국토안보부 장관인 로이 제독 같은 인물이 포진하고 있다. 프랑스의 반*관영기업인 사프란도 국방 및 안보 산업을 위해 일한다.[80] 전 인도 육군 장교이자 비밀정보기관 전문가인 매튜 토머스는 "그런 사기업이 데이터베이스에 접근하도록 허용한다면, 외국의 정보기관이 인도 국민 전체 정보에 손을 뻗치는 것은 당연하다"라고 비판했다. 또한 파키스탄의 생체인식 주민 데이터베이스 나드라에 쓰인 기술도 L1 ID 솔루션이 공급한 것이다. 파키스탄은 미국 정보기관에 유난히 지대한 관심을 갖고 있다.[81]

방글라데시의 경우, 세계은행은 생체인식 기반의 'ID 스마트카드' 사업권을 프랑스의 오베르튀르 테크놀로지스에게 주었다. 그 뒤 2017년, 이 회사는 예상대로 즉시 사프란/L1 합병 기업에 인수되었다. 방글라데시 당국이 볼 때 타당하지도, 뒷맛이 개운치도 않은 일이었다. 그래서 해당 기업과의 계약을 파기했지만[82] 일단 그들에게 넘어간 자료는 되찾지 못했다.

데이터베이스 관리 전문업체인 미국의 몽고DB도 2013년에 UIDAI로부터 계약을 따냈다. 이 신생 기업에 투자한 업체 중에는 해외 정보를 관장하는 CIA의 벤처캐피털기관 인큐텔이 포함되었다.[83] 이런 경우는 전혀 드문 일이 아니다. 실리콘밸리에서 정보서비스 관련 응용 프로그램이 등장할 때면, 대개는 CIA와 인큐텔이 주로 관련돼 있다. UIDAI와 인도 정부는 외국 기업이 암호화되지 않은 아드하르의 생체인식 데이터베이스에 접속할 것이라는 의구심을 반박해왔다. 하지만 인도 당국은 법적 절차에 따라 헌법재판소에 기기 및 서비스 공급업체와의 계약 내용을 제출해야 했는데, 여기서 L1 같은 기업이 계약조건에 따라 모든 원자료에 접근할 권한을 가졌고 이를 저장해왔다는 그간의 추측이 사실로 드러났다.[84]

외국의 정보기관이 생체인식 기술기업을 통해 해당 정보에 접근이 가능할 때 원칙적으로 어떤 일이 벌어질 수 있는가는, 2017년 선거에 불만을 터트린 케냐의 야당 지도자 라일라 오딩가가 한 말을 통해 알 수 있다. 세계은행은 이른바 전자 정부와 주민의 생체인식 등록 사업에서 케냐를 지원하고 있다.[85]

선거관리위원회는 생체인식 기반의 선거인 확인과 전자 투표를 위한 기기 공급사인 사프란과 계약했다. 그런데 선거 후 오딩가는 프랑스 정부에 불만이 담긴 편지를 보내는데, 여기서 그는 선관위가 데이터베이스에 멋대로 접근해서 데이터 조작을 허용했다고 사프란을 비난했다. 사프란은 그 사이에 오베르튀르와 더불어 OT-모포에 합병되었고, 이 회사는 그 뒤에 아이데미아Idemia로 이름이 바뀌어 있었다. 데이터 조작에, 선거 2주 전에 사망한 IT 관리자의 로그인 데이터가 사용되었다는 것이다. 오딩가는 언제 어떻게 데이터베이스가 해킹되었는지를 보여주는 컴퓨터 로그 기록을 제시했다. 선거 결과를 조작한 알고리즘이 입력되었다는 의미였다. OT-모포는 이런 주장을 반박하며, 외부 전문가가 실시한 자체 조사에서는 결코 조작이 없는 것으로 드러났다고 말했다.[86] 믿거나 말거나식 발표였다. 케냐의 최고재판소는 그 보도를 믿지 않고 선거 무효를 선언했다. 이런 결과가 나온 것은, 컴퓨터 서버에 대한 접근을 보장하라는 법원의 요구에 선관위가 반발한 것이 계기가 됐음이 분명했다.[87]

여기서 한 발 더 나아가 2017년 여름에는, 내부고발단체인 위키리크스를 통해 CIA가 미국회사인 크로스매치Crossmatch 소프트웨어의 도움으로 '친근한' 정보기관들의 생체인식 데이터를 어떻게 빼내는지가 샅샅이 밝혀졌다. 이때 폭로된 자료에는 CIA 요원을 위한 매뉴얼이 포함돼 있었는데, 내용인즉 미국이 공급하는 소프트웨어와 하드웨어를 기다리는 서비스 업체 직원으로 위장한 요원들이 협력업체의 데이터베이스에서 몰래 생체인식 프로파일을 읽어내는 방법에 관한 것이었다. 미국 안보 및 정보기관의 서비스 업체인 크로스매치도 아드하르 데이터베이스 구축을 위해 UIDAI와 1차 계약을 체결한 업체 중 하나였다.[88]

인도 육군에서 소장으로 퇴역한 봄바트케레는 아드하르 데이터베이스와 관련해 "그것은 인터넷과 연결된 시스템에 진입하기 위해 치르는 비용의 문제일 뿐이다"라고 말했다. 그는 또한 미국 정보기관은 그럴 필요가 전혀 없다고 덧붙였다. 인도 정부가 생체인식 데이터베이스를 위한 소프트웨어와 하드웨어를 국제 IT 기업에서 함께 구매하기 때문이라는 것이다. 그는 국가 안보가 관련되었다고 판단될 때, 미 당국은 법적으로 미국 기업의 데이터 공개를 요구할 권한이 있음을 지적했다. 끝으로 이 전직 소장은 이렇게 결론을 내렸다. "외국 강대국이 생체인식 특성을 포함한 전체 인도 국민의 데이터를 가지고 있다면, 인도 정부는 분쟁이 발생해도 이에 항복하는 것 외에는 별다른 방법이 없을 것이다."[89]

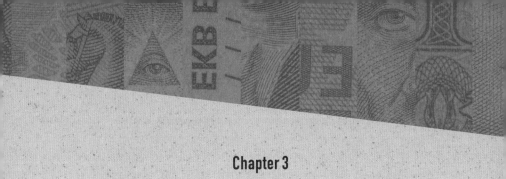

그림자 세력의 은밀한
현금과의 전쟁

그림자 세력의
은밀한
현금과의
전   쟁

지금까지 케냐와 인도의 현장에서 누가, 어떻게 현금 퇴치와 총체적 감시라는 의제를 추진하고 있는지 추적해보았다. 선진국에서도 이와 유사한 일이 일어나고 있지만, 대신 점진적이고 간접적인 방식으로 진행된다. 그런 만큼 어디서 조치를 내렸는지 불분명하다. 왜 디지털 거래에선 더 이상 사생활이 존재하지 않는지, 왜 독일의 돈세탁 방지 규정은 갈수록 현금 적대적으로 되어가는지, 그리고 왜 현금 이용자는 갈수록 새로운 걸림돌에 시달리는지를 이해하기 위해서는, 무질서한 국제적 어둠의 세계로 들어가볼 필요가 있다. 이미 부분적으로나마 거기서 활동하는 주역들을 알아보았다. 이 어둠의 세계에서는 오로지 금융 분야의 큰손을 가리키는 G20나 FATF, BIZ 그리고 CPMI, G30, WEF, BTCA, AFI, CGAP 등 알아보기 힘든 약자로 행세하는 집단이 우글거린다. 약자로 활동하는 집단은 다른 분야에도 많다. 프리츠 글룽크$^{Fritz Glunk}$는 호평을 받은 저서에서 그들에게 '어둠의 세력'이란 그럴듯한 이름을 붙여주었다. 그리고 부제에서는 간단하지만 의미심장하게 '어떻게 초국가적 네트워크가 우리 세계의 규칙을 정하는가?'로 그들의 작업을 묘사했다.[1] 또한 책의 첫 문장은 그들의 활동 방식에 대하여 이렇게 핵심을 찌른다. '많은 절차가 의회를 피해간다.'

여기서 '초국가적^{transnational}'이란 '국제적^{international}'이라는 용어와는 다르다. 단지 국가 간뿐 아니라 가령 다국적 기업의 범위에서라든가 세계경제포럼 혹은 '동맹'의 전 세계적인 구성체의 틀에서라는 표현처럼 국가 차원을 뛰어넘는 단일체가 중요하다는 것을 의미한다.

어둠의 세력은 배후에 머무르기를 좋아하기 때문에 그들의 정체를 아는 사람은 거의 없지만 그들은 금융에 관한 한, 우리 삶의 광범위한 부분을 규정한다. 이 초국가 집단은 흔히 '세계 협치$^{Global Governance}$'라고 표현되는 사업을 공동으로 추진한다. 세계화된 경제 규칙을 정하면서도 부분적으로는 의회를 전적으로 무시한다. 의회가 일부 관여한다 해도 끝에 가서 전국적인 시행 단계에서만 제재의 기회를 얻을 뿐이다. 이런 실정에도 불구하고, 가령 독일 사민당과 가까운 프리드리히 에버트 재단이 그렇듯, 이 어둠의 세력에서 미래의 세계 정부라는 희망을 보는 시각이 많다.[2] 독일 외무장관을 역임한 사민당 당수 지그마르 가브리엘은 이처럼 낙관적인 의미에서 2018년에 주요 20개국 정부의 모임이라고 할 G20이 '다자주의의 의회'가 된 것으로, 또 유엔의 '비공식 상원'의 하나가 된 것으로 보고 싶다는 말로 희망적인 바람을 구체화했다. 그는 현재의 '강자 클럽' 형태가 음모론과 무력감을 조장하고 그 자체로 전 세계 민족주의자들과 인기영합주의자들의 자양분 역할을 한다는 것을 인정한다. 그러면서도 부연설명을 통해 모든 정당한 비판을 비난하고 간단히 일축한다. 만일 유엔 사무총장이 G20의 21번째 회원으로 회의 석상에 앉아 나머지 세계를 대표한다면, 그리고 좀 더 투명성이 높아지고 회의 장소가 뉴욕으로 옮겨진다면, 아마 G20은 평화와 복지, 기후 보호, 디지털화 등 세계의 모든 공동선에 대하여 합심해 노력하는 포럼이 될 수도 있을 것이다.[3]

어둠의 세력 중 일부는 정부나 관청 대표로만 이루어져 있는 실정이다. 또한 공기업이 대기업이나 기업 주변의 재단과 협력하는 혼합 집단도 있다. '동맹'이 그 경우에 속한다. 그리고 끝으로 종종 비공식적으로 정부기구에 협조하는 세계경제포럼처럼 순수한 국제민간연합이나 포럼도 있다.

이 어둠의 세력은 모두 엄격하게 비공식적인 영역에서 활동한다. 즉, 그들에게는 구속력이 없다. 고정된 형태로 운영될 수도 있지만 그렇다고 고정된 규칙이 있는 것은 아니며 구속력이 있는 규칙을 요구하지도 않는다. 이들은 사실 누구에게도 어떤 규정을 제시하지 못한다. 이런 원칙은 G20 같은 정부나 관청의 대표로 구성된 집단에도 적용된다. 이들은 어느 누구의 위임도 받지 않고 스스로 설립된 모임이다. 의정서 대신 기껏해야 애매한 성명 아니면 구속력 없는 권고안이 있을 뿐이다. 하지만 이는 이 집단의 약점이 아니라 통치 원칙이다. 형식성의 결여는 자세히 들여다보면 거의 완벽하게 민주적 통제 장치가 없다는 사실과 결부돼 있다. 영국 총리 데이비드 캐머런은 언젠가 G20에 대하여 '비형식성의 힘'이 최대 강점이라고 말한 적이 있다.[4] G20은 부분적으로, 대표가 파견되지 않는 국가로부터 호된 비판을 받고 정당성을 의심받는다.[5] 민주주의 측면에서 지극히 의심스러운 이들의 행동 방식은 반대로 시민 사회에서는 문제화되는 경우가 드물다.

다만 워싱턴에서 열린 30개국 회의(G30)에서 보기 드문 예외의 경우가 한 번 있었다. 이 자리에는 주요 은행장과 세계적으로 유명한 은행 및 투자 회사의 최고경영자들이 모였다. 여기서 최근 민관의 관심사가 뒤섞이는 현상과 불투명한 집단의 특징이 의제에 올랐다. 유럽연합의 옴부즈맨 에밀리 오렐리는, 유럽중앙은행 총재가 그런 모임의 회원이 돼 문을 닫아걸고 민간은행과 모의한다는 건 바람직하지 않다는 결론에 이르렀다. 더구나 G30은 누가 이사회에 포진해 있는지를 철저히 비밀에 붙인다. 그런데 이 배타적인 단체에서 회원 자격을 검증하는 것이 바로 이 이사회다.[6] 클럽의 회원 모두가 반反현금 캠페인에서 말과 행동으로 두각을 나타낸 인물들이다. 특히 전 미 재무장관이자 하버드대 총장인 래리 서머스Larry Summers와 그의 하버드대 동료인 켄 로고프Ken Rogoff, 또 유럽중앙은행 총재 마리오 드라기Mario Draghi, 스페인의 전직 장관이자 골드만 삭스 총재인 길레르모 델 라 데사Guillermo de la Dehesa 등이 거기에 속한다.[7]

EU의 산하기구가 옴부즈맨의 권고를 따르지 않는다는 것은 극히 드문 일이다. 유럽중앙은행은 그렇게 예외적으로까지 행동하며 물러서지 않았다.[8] G30의 입장에서 유럽중앙은행 총재의 참여는 아주 중요했다. 독립기관으로서 발권은행의 명성이 배후에서 작용한 것이 틀림없었다. 드라기의 이런 결정은 언론과 정치권으로부터 신랄한 비판을 받았다. 정치적 통제를 받지 않는 발권은행이 금융권에 접근하는 것은 위험하다는 것이었다.[9] 올바른 지적이다. 2008년 대대적인 금융위기와 당시 수백만 유럽인을 빈곤과 절망의 나락으로 떨어뜨린 유로권 위기의 원인을 찾아야 할 사람이, 발권은행과 그와 밀착한 민간은행들이 밀약을 맺는 자리를 넘봐서는 안 된다는 것이었다. 정부 대표와 국제기구가 은밀히 모여 기업 로비스트와 경제 및 사회의 규칙을 제멋대로 만들어내는 다른 집단 역시 이런 문제의식이 없다.

초국가적 어둠의 세력 중에 3곳은 이미 확인한 대로 '빈곤층의 원조를 위한 자문그룹CGAP'과 '금융포용동맹AFI', 그리고 '현금보다 좋은 동맹'이다. 이들 집단의 목표는 가능하면 많은 사람을 미국 기업에서 관리하는 공식 금융시스템과 긴밀하게 결속시키는 것이다. 지금부터 이 집단들이 이익과 계획을 관철시킬 때 협력하는 민관 협력 네트워크를 알아본다.

G20이 벌이는 '현금보다 좋은 동맹' 활동

전 세계적인 현금 퇴치 운동에서 핵심 역할을 한 것은 19개 주요 경제국과 유럽연합이 참여하는 G20이다. 이 모임에는 EU 대표 외에 미국, 중국, 인도, 독일, 프랑스, 영국, 이탈리아, 러시아, 터키, 캐나다, 멕시코, 브라질, 아르헨티나, 일본, 한국, 오스트레일리아, 인도네시아, 사우디아라비아, 남아프리카의 정부가 참여한다.

G20은 위기 중에 탄생했고, 또한 위기 중에 규모가 커졌다. 1999년 12월 미국의 거대 헤지펀드 롱텀캐피탈메니지먼트가 막 파산을 피하고 아시아의 위기가 지나간 뒤, 재무장관 래리 서머스는 처음으로 20개국의 재무장관과 중앙은행장을 소집했다. 서머스는 세계적으로 벌이고 있는 현금 반대 운동의 주역 중 한 명으로, 그가 밝힌 분명한 목표는 '세계화로 나아가는 새로운 금융권을 안정시키는 것'[10]이다. 그로서는 위기로 인해 금융권의 세계화가 퇴보하는 것을 막는 것이 중요하다. 즉, '월스트리트와 실리콘밸리의 세계 지배 체제 유지와 토대 구축'이라는 말로 바꿔도 전혀 이상할 것이 없다. 이 같은 계획은 성공을 거두었지만 반대로 위기 탈출은 제대로 이루어지지 않았다. 대신 1920년대 말 세계 경제 위기 이래 최대의 금융위기가 터진다. 이것은 다시 (서구) 세계 금융시스템이 거의 붕괴하는 결과로 이어졌고, 세계화의 후퇴를 저지하는 계기가 되었다. 이리하여 그때까지 부정기적으로 열렸던 각국 장관 회의는 조지 부시 미 대통령 주도하에 전 세계 경제 및 금융 정책의 가장 중요한 조정기구로 격상되었다. 게다가 2008년 11월에는 최초로 국가 및 정부 수반급의 G20 회의가 워싱턴에서 열렸다.

위상이 높아진 G20 그룹은 즉시 미국의 기술 및 금융기업을 통한 시장 점유 토대를 다지고 미국 정부의 전략 목표를 촉진하기 위한 도구로 이용되었다. 이런 G20의 도구화는 오바마 대통령이 설치한

'국가개발위원회'의 명시적인 권고와도 부합한다. 이 위원회는 대통령에게 예컨대 '세계적인 금융포용을 위한 G20 전략'을 G20에 불어넣어야 한다고 권고했다.[11] 개발위원회는 이어 'G20 내에서 펼치는 미 정부의 활동'을 열광적으로 반기며 G20 정부로부터 '동맹이 제시한 목표로 나아간다는 약속'만 받아내면 될 것이라고 권고했다.[12]

워싱턴은 G20의 주도 세력이자 산파 역할을 한 곳으로서, 막강한 영향력을 이용해 이 국가 공동체의 우선 목표를 '현금 억제'로 설정했다. G20의 정부 수반은 이미 2009년 피츠버그에서 '빈민을 위한 금융서비스의 새로운 공급 방식을 안전하고 건전하게 확산시킬 것과, 소액금융 사례를 기반으로 중소기업 융자의 성공 모델을 대중 친화적으로 안착시킬 것'을 엄숙하게 약속한 적이 있다.[13] 소액금융을 성공 모델로 설명했다는 것은, 뻔뻔한 것은 말할 것도 없고 용감하기까지 한 행동이다. 늘 그렇듯이, 여기서는 중소기업의 융자를 중시하는 척했다. 이때 소액금융에서 (그리고 금융포용에서) 중시한 것은 소비자와 불안정한 자영업자를 위한 금융서비스뿐이었다.

그 밖에 G20은 '빈곤층 원조를 위한 자문그룹'이, 그러니까 현금과의 전쟁을 선포한 마스터카드나 비자, 시티뱅크 같은 기업이 직접 나서야 한다고 결론을 내린다. 책임자 격인 '자문그룹' 외에 '금융포용동맹'과 세계은행은 G20의 반反현금 전략을 마무리하도록 전문가 집단을 고용했다. 보고서에서 전문가와 로비스트들은 전형적으로 가난한 고객이 시장 가격을 지불하므로 그들을 대상으로 한 영업이 이익을 낼 수 있다는 점을 강조한다.[14] 이 프로그램으로 인해 G20 정부에는 어떤 대가도 발생하지 않을 것이라던 약속은, 왜 G20

회원국이 금융포용 촉진이라는 미명하에 '자문그룹'이 설계한 책임 조항에 그토록 쉽게 서명했는지 이유를 말해준다. 게다가 세계 위기의 정점을 찍던 당시 상황은, 어쩌면 그것이 속임수일지도 모른다는 것까지 고려할 여유를 주지 않았다는 점도 감안하게 만든다. 사실 언젠가는 자국에 닥칠 현금 반대 운동을 슬쩍 끼워넣은 술책일 수도 있음을 생각하지 못했다는 말이다.

2010년 G20은 이익에 끼워 맞춘 전문가 보고서를 바탕으로 '금융포용을 위한 세계협력체GPFI'를 출범시켰다.[15] 이들은 프로그램을 설계한 로비스트들, 다시 말해 '자문그룹'과 '금융포용동맹', 세계은행그룹 그리고 2012년에 이들이 설립한 '동맹'을 실무 파트너로 내세웠다. 이들은 매력적인 고위급 여성 로비스트로 네덜란드의 막시마Máxima 왕비를 '금융포용 특별대사'로 참여시켰다. 이 특별대사가 최근에 벌인 활동으로는 세계경제포럼인 2018 다보스 회의에서 '금융포용을 위한 CEO 협력기구'를 발족한 것을 들 수 있다. 이 회의에는 페이팔이나 마스터카드처럼 평소 의심을 받던 기업 외에 유니레버와 펩시콜라 같은 소비재 대기업이 참석했다. 이들은 스스로 어디서든 무현금 거래만 하고 공급 업체에게도 똑같은 것을 요구함으로써 현금 억제에 일조했다고 한다.[16]

G20 협력체의 실무 파트너로는 앞에서 언급했듯이 금융포용을 위한 거의 모든 '학술' 연구에 비용을 지불하는 집단도 있다. 협력체의 전략 문건이라고 할 〈혁신적인 금융포용을 위한 G20의 원칙〉에서 '자문그룹'의 보고서 작성자들은 당시 무하마드 유누스가 그랬던 것처럼, 금융서비스를 통한 빈곤 퇴치를 장황히 떠벌이는 데에 그렇

게 돈을 주고 산 증거를 들먹인다.[17] 이와 관련해 우리는 2009년에 '자문그룹'이 이런 약속에 지극히 회의적이었음을 이미 확인한 바 있다. 이 전략 문건을 계속 읽다 보면, 실제로 중요한 문제가 곳곳에서 드러난다. 그것은 '공급이 충분치 못한 시장에 새로운 상품과 기술로 발을 들여놓는 것'이다. 다시 말해 사람이 아니라 시장이 목표인 것이다.[18]

독촉을 받은 사기업과 정부의 협력체라는 의미에서, '유엔자본개발기금UNCDF'은 전적으로 처녀지라고 할 최빈국의 영토를 검토한다. 이들 빈국이 훗날 이익을 창출하도록 상업적인 기업이 그 땅을 개발하게 하려는 생각이다. 이 기구는 '빈곤층을 위한 모바일 머니' 혹은 간단히 MM4P라는 프로그램으로 '어떻게 기술과 금융, 정치적 지원이 모바일 금융서비스를 도와 대량 유통 시장을 쓸모 있게 만드는지를 보여주고' 싶어 한다. 이 프로그램의 협력업체는 게이츠 재단과 마스터카드 재단이다.[19]

그런 프로그램의 틀에서 게이츠 재단은 이미 세금 공제를 받는 공익자금 1,100만 달러로 케냐와 아프리카를 위한 새 상품을 개발하는 마스터카드의 '실험실'을 지원한 데다가 거기서 개발된 제품의 시장성을 살리기 위해 추가로 800만 달러를 준비해두었다. 마스터카드 부회장인 월트 맥니는 이 기회에 빈국에서 사업을 벌이는 기업의 이익을 올려주는 모든 것을 개발 원조로 간주하는 것에 감격했다. 그는 영리를 추구하는 기업과 공익을 추구하는 재단 및 정부의 경계선이 불분명하다는 것을 확인했다. "우리가 대화할 때면, 듣는 사람이 없을 때도 많고 양쪽 모두 이기적인 목적 외의 것은 완전히 무시한다"라고 맥니는 말한다. 영리 목적의 기업과 공익을 지향하는 정부 및 재단은 서로 다른 이해관계에서 출발했지만, 지금은 이전의 그 어떤 적대감도 찾을 수 없다는 것이다.[20] 오늘날 기업의 이익을 늘려주는 모든 것은 공익에 부합한다는 말이다.

현금과 전쟁을 치르는 비밀부대의 활약

흥미롭게도 G20의 반^{反}현금 협력활동에 대해 아는 사람은 거의 없다. 그 이유는 무엇보다 이들이 배후에서 간접적으로 활약하기 때문일 것이다. 현금과 싸우는 이들의 가장 중요한 무기는 초국가적 어둠의 영역에 숨은 '표준설정집단'이다. 처음부터 이들은 반현금 운동과 이들 집단을 결속하는 데 노력을 집중했다. 비공식적이면서 막강한 영향력을 가진 이 표준설정집단 중 가장 주목할 것은 '국제자금세탁방지기구^{FATF}'와 바젤에 있는 국제결제은행^{BIS} 주변의 위원회다. 이들이 현금 퇴치라는 목표를 위해 어떤 선서를 했고 또 어떻게 추진해왔는지, 이들 집단과 활동 방식을 좀 더 조사해본다.

국제자금세탁방지기구

간단히 FATF로 표기하는 '국제자금세탁 및 테러리즘지원방지기구'는 발권은행과 보안당국의 고위급 대표들로 구성된다. 이 기구의 임무는 금융시스템을 통해 이루어지는 돈세탁과 범죄, 테러리즘을 퇴치하도록 돕는 것이다. 조직 구성상 파리의 '경제협력개발기구^{OECD}'

에 속해 있으며, 동시에 마셜플랜에서 태동한 선진국 간의 경제정책 교류를 위한 비공식 포럼이기도 하다. FATF는 OECD와 마찬가지로 회원국 수가 G20의 두 배에 이른다. 차이가 있다면 주로 규모가 작은 유럽 선진국이 포함된다는 점이다. 현재 FATF 의장은 미 재무부 부장관인 제니퍼 파울러다. 그녀가 워싱턴에서 맡은 임무 중에는 '미국의 국가안보 위협을 제거하기 위한 타국에 대한 금융제재'가 포함된다. FATF 사무총장은 데이비드 루이스로, 이전에 영국 정부에서 금융범죄 담당 고위급 임원을 지낸 사람이다.[21]

2012년에 워싱턴으로부터 '위임'받은 FATF의 공식 업무가 있지만 이는 허울에 지나지 않는 것으로, 그 '위임' 사항은 FATF 스스로 선정한 것이며 문서에 나오듯 어떤 권한이나 의무와도 무관하다.[22] 이것이 앞서 캐머런이 언급한 '비형식성의 힘'이다. 이 비형식성은 세계은행과 IMF에 대하여 FATF에 책임을 묻는 위력을 발휘한다. 이 책임은 매우 중요하나 법적 구속력이 없으므로 의심받는 이해당사국과 책임 문제로 불화에 휩싸이는 일은 없다. FATF에서 하듯이, 의회의 결정 없이는 스스로 책임을 지지 않는 정부에도 이렇게 어처구니없는 이치가 적용된다.

의제를 결정하는 집행위원회가 하나 있다. 다만 누가 주도하는지는 비밀이다. 그러나 FATF의 '위임' 사항을 통해 최종결정권이 누구에게 있는지는 분명히 알 수 있다. 조금 신랄하게 표현한다면, FATF는 세계 금융시스템의 중추로서 미국이 IMF와 세계은행보다 훨씬 직접적으로 세계 금융 문제에 관여하게 해주는 도구다. 원칙적으로는 IMF도 FATF가 하는 일을 할 수 있다고 봐야 한다. 금융 표준설정은 IMF의 과제에 속한다. 하지만 IMF에는 투명한 사무규정이 있고 이것은 투표로 결정된다. 모든 국가가 발언권을 가진다. 물론 워싱턴이 거부권을 행사할 수는 있지만 비공식 FATF만큼 광범위한 의제설정권을 갖고 있지는 않다. FATF의 결정은 총회의 합의로 이루어진다. 코펜하겐 경영대학원의 엘레니 칭고는 이 같은 '세계적 협치의 클럽 모델'이 작용하는 방식을 '자체 선출한 공동체의 주도국이 힘을 행사하는 수단으로서 기능한다'라고 기술한다.[23] 미국에 반대하는 합의가 도출될 수 없음은 분명하다. 그런 조건에서는 미국의 주도권을 거부하는 것 또한 힘들다. FATF에 가입하는 것만으로도 이미 특혜라고 할 수 있는데, 탈퇴 또한 선택 방안이 못되는 것이, FATF 규정은 공식적으로는 구속력이 없지만 비회원국에도 적용되기 때문이다. 이 규정을 지키지 않는 국가는 비협조국으로 간주되고 FATF로부터 각각 블랙리스트와 다크그레이리스트, 그레이리스트 등 불량 리스트에 올라 경제 및 금융에서 좋지 못한 결과를 맞게 된다. 마치 마피아의 보호비 납부원칙과 비슷한 기능이다. 보호자로부터 나오는 위험을 막기 위해 돈을 내는 식이니까. 들어갈 수는 있으나 다시는 살아서 나갈 수 없는 것 또한 마피아와 같다.

　FATF의 블랙리스트에는 두 국가가 올라 있는데, 워싱턴의 전통적 적국인 북한과 이란이다. 다크그레이리스트에는 미국과 또 다른 철천지원수 사이인 시리아 및 예멘, 이라크와 그 밖에 전략지정학적으로 비중이 떨어지는 소국들이 있다. 모든 회원국은 FATF 권고사항 19번에 의거해 의무를 지는데, 이것은 금융시스템에 위험을 초래하는 국가에 매우 엄격한 조처를 취한다는 약속이다. 그 영향 덕분에 그런 국가에서 영업할 생각을 가진 은행도 기업도 거의 없다. '자문 그룹'은 절제된 표현으로 'FATF 행동지침은 역사적으로 볼 때 특히 고위험국 및 비협조국과 관련해 항상 주목받는다'라고 말한다.[24]

블랙리스트와 그레이리스트를 담당하는 부서는 FATF 내의 '국제 협력검토그룹'인데 이들은 국제적 협조를 시험하는 그룹이다. 이 그룹의 인적 구성이 어떠한지, 다시 말해 이런 은밀한 권한을 누가 장악하고 있는지에 대해 일반 대중은 관심이 없을 것이다. 문제 당사국에는 각 리스트에 오르기 전에 행동계획을 설명할 기회가 주어지지만, 군이 국민을 납득시킬 필요가 없으므로 이 행동계획은 비밀에 부쳐진다.

FATF가 전 세계 거의 모든 국가로 하여금 구속력 없는 기구의 방침을 빠짐없이 지키게 하는 제재수단은 또 있다. 바로 세계은행과 IMF라는 강력한 집행협력기구를 손에 쥐고 있다는 것. 이들에게는 '국제자금세탁방지기구'와 관련해 회원국의 금융부문을 평가할 때 FATF 방침을 따르도록 영향력을 행사할 분명한 책임이 있다. 빈곤하고 국력이 약한 국가일수록 세계은행과 IMF로부터 받는 점수는 그만큼 더 중요하다. 나쁜 평가를 받으면 열악한 지원금 조건에 시달리게 되고 개인 투자도 줄어들기 때문이다.[25]

BIS와 위성조직

국제결제은행BIS은 정치적으로 독립된 강대국의 발권은행들이 조심스럽게 만나는 공간이다. 또한 BIS 직원들이 표준설정 작업을 하는 소속위원회를 위해 조직상 거점을 제공하기도 한다. BIS의 고위급 임원인 클라우디오 보리오와 역사가 지아니 토니올로는 BIS의 자산을 이렇게 기술한다. '그런 장점이 합의를 도출하고 회원국 간에 경험을 나누며 장기적으로 긴밀한 관계를 구축하고 지속하는 데 도움이 되는 공간을 만들어낸다.'[26]

민주적으로 통제되지 않는 중앙은행의 단합이 아름답지 못한 경험을 초래할 수 있다는 것은, 이미 80년 전 히틀러 치하의 은행가인 제국은행 총재 할마르 샤흐트와 잉글랜드은행 총재 몬태규 노먼 사이에 맺어진 *끈끈한* 우정에서 드러난 바 있다. 두 사람은 BIS의 설립에 결정적인 역할을 했다. 1939년 노먼이 이끌던 잉글랜드은행은 히틀러의 침입을 받은 체코슬로바키아의 금 보유분이 제국은행에 넘어가는 와중에도 문제를 제기하지 않았다. 더구나 영국 정부가 영국 내 모든 체코인의 재산을 동결하기로 결정했음에도 말이다.[27]

미 대통령 휘하에 있는 BIS는 히틀러의 독일과 외환거래를 했다. 그중 특이하게도 히틀러가 스탈린에게 달러를 이체한 것이 있는데, 바로 스탈린이 서방연합군에게 봉쇄된 독일로 보낸 물자 대금이었다. 유대인에게서 강탈한 금은 출처를 핑계로 수입국이 거부하지 못하도록 BIS를 통해 수출되었다. 《슈피겔》지의 보도는 이와 관련해 이렇게 핵심을 찌른다. '안락한 중립국 밖의 전선 곳곳에서 각국 병사들이 무자비한 살육전을 벌이는 동안, 바젤에서 고액의 보수를 받는 은행 임원들은 희희낙락하며 서로 사치를 즐겼다.'[28]

BIS 산하 바젤은행감독위원회는 전 세계 은행을 감독하는 규칙을 정의한다. 이 위원회의 '헌장'에는 모든 결정은 합의에 따라 내려지며 위원회는 어떤 권한도 행사하지 않는다는 규정이 있다. 그리고

FATF에서보다 좀 더 과감한 표현을 쓴다. 분명히 권고만 할 수 있는 이 비공식 위원회에 대표를 파견한 국가는 불과 25개국뿐지만, 위원회는 '은행을 규제하고 감독하기 위한 세계적 표준을 설정하고 (……) 뿐만 아니라 회원국들이 이런 규정을 시행하는지 조사하는' 위임 사무를 양보하지 않는다. 인구가 1,000만 명이 조금 넘는 벨기에와 스웨덴은 표준을 설정하고 세계적으로 표준을 이행하는 나라에 속한다. 나이지리아와 방글라데시, 파키스탄같이 합치면 EU 전체보다도 인구가 많은 나라는 이런 표준을 한 치도 어긋남 없이 지켜야 한다. 만약 그러지 않으면 세계은행과 IMF의 분노를 유발할 것이다. 회원국 대표는 은행감독관청과 정치적으로 독립된 중앙은행의 고위임원들이다. 헌장에 따르면, 이들은 자국을 위해 약속한 규정을 정확히 시행할 뿐만 아니라 가능하면 '말 그대로' 자국법이나 EU법에 반영할 것을 다짐한다. 대신 자국 의회의 권위는 전혀 존중하는 기색이 없다.

바젤위원회처럼 BIS와 산하 분과위원회에서 지배적 지위를 차지하는 기관은 뉴욕 연방준비은행이다. 미 발권은행의 지점 격인 이곳은 월스트리트를 감독하고 간접적으로는 세계 금융시스템을 감독한다. 하지만 연준은 흔히 생각하는 것과 달리 공공기관이 아니다. 오히려 그들이 감독해야 할 월스트리트 은행 중 하나이며, 스스로 이들 은행으로부터 통제를 받는다. 바젤위원회의 모든 회원국은 한두 명의 대표를 파견하지만 미국만은 네 명이다. 바젤위원회 사무총장은 현재 연준 출신의 미국인 윌리엄 코엔이다. 연준은 엘리자베스 라인이 '금융포용센터'에 대하여 대통령에게 권고한 사항의 지렛대

역할을 한다. 즉 "미국은 바젤위원회가 금융포용으로 나가는 길을 열도록 은행감독규정의 제정을 보장해야 한다"[29]는 의견을 강력하게 지원하는 것이 연준이다.

이 위원회는 들은 대로 행동한다. 즉, 은행은 FATF 계획을 엄수하고 감독관청은 그것을 조사해야 한다는 자체 규칙을 철저히 따른다. 이렇게 해서 현금 적대적인 규칙들은 검토나 논의도 이루어지지 않은 채 은행감독에 대한 두툼한 100페이지짜리 일괄조치의 일부로 슬그머니 의회를 통과할 수 있었다.

간접적인 현금 제거 과정에 중요한 역할을 한 기관으로는, 곧 다루게 될 BIS 산하의 결제 및 시장인프라 위원회CPMI도 있다.

표준설정기관, 현금과의 전쟁을 선서하다

'자문그룹'과 '현금보다 좋은 동맹'은 먼저 초국가적 어둠의 왕국에 토대가 된 표준설정기관 앞에서 프레젠테이션을 실시함으로써 이들 기관이 현금과의 전쟁 선서를 하도록 유도했다. 또 BIS에서는 '표준설정기관'과 '금융포용'을 주제로 한 대규모 회의가 열렸고 '자문그룹'과 세계은행의 공동보고서도 나왔다.[30] 이미 2011년 10월, G20 회원국과 표준설정그룹은 세계적인 현금 퇴치 문제를 공식적으로 협력할 것을 결정했다. 이것의 토대가 된 것은 '자문그룹'과 세계은행이 FATF 및 BIS 위성국과 협조하기로 한 백서였다.[31] 이 백서에는 금융포용, 즉 현금 사용을 추방하려면 어떤 문제에서 조정이 필요한지를 설명하고 있다. 2013년에 G20은 '금융포용 협력체' 대표들을 이 작업에 참여시키도록 표준설정기관에 요구했다. 여기서 말하는 대표란, 반^反현금 로비단체인 '현금보다 좋은 동맹'과 '자문그룹'을 의미한다. 이들은 이때부터 현금 사용을 억제하고 실리콘밸리의 혁신적 금융서비스가 방해받지 않도록 표준을 설정하는 조정자 역할을 허가받은 것으로 보인다.

이런 사실을 알고 나면, 돈세탁이나 테러지원금의 가장 위험한 원천과 마찬가지로 현금 거래가 이루어지는 돈세탁 방지법에 대해 더 놀랄 필요가 없다. 애초에 G20 정부와 기업이 빈곤국가에 억지로 떠안긴 혜택으로 보이던 것이 표준설정기관을 거치는 과정에서 선진국에도 해당하는 세계적인 운동으로 변신하게 된 것이다. 현금 적대적인 표준은 결국 세계 어디서나 지켜야 한다.

표준설정기관이 현금을 퇴출하는 방식에 대한 단서는 2017년 '현금보다 좋은 동맹'이 당시 G20 의장국이던 독일을 위해 펴낸 안내서에서 찾을 수 있다. 여기서 '동맹'은 생산적인 규제환경을 만들기 위해 모든 이해관계자가 합심할 것을 권고한다. 특히 그런 반^反현금 규제환경의 개발을 지원한 BIS의 결제 및 시장인프라 위원회^{CPMI}를 칭송하는 언급이 나온다.³² 말하자면 2016년 말 CPMI는 현금 퇴치를 가속화하기 위해 주요 협정을 체결했는데 그 누구도 이를 알아채지 못했다. CPMI가 승인한 보고서는 회원국 중앙은행들로 하여금 현금의 경쟁수단으로 신속한 디지털결제 방식을 촉진할 계획을 전하고 있다. 모범사례로 소개된 싱가포르의 경우, '무현금사회'라는 목표에 기여하고 있다는 분명한 언급이 나온다. 독일연방은행의 두 대표는 이 보고서에 연대 서명했다.³³ 은행을 위한 현금조달에서 중앙은행이 조금씩 발을 빼는 대신 디지털결제 방식을 권하면서 보조금을 준다면, 현금비용은 점점 비싸지고 불편해질 것이며 그럴수록 경쟁수단인 디지털 방식은 갈수록 매력적이 될 것이다. 이런 과정은 눈에 띄지 않게 간단히 진행될 것이다. 금융권 이익과 관련해 CPMI 위원회가 장단점을 평가하며 한쪽에 편향돼 국민의 이익은 철저히 외면하는 것을 보고 있노라면 정말 가관이다. 현금 사용이 억제되면 결제서비스 업체가 더 수익을 내는 것은 장점으로 간주하면서도 그 대가를 지불하는 고객에 대해서는 말이 없다. '이용자를 위한 장점'과 '신속한 결제 방식의 전반적인 장점' 같은 장만 있는 보고서에는 그 대가를 언급할 만한 공간이 아예 없다. '이용자 입장에서의 단점'이나 '전반적인 단점' 같은 장은 눈을 씻고 찾아봐도 없다.

따라서 언젠가 현금이 존재하지 않을 때, 자의로든 타의로든 전 재산을 파산 위험이 있는 은행에 보관해야 하는 것도 중앙은행으로서는 오로지 장점에 해당할 뿐이다. 급기야 파산 은행을 회생시키려고 은행에 예치된 고객의 돈을 몰수하는 '채권자손실부담(Bail-in)'의 흐름에서는 이렇게 어처구니없는 일이 그만큼 더 쉽게 발생하게 된다. 현금이 존재하지 않을 때, 고객의 결제과정이 낱낱이 감시되고 지속적으로 입력되는 것도 그들에게는 또 다른 장점이다.

의회의 경우라면, 이렇게 일방적인 논의가 이루어지는 것은 상상도 할 수 없다. 하지만 이와 관련해 의회의 관여는 완전히 배제된다. 현금 적대적 약속을 관철하기 위해, 정치적으로 통제받지 않는 유럽중앙은행이 독단적으로 모든 과정을 주관하는 것이다. 따라서 유럽중앙은행이 원한다면 대의기관이 의견을 표명할 기회도 없이, 또 무슨 일이 일어나는지 영문도 모른 채, 적합한 시장인프라 구축을 통해 서서히 현금을 없앨 수 있다. 즉, 의회와 일반 대중은 갈수록 현금 이용이 저절로 퇴조하는 것으로 생각할 것이다.

바로 그 CPMI 위원회는 세계은행과 더불어 현금 퇴치 촉진 방안에 대한 공동보고서를 작성했다.[34] 여기서 주어진 가장 시급한 권고사항은 각국 정부가 무현금 결제만 시행하는 방안이다. 돈이 생겨도 무현금 결제를 주장해야 한다는 것이다. 이런 조치는 시민과 기업들에게 은행계좌만 이용하도록 강요하게 될 것이다. 독일 정부 역시 그러한 현금 적대적 표준을 시행하는 '금융포용 G20 협력체'의 의무를 다짐했고, 또 그렇게 실천하고 있다. 만일 방송 수신료나 세금을 법정 결제수단인 현금으로 납부한다면, 그와 관련된 책임을 다짐한 정부가 심각하게 대응하는 모습을 보게 될 것이다. 베를린 모아비트나 베딩 구역의 관청에서 증명서 발급 혹은 기타 수수료로 5유로를 납부해야 하는 사람은, 2016년부터 체크카드만 사용할 수 있다. 분노한 시민들이 불만을 터트려도 공무원들은 꿈쩍도 하지 않는다.[35] 다른 많은 관청에서도 현금을 받기는 하지만 웃돈을 내거나 아니면 현금결제의 단점을 감수해야 한다.

또 유럽중앙은행은 G20 협력체 차원에서 현금 퇴치 목표를 수행할 의무가 있다. 이런 의미에서 CPMI는 이 그룹과 다른 중앙은행을 상대로 결제기구 감독과 관련한 지위를 요구한다. 그것을 감안하면, 유로권 국가의 중앙은행들이 자체 통화를 거부하는 결과임에도 불구하고, 또 유럽중앙은행 총재 마리오 드라기가 서명한 지폐에 대한 거부임에도 불구하고, 현금 상한선에 대한 주장이 불거질 때마다 유럽중앙은행이 항상 보고도 못 본 체한 것은 별로 놀라운 일이 아니다.**36** 이런 이유로 G20의 설립자이자 G30에서 막강한 영향력을 발휘하는 래리 서머스가 강권한 이후, 마리오 드라기가 신속하게 500유로 지폐를 폐지한 것도 더 이상 놀랍지 않다. 독일도 곧 그 대열에 합류하게 될 것이다. CPMI와 세계은행의 공동문서에는 또한 실리콘밸리와 월스트리트 기업이 어디서든 디지털결제 시에 결코 방해받아서는 안 된다는 지적이 빠지지 않는다. 요즘 사용하는 표현을 그대로 인용하자면, '신종 결제서비스 공급사와 새로운 도구 및 상품, 새로운 비즈니스 모델 및 채널의 시장 진입 시 방해받지 않도록 규제 환경의 혁신과 경쟁을 촉진한다.' '신종 결제서비스 공급사'란 미 정부가 미국의 지배를 확산하기 위한 전략부문으로 규정한 핀테크를 말한다. 신종 결제서비스 공급사는 실리콘밸리에서 나오며 성공을 거둘 때는 실리콘밸리에서 그것을 매점한다. '새로운 도구 및 상품'은 이 핀테크가 제공한다. 유럽중앙은행의 한 위원은 내게 중앙은행 차원에서 결제집행의 자체 시스템을 개발하려는 강력한 계획이 있다고 털어놓았다. 이런 방식으로 미국 기업이 유럽의 결제 방식을 완전히 접수하는 (모든 결과가 정보 주권과 관계되는) 끔찍한 사태를 막겠다는 것이다. 그 계획은 내부적으로 논란이 분분한 가운데 비밀에 부쳐질 것이라고 말했다.

국제자금세탁방지기구FATF는 총체적 금융 감시체제를 가동하기 위해 최전방에서 싸운다. FATF가 회원국과 나머지 국가를 상대로 책임지고 관철시키려는 중요한 금융업무 40개 항목에는 금융권의 분석 결과를 토대로 한 적극적인 형사소추가 포함된다. 따라서 독일의 모든 계정거래를 별다른 의심을 받지 않고 저인망식으로 감시한다. 은행은 모든 계정거래에 검사프로그램을 가동하고, 수상한 양식을 발견하면 고객에게 알려야 한다. 그 밖에 재산압류도 과거 유죄판결 여부에 관계없이 가능한 간단히 이루어지도록 해야 한다. 재산을 정당하게 취득한 데 대한 입증책임은 거꾸로 그것을 압류당하는 사람에게 있다. 브뤼셀에서는 이런 계획을 관철하기 위한 대대적인 노력이 이루어지고 있으며, 현금을 휴대한 상태로 국경을 오갈 경우 이미 이런 방향으로 제재를 받는다.

   금융조사관의 대담한 꿈은 FATF를 통해 현실이 된다. 이때 물론 경찰의 바람은 국내의 정보보호법과 충돌할 수도 있다. 하지만 이럴 때는 흔히들 국제화와 정보교류를 통해 해결하곤 한다. 즉, 법을 고치는 대신 법을 우회하거나 EU 이사회가 기만적인 언어로 강조하듯, '적용 가능한 정보보호 규정을 충분히 고려한다'.[37] 그러므로 규정은 지나치게 방해가 되지 않는 범위에서 지켜져야 한다. 이런 의미에서 FATF는 '2015/16 연례보고서'를 통해 은행이 국가에 정보를 전달할 때 각 기관 사이에 종종 정보보호법이 걸림돌이 되는 경우가 있다고 지적한다. '정보교류에 있어 이런 방해를 극복하는 것이 FATF의 우선 과제다'라는 언급으로, 이 어둠의 세력은 사생활의 법적 보호를 무시하고 있음을 솔직히 표현한다. FATF는 금융기관 대표와의 공동포럼에서 실생활의 정보보호 규정을 어떻게 극복할 것인지를 샅샅이 밝히고 있다.[38]

말라위(그리고 기타 극빈국) 현장의 수수께끼

말라위에서 인도까지, 하필이면 경제적으로 낙후된 국가들이 현금을 없애고 생체인식 기반의 데이터베이스를 구축하는 일에 그토록 열심히 매달리는 것은 이해하기 어렵다. 사실 이와 관련한 조건이 유난히 열악한 이런 국가일수록 훨씬 시급한 다른 문제를 안고 있기 때문이다.

'국민 ID카드 문제에서 가장 뒤처진 말라위', 2017년 아프리카 빈국의 신문에 게재된 기사 제목이다. 이에 부끄러워진 정부당국 대표와 문화부장관은 말라위가 남아프리카에서 디지털 생체인식 ID카드가 없는 유일한 나라가 되지 않도록 생체인식 형태의 주민등록을 추진하겠다는 단호한 약속을 한다. 그전에 자금후원자들은 말라위에서 열린 생체인식 기반 신원확인을 주제로 한 회의에 참석해 압력을 가했다.[39] 유엔개발계획UNDP은 개발원조예산으로 유럽기업 랙스턴Laxton에 생체인식 등록 장비 공급을 위임함으로써 이미 선제조치를 취했다. 장비는 지문스캐너와 전자서명패드, 카메라, 문서스캐너, 인쇄기, 노트북 및 관련 소프트웨어 등으로 구성된다. 모바일기기는 배터리와 함께 제공된 광전지로 작동된다. 제대로 된 학교 교육이나 건강관리를 받아본 적 없는 말라위의 굶주린 아이들이 환호성을 지르며 몰려들었다는 말은 없다. 말라위는 연간 평균 국민소득이 겨우 300달러에 불과한 세계 최빈국에 속한다.

확인된 생체인식 데이터는 랙스턴의 인터페이스를 거쳐 중앙 생체인식 데이터베이스에 직접 입력된다. 랙스턴은 프로젝트 관리와 실행계획, 기술지원 및 관리자 연수를 담당한다.[40] 이런 식으로 정보와 노하우가 말라위 사람의 손에 넘어갈 위험이 차단된다. 생체인식 방법은 사기를 불가능하게 만들기 때문에 많은 돈이 절약된다는 주장이 나온다. 이 중앙데이터베이스가 해킹당하지 않는다는 것과, 랙스턴과 그 직원들이 정보를 빼돌리지 않는다는 것을 어떻게 보장하는지는 불분명하다.

국제개발처USAID는 금융포용을 관철하기 위한 안내서에서 이렇게 유별난 빈국의 열의를 독특한 성공사례로 꼽는다. 2013년만 해도 이 나라에서 이루어진 디지털결제는 3퍼센트에 불과했기 때문이다. 이후 USAID의 간부는 이 문제를 진지하게 받아들이고 디지털결제를 추진하기 위해 정치인과 규제담당관, 자금후원자, 이동통신업자, 은행간부를 조정그룹에 모이도록 했다. 또 말라위도 '현금보다 좋은 동맹'에 가입하도록 손을 썼다. 그리고 유엔자본개발기금UNCDF으로 계좌 이체하는 방법을 통해 《디지털결제 과도기를 위한 국가전략》을 공동집필한 컨설턴트 한 명을 재무부에 '심는 데' 성공했다고 한다.[41]

USAID는 '지역 및 세계적인 접촉 기회를 활용함으로써' 콜롬비아를 '현금보다 좋은 동맹'의 창립회원국에 들이고, 2014년에는 금융포용법을 가결하도록 했다고 설명한다. 네팔에서는 다른 전략을 썼다. 모바일 통화와 디지털결제에 유리한 환경 조성을 중점 목표로 삼은 경제원조 프로그램을 후원했다. 그 밖에 은행 컨소시엄은 USAID의 기술 원조를 받아 공동의 디지털결제 플랫폼을 구축하도록 동기부여를 하고 있다. 중앙은행은 나름의 맞춤식 규정을 통해 '디지털 금융 생태계의 튼튼한 성장을 가능하게' 만들었다. 필리핀에서는 직접 이 문제에 달려들어 하위 파트너인 정부와 함께 디지털결제의 20배 확장을 위한 이페소E-Peso 프로젝트에 착수했다.[42] 정부와 유관기관은 차후 오로지 디지털결제만 가능하고, 시민과 기업 결제를 무현금으로 전환하는 사업의 지원을 받는다. 이후 필리핀의 노숙자들은 현금이나 현물 대신 전자결제카드를 받았다.

멕시코에서는 2017년 국립은행 및 증권위원회가 모든 상거래에 지문 날인을 받고, 이것을 전국 선거인 명부 데이터와 비교하도록 12개월 내에 전체 지점에 지문스캐너를 설치할 것을 명령했다. 그 밖의 은행은 고객의 생체인식 데이터가 담긴 데이터베이스를 스스로 구축해야 한다.[43] 마스터카드는 준비를 끝냈다. 이 회사는 이미 수개월 전에 멕시코에서 'ID 확인 모바일 앱'을 출시했는데, 이 앱은 스마트폰으로 지문이나 얼굴을 인식하는 방식으로 온라인 결제를 합법화한다.[44]

초국가적 그림자 세력의 마피아수법

      여기서 우리는 다시 앞서 언급한 수수께끼에 부딪힌다. 왜 하필 가난한 국가들은 선진국과 비교해 현금이 전자화폐보다 훨씬 더 적합한데도 현금을 없애려는 의도를 당당히 드러낼까? 왜 정보보안이나 믿을 만한 사생활보호 장치가 거의 없는데도 주민들을 생체인식 중앙데이터베이스로 파악하는 일에 그토록 열심일까? 이 놀라운 실상은 당근과 채찍을 병용하는 'G20 금융포용 협력체'의 효과적인 전략을 알아야만 이해할 수 있다. 빈국을 유혹할 때는 당근은 적게, 채찍에 대한 두려움은 유난히 크게 만들어야 하는 법이다.

  초국가적 표준설정기관이 G20의 금융포용 운동에 합류한 이후, 세계은행이나 IMF의 국가평가에서는 현금억제의 효율성을 고려한다. 세계은행과 FATF의 도움으로 '자문그룹' 연구진이 작성한 보고서에는 '2010년부터 2015년까지 210개 평가 항목에서 금융포용 논평이 70퍼센트를 차지한다'라는 칭찬이 실려 있다. 보고서는 전혀 다른 문젯거리를 안고 있는 빈국들이 반現현금전쟁에 서둘러 합류하도록 보호비 명목의 돈을 공개적으로 강요할 것을 추천한다. '금융포용에 관심을 보이지 않은 국가에게는 아직도 평가가 매우 긍정적인 효과를 발휘한다.' 그리고 '포용을 촉진하기 위해 한 국가가 어떤 조치를 취해야 하는지에 대한 물음을 통해 포용을 촉진하지 않는 국가의 집중적인 관심을 이끌 것이다.' 여기서는 마피아 패밀리 같은 거의 노골적으로 들이대는 협박은 추천하지 않는다. 마피아 세계에서라면 가령 레스토랑 주인에게 방화가 무서운지, 시설파괴가 무서운지 물어봄으로써 관심을 유도하지만 말이다.

현금사용률이 높은 국가가 FATF 기준의 유연성을 이용하지 않으면 평가기관은 징계를 내려야 한다.[45] FATF의 기본전제는 현금은 돈세탁과 테러 문제에서 유독 위험하다는 것이다. FATF 기준의 유연성이란, 특정국 혹은 특정 부문을 살펴 현금지분을 떨어뜨리는 방향으로 규제하거나 감독하는 것을 말한다. 따라서 빈곤국은 금융부문 통제가 지나치게 엄격하면 FATF에 항의할 수 있다. 엄격한 규정은 은행에 비용을 초래하며, 그 때문에 은행은 신속하게 영업을 확장하지 못하는 동시에 현금부문을 억제하지 못하는 결과로 이어질 수 있기 때문이다. 현금이용률이 높은 빈국이 '리스크가 큰 현금분야에 집중하는 대신, 기업이나 증권을 통제한다고 돈과 인력을 낭비하면' 비난을 받을 수도 있다. 간단히 말해, 현금이용자를 압박하는 대신 통제권을 가진 다국적 기업과 금융기관을 성가시게 하면 FATF의 분노를 유발한다는 말이다.[46]

게다가 FATF의 유연성이라고 불리는 '리스크를 수반한 접근 방식'을 기반으로 현금지분이 높은 국가가 은행에 불확실한 신원확인 방식을 허용했으면 하는 바람을 드러내기도 한다. 그렇게 되면 은행의 이용 문턱을 낮추게 될 것이다. 그럼에도 불구하고 어떤 국가가 사기수법을 퇴치하기 위해 금융상 안전한 신원확인 방식을 고집한다면, 세계은행과 IMF로부터 나쁜 평가를 받을 수 있다. 비로소 모두가 첫 공식 계좌를 개설하고 이용하는 단계에서는 은행과 이용자들 모두 쉽게 따라올 수 있는 방식으로 진행돼야 한다. 누가 실제 고객인지는 나중에라도 밝혀낼 수 있다. 따라서 이 방식은 특히 감시

프로그램이 의심스럽다고 인식한 사람들에게 해당된다. 고삐는 거의 전체를 시스템 안에 가둘 때 비로소 당길 수 있는 것이다. 누구나 시스템 안에 들어온 선진국에서는 반대로 규정이 지나치게 엄격할 필요가 없다.

돈세탁과 테러 근절에 현금이 핵심문제라는 FATF의 기본전제가 얼마나 불합리한지는, 세계적 명성을 자랑하는 도이치은행의 금융 범죄대책반장의 언급에서도 알 수 있다. "금융권의 디지털화와 새로운 결제 방식은 상황을 악화시킬 것이다. 범죄자는 범행에 새 기술을 이용할 것이기 때문이다."[47] 이런 고위 전문가의 생각은, 혁신적 결제 방식을 수반하는 현금 억제는 돈세탁에 따르는 문제를 해결하기보다 악화시킨다는 것이다.

미국 JP모건 은행을 상대로 한 나이지리아 정부의 소송 또한 돈세탁을 위해 싸우는 사람들이 현금에 초점을 맞추는 것이 얼마나 기만적인지를 보여준다. 나이지리아는 JP모건을 상대로 이자를 포함해 8억 7,500만 달러를 요구하고 있다. JP모건이 고의로 그 돈을 부패한 전직 장관의 계좌로 이체했다는 것이다. 해당 석유 장관은 자신이 은밀하게 통제하는 회사에 석유채굴권을 주선해주고, 그것을 10억 달러 이상에 팔았다고 한다. 이 은행은 그 정치인의 돈세탁 전과를 알고 있었고 그가 몰래 수주회사를 통제했다는 것을 인정했다. 다만 그들의 변론 요지는, 영국의 최고위 돈세탁 담당관청인 소카 Soca에 여러 차례 자금이체를 신고했고, 소카는 한 번도 신청을 거절한 적이 없었다는 것이다. 국가 이익과 관련되었기 때문인지도 모른다. 이 부패한 전직 장관은 친절하게도 중국과 러시아의 제안을 거절하고 영국의 석유회사인 셸Shell과 이탈리아의 에니Eni에 채굴권을 팔아넘겼다.[48] 당시 FATF 사무총장은 바로 이 소카에서 고위관리를 지낸 인물이었다.[49] 국가가 승인한 10억 달러에 이르는 돈세탁 문제를 조정하기 위해, 무고한 나이지리아 국민들이 현금을 끊고 사소한 범죄로 고초를 겪어야 하는 실정이다.

선진국에게는 집단압력을 가하라

　　　　인도의 나렌드라 모디가 실행한 권위적이고 과격한 행동 방식은 유럽에서는 거의 상상할 수 없다. 또 케냐에서처럼 사실상의 정보보호장치 없이 경쟁이 배제된 상태로 모바일 화폐 사용을 확대하는 것도 거의 불가능할 것이다. 극단적인 현금 적대 정책이 버젓이 판치는 상황은, 정부가 더 이상 발언권을 행사하지 못하고 EU 이사회와 유럽중앙은행, IMF 등 트로이카 체제가 일방적으로 통치하는 그리스 같은 데서나 가능하다. 그리스에서는 이 트로이카가 규정한 법 때문에 상인이면 누구나 결제카드 공급사와 계약을 맺어야 한다. 만일 이들이 임금이나 급여를 상당 부분 디지털로 지급하지 않으면 벌금을 물린다. 집에 보관한 현금도 신고해야 하며, 경우에 따라서는 통제받고 몰수될 수도 있다. 500유로가 넘는 부채는 더 이상 현금으로 갚을 수 없다. 조세회피와의 싸움이라는 구실로 자행되는 이런 방식의 현금 억제 조치는 얼마든지 있다. 반면, 널리 알려진 대형 조세범에게 책임을 묻는 사례는 극히 드물다. 외국에 거액의 재산을 숨겨놓은 그리스 부호들의 이른바 조세회피자 명단은 한 기자의 폭로 후, 수년째 방치된 상태로 서서히 망각 너머로 사라졌다.

트로이카 기관의 명령이 아직 민주주의를 장악하지 못한 곳에서는 IMF의 권고대로 현금을 선호하는 대중이 놀라지 않도록 점진적이고 간접적인 조치가 취해진다. 이때 핵심역할을 하는 것은 초국가적 무인지대에서 돈세탁 근절에 적용되는 혼란스러운 기준이다. 마피아식 조직의 집결력과 집단압박은 실로 엄청나다. 미국을 위한 주요사안에 단호한 태도를 취하는 사람에게는 테러와 돈세탁 근절 운동에 비협조적이라거나 빈민을 생각하지 않는다는 비난이 쏟아진다. 독일 연방은행의 한 고위간부는, 연방은행이 공적으로는 늘 현금을 옹호하면서도, 그런 식의 집단압박 분위기 때문에 실제 행동에서는 언제나 새로 나온 현금 적대적 기준에 절대 반대하지 않는 모순을 은밀히 설명해주었다.

선진국 국민에게 해당되는 현금 억제 관련 금융은 대개 다음과 같은 형태로 구성된다. 즉, 주도적인 목소리를 내는 회원국이, 대개 미국이 앞장선 가운데, FATF에 적절한 돈세탁 근절 기준을 마련하도록 자극하는 식이다. FATF는 이런 의도에 부응해 역으로 G20 정부에 제안한다. 그러면 각국 정부는 관련 결의안을 가결시키고, 이를 통해 자국 의회에 비공식적이지만 아주 효과적인 방법으로 동의하지 않을 수 없게 만든다. '우리는 이 기준이 서로 합의한 시기 내에 수용돼 무제한 실시되는 것을 지지한다.' 이것이 전형적인 G20 결의안의 모습이다.

G20에서 이른바 국제기준으로 격상된 FATF의 제안은 EU 이사회가 맡아 규정이나 명령에 대한 제안으로 전환한다. 그러면 언젠가는 EU 의회도 이 제안을 보게 될 것이다. EU 이사회가 금융감시 법안의 근거를 위해 작성한 문서에는 이러한 문장이 넘쳐난다. 가령 'FATF의 사전작업에서 출발하는 것이 특히 중요하다'라거나 '이사회는 FATF 기준을 토대로 상세한 원칙을 수용할 것을 건의한다' 같은 식이다. 이 예문은 테러 지원을 강화하기 위한 행동계획에서 인용한 것이다.[50] 여기서는 EU 차원의 현금상한선을 고려하면서, 국경에서 손쉽게 현금을 압류하기 위한 법안의 근거를 설명한다.

독일에서는 현금에 반대하는 운동이 늦게 시작되었는데, 유럽과 비교해도 비교적 늦은 편이다. 현재 기업부터 먼저 시작하라는 IMF의 권고가 시범적으로 실시되고 있는 단계다. 2017년 봄, 잇따른 언론보도에 따르면 갈수록 많은 저축은행이 창구와 현금입출금기의 현금인출에 수수료를 요구하기 시작하더니 나중에는 다른 은행까지 이에 가세했다.[51] 이런 조치는 전적으로 '금융포용을 위한 G20 협력체'의 의중에서 나온 것이다. 현금의 '실제 비용'으로 현금 이용자에게 부담을 줄 것을 요구한 것이다. 중앙은행들은 G20 협력체 일원으로서 국민 복지 안정을 위해 은행이 더 이익을 내야 한다는 구실을 댔다. 은행들이 감독기관의 이런 요청을 회피하지 않은 것은 어찌 보면 당연하다.

하지만 은행계좌에 예금이 있을 때 고객은 채권자, 은행은 채무자이므로 현금인출에 수수료를 부과하는 것은 법적으로 문제가 있다. 고객의 요구에 대해 은행은 법적인 지급수단, 즉 현금을 내어줄 책임이 있는 것이다. 예금을 현금으로 인출하는 데 은행이 수수료를 청구하는 것은 채무자가 채무를 변제하는 데 대가를 요구하는 것을 의미한다. 독일연방대법원은 2015년에 '민법과 교통 위반의 경우, 책임질 사람이나 채무자가 현금지급 의무를 충족하는 데 대하여 별도의 보상을 요구할 수 없다'라고 판결했다.[52]

뿐만 아니라 현재 독일을 포함한 몇몇 국가에서는 현금을 줄이는 방법이 적용되고 있다. 이 부분의 선구자인 스웨덴 중앙은행은 스웨덴에서 현금사용 비용이 갈수록 상승하고 현금이 부족해진 사태에 상당한 책임이 있다. 2007년 현금공급을 억제하기로 결정했기 때문이다. 이 때부터 인구가 적은 북부 고지대의 은행들은 현금 조달에 따르는 운송비를 지불해야 했다. 오늘날 스웨덴의 대다수 은행 지점은 현금을 받지도, 내주지도 않는다. 스웨덴 북부의 드넓은 지역에서 현금 입출금이 가능한 은행을 찾으려면 40킬로미터 이상 이동해야 한다.[53] 그 사이 독일 연방은행도 전반적으로 현금공급을 억제했으며 이 업무를 대부분 민영화했다.

독일인에게 현대적인 디지털화의 모범으로 소개되는 북유럽 국가의 현금입출금기는 대형은행의 합법화된 카르텔에 의해 운영된다. 이 카르텔은 현금을 인출할 수 있는 장소를 대폭 줄여놓았다. 이미 2007년에 핀란드인은 인구 10만 명당 38대의 현금인출기로 버텨야 했는데, 2016년이 되자 이마저도 26대로 줄었다. 스웨덴도 2016년에 34대뿐이었다. 이와 비교해 미국은 현금인출기 밀도가 4배는 높으며, 독일의 경우도 아직 3배는 된다.[54] 하지만 2015년부터 독일에서도 그 수가 급격히 감소하고 있다. 불과 2년 사이에 인출기 밀도는 5퍼센트나 떨어졌다.[55] 특히 덴마크와 네덜란드에서 대폭 줄어들었는데, 2007년 이후 인구 10만 명당 70대던 것이 48대로 줄었다. 결국 현금이용이 비싸고 불편해지면 의도적으로 조장한 불편은 크게 부각될 것이고, 다음 단계로 (불편에 비해) 값싸고 편리한 무현금결제가 홍보될 것이다. 그리고 이런 시나리오라면 현금 이용자는 시대에 뒤처진 사람이 될 것이다.

이들 국민들이 열광적으로 혹은 적어도 차분히 현금 종말을 받아들이고 있다는 것은 현금 적대자들이 즐겨 퍼뜨리는 홍보성 거짓말에 지나지 않는다. 네덜란드에서 실시한 설문조사는 이와는 전혀 다른 경향을 보여준다. 71퍼센트의 국민이 어디서나 계속 현금이 사용되기를 바란다고 응답했다. 스웨덴 중앙은행이 실시한 조사에서는 스웨덴 국민 3분의 1이 현금 퇴조를 불만스럽게 지켜보고 있는 것으로 나타났다.[56] 여기서는 자칭 '콘타누프로레트Kontanupproret'라는 현금 관련 반란을 위한 시민단체까지 등장했다. 이 단체의 대변인은 전직 경찰서장 출신 비외른 에릭손이다. 에릭손이 볼 때도, 현금 폐지가 범죄를 예방한다는 주장은 엉뚱한 의제를 이끌어내기 위한 변명에 불과하다. 부족한 현금 공급에 불만이 팽배해지자, 2018년 6월 스웨덴 의회의 담당위원회가 대응 법안을 상정할 정도였다. 시민의 99퍼센트가 현금을 입출금할 수 있도록 이동거리를 최대 25킬로미터로 제한하는 의무를 대형은행에 지우자는 것이었다.[57] 이 소식을 전한 독일 언론은 없었다. 이 뉴스는 스웨덴이 현금에 지쳐 현대화되었다는 이야기와는 완전히 어긋나는 것이었다.

2016년 초까지만 해도, 국제적으로 현금 퇴치 운동이 전개된다는 소식을 접한 독일인은 드물었다. 2016년 1월 20일, 세계경제포럼의 억만장자들이 모이는 다보스회의에서 당시 도이치은행 총재 존 크라이언이 10년 안에 현금이 사라질 것이라고 예고했을 때, 그때까지 배후에서 아주 은밀하게 진행되던 반反현금운동이 백일하에 모습을 드러냈다.[58] 그리고 그로부터 불과 6일 만에 연방의회에서 사민당은 난데없이 5,000유로 이상의 현금결제를 금지하는 요구를 결의했다. '또한 EU 전역에서 500유로 지폐를 폐지해야 한다'라고 요구했다.[59] 다시 얼마 지나지 않은 2월 2일, 기민당이 이끄는 연방재무부가 유럽을 향해 똑같은 요구를 했다.[60] 이 직후 유럽이사회는 각국 정부가 그 요구를 수용할 것인지, 또 어떻게 실시할 것인지 점검하라는 지시를 받았다. 그리고 유럽중앙은 행은 즉시 추후 500유로짜리 지폐를 찍지 않기로 결정했다.

1964년 무역 압력에 의해 도입된 1,000마르크짜리 지폐는 오늘날 500유로에 비해 4배의 구매력을 가지고 있었다. 그렇다면 과거 수십 년간 정치인에게 지폐다발을 찔러준 무기상이나 테러 지원은 없었을 까? 당연히 있었다. 이와 관련한 스캔들은 수도 없이 많았다. 그중 하나 는 훗날 연방재무장관을 지낸 볼프강 쇼이블레와 관련된 것이었고, 장 수총리를 지낸 헬무트 콜과 관련된 추문도 무성했다. 그리고 당시에는 적군단체에 의한 테러 공격도 있었다. 그럼에도 불구하고 2016년까지 1,000마르크 지폐가 테러 공격이나 부패한 정치에 책임이 있다는 주장 은 들어본 바 없다.

캠페인성 언론 보도를 통해 시청자에게 전달하는 무현금결제의 장점 과 현대성은 정치와 경제의 현금 적대적인 의도가 담긴 것으로, 그중에 는 몸에 칩을 심는 것 같은 섬뜩한 방법도 있다. 예컨대 2016년 2월 23 일자 〈오늘의 저널Heute Journal〉 뉴스에서 클라우스 클레버는 들뜬 목소 리로 '피하의 칩'에 관한 영상리포트를 전하면서 앞으로는 쇼핑할 때 이 칩으로 계산할 수 있다고 떠들었다. 그러면서 스웨덴 국민은 이미 현금 보다 더 실용적인 대체수단을 도입하는 데 훨씬 앞섰다고 전했다.

이틀 뒤, 내가 사는 곳의 헤센방송 제3라디오는 7시 40분에 두 명의 진행자가 흥미로운 소식을 전했는데, 이들과 대담하는 코리나가 흥겨 운 목소리로 몸속에 칩을 심었다고 말했다. 코리나는 이 칩을 휴대전화 의 연락처에 직접 입력할 수 있는 것이 '멋지다'고 했다. 또 이 놀라운 도 구로 결제뿐만 아니라 출입문도 열 수 있다고 자랑하는 것이었다. 헤센

TV는 이에 대한 홍보영상도 내보냈다. 여기서 "너무 기뻐요"라고 탄성을 내지르는 코리나는 자신을 헤센방송국 직원이라고 소개했는데, 이는 라디오 청취자들로서는 예상치 못한 정보였다. 홍보영상에서 그녀는 시술과정이 벌에 쏘인 것처럼 따끔했다고 하면서 "마치 꿈인 듯한 이런 일이 스웨덴 같은 나라에서는 이미 일상이 되었다"라고 덧붙였다. 하지만 이것은 거짓말이다. 〈오늘의 저널〉에서 전해준 바와 같이, 스웨덴은 피부 아래에 칩을 심는 실험을 하는 단계였다. 아무튼 긴 방송 프로그램이었음에도 불구하고, 시청자는 이 간단치 않은 정보를 누가 기획하고 누가 제작비를 후원하는지에 대해서는 듣지 못했다. 마스터카드일까? 아니면 비자?

하버드의 캠페인

500유로짜리 지폐를 폐지하기 전, 앵글로색슨계 일색인 정치권과 《워싱턴포스트》, 《뉴욕타임스》, 《파이낸셜타임스》 등의 언론에서는 그에 대한 논란이 벌어졌다. 논쟁에 불을 지핀 사람은 전 하버드대학 총장이자 미 재무장관으로서 G20을 설립하고 G30의 조련사 역할을 하는 래리 서머스였다. 그리고 하버드대학 및 G30 동료인 켄 로고프, 하버드의 경제학자이자 은행 최고경영자 출신의 피터 샌즈, 시티뱅크의 수석경제학자인 윌렘 뷰이터까지 논쟁에 가세했다.

서머스는 2013년, IMF의 연설을 통해 출발신호를 알렸다. 여기서 그는 중앙은행의 역금리를 가능하게 만드는 선택사항으로서 현금 없는 사회로 넘어가야 한다는 화제를 끄집어냈다.[61] 2014년 11월, 로고프는 뮌헨의 라이프니츠 경제연구소에서 점진적인 현금 퇴치의 장점에 대한 논문을 발표했다.[62] 그가 점진적인 현금 폐지에 대해 어떤 구상을 했는지는 논문의 첫 문장이 알려준다. '본 논문에서는 지폐 사용을 중지할 때의 비용과 장점을 연구하고자 한다. 최고 고액권부터 시작해 차츰 최저소액권과 동전을 제외한 지폐를 폐지하고 끝에 가서는 이마저 폐지하는 것이다.' 2015년 5월 18일, 로고프는 런던의 만다린 오리엔탈 호텔에서 스위스 중앙은행과 런던투자계가 공동주최한 비공개회의에 주연사로 나섰다. 저명한 경제학자이자 중앙은행에서 근무한 경력이 있는 뷰이터도 제2의 연사로서 현금 폐지를 지지하는 논문 한 편을 발표했다. 유럽 중앙은행에서는 다수의 청중과 연사가 참석했다.[63]

런던의 비공개회의 직후, 래리 서머스는 얼마 전 영국의 대형은행

스탠다드 차타드의 CEO 자리에서 밀려나 마땅히 갈 곳이 없던 피터 샌즈에게 피난처를 제공했다. 샌즈는 서머스가 이끄는 하버드 연구소에 '선임연구원' 자리를 얻었다. 이를 위해 샌즈가 제출한 논문은 〈불량청년을 더 힘들게 하는 방법: 고액권 제거에 대한 논의〉라는 제목이 붙은 '연구물'이었다. 이 연구논문은 범죄자들로부터 입수한 다량의 현금 사진과 관련 보고서가 핵심이었고[64] 독일 언론에도 소개돼 주목을 끌었다. 여기서 샌즈는 감시국가에 대한 불신을 '은행이나 정부 같은 제도권에 대한 자유주의적 반감'이라고 폄하했다.

2016년 초 서머스는 전 재무장관이자 G20 설립자로서의 연고를 이용해 샌즈의 논문을 G20 네트워크의 영향권 곳곳에 배포했다. 이는 또한 유럽중앙은행에도 전달되었다.[65] 서머스는 《워싱턴포스트》와 영국의 《파이낸셜타임스》에 각각 게재된 칼럼을 통해 이 논문을 보완했다. 첫 번째 칼럼에서는 유럽중앙은행을 향해 500유로 지폐를 더 이상 발행하지 말 것을 요구하며 이렇게 말했다.[66] "500유로는 100달러에 비해 거의 6배의 가치가 있습니다. 만일 유럽이 500유로화 폐지에 앞장선다면 다른 나라에, 특히 스위스에 압박이 될 것입니다." 서머스는 또한 G20을 향해서도 앞으로 50달러나 100달러 이상의 가치가 나가는 은행권은 발행하지 않기로 합의해줄 것을 요구했다. 표준설정자들과 협력하는 G20 및 '금융포용 협력체'의 활동 방식을 알고 나면, 이 요구는 달러의 최고 고액권보다 구매력 높은 지폐의 발행을 전 세계적으로 금지하자는 내용임을 알 수 있다.

하버드에서 공개적으로 반현금 운동의 불꽃이 피어오른 이후, 독일 정치권은 이 달갑지 않은 불길을 순식간에 눌러 껐다. 하지만 대

서양 너머에서는 이 운동이 여전히 살아 움직이고 있었다. 그러다 2016년 가을에 하버드 경제학자인 로고프가 독일어와 영어, 스페인어, 이탈리어로 저서를 출간한다.《화폐의 저주, 왜 현금은 사라지게 되는가?》[67]라는 호전적 제목의 책이었다. 그가 문제시한 것은 달러 이외의 고액권이라는 사실은 이전 저작물을 통해 알 수 있다. 로고프는 1998년에 당시 발행 계획이던 500유로화에 반대하는 논문을 쓴 적도 있다. 그는 이 계획을 국제 돈세탁 시장에서 달러의 시장지분을 떨어뜨리려는 사악한 시도로 매도했다.[68] 이후 독자가 상관관계를 밝혀내는 것을 방해할 목적으로 그 논문을 부당하게 왜곡하기도 했다.[69] 그 외에도 이 하버드 경제학자는 유로화 현금과 싸움을 벌이면서 사실을 멋대로 뜯어고친다.[70]

2017년에도 서머스는 하버드 내의 조력자 피터 샌즈의 또 다른 연구물을 배포했다.[71] 이번에는 EU의 현금상한선에 대한 토론에 개입하는 형식이었다. 독일 연방은행은 이에 반대했다. 2017년 4월, 연방은행은 '현금과의 전쟁The War on Cash'이라는 주목할 만한 명칭의 심포지엄을 개최했다. 이 자리에서는 하버드에서 새로 출간된 연구물의 배후에 대해 강력한 의문이 제기되었다. 왜 연방은행이 이런 유의 연구물을 심각하게 받아들였는지는 곧 알게 된다. 연방은행으로부터 현금 친화적 논문을 작성해달라는 의뢰를 받은 독일 경제학자 프란츠 자이츠는[72] 놀라운 보고를 한다. 즉, 샌즈를 포함한 저자들은 그들의 모든 연구가 단지 추정에 토대를 두고 있음을 인정했다는 것이다.

어둠의 세계와 범죄를 겨냥한 현금상한선이 실제로 효과가 있다는 것을 보여주는 증거는 없다. 뿐만 아니라 회의석상에서는 현금옹호론자와 반대론자 간에 테러 근절이 현금상한선의 시급한 목표일 수 없다는 데 의견 일치가 이루어지기까지 했다는 것이다. 실제로 샌즈의 연구물에는 '현금상한선이 (……) 테러리즘 자금 지원에 직접 영향을 준다고 해도 그것은 제한적일 것이다'라는 언급이 있다. 그럼에도 불구하고 샌즈 연구팀은 기껏해야 범죄자들만 고통받을 뿐이라고 주장하며, 우선 높은 상한선을 도입한 다음 적당한 구실을 핑계로 그것을 낮춰갈 것을 제시한다. 연구 개요는 '국제자금세탁방지기구FATF'와 관련된 조치를 이렇게 권고한다. 'FATF는 회원국이 현금상한선을 고려하도록 독려할 것이며 모범 사례를 내세워 장려해야 한다.' 이로써 G20에 대한 서머스의 호소와 마찬가지로, FATF가 주도한 현금상한선 도입 의무는 전 세계에서 효과적으로 추진된다. 이 연구의 효과는 어차피 일반 대중이 아니라 미국이 막강한 영향력을 행사하고 틈날 때마다 들먹이는 FATF에 미치는 범위에서 가능해야 한다.

샌즈가 이 논문을 하버드대 동료뿐만 아니라 영국왕립합동군사연구소RUSI의 두 공동저자(금융제재와 돈세탁 방지 분야에서 은퇴한 전문가들)와 함께 작성한 것은 FATF와 연락하는 수취인들을 의식했기 때문이었을 것이다. 독일 연방은행은 이런 식으로 조성된 압력에 맞서 '현금과의 전쟁'에 대한 비공개회의를 열며 반발했다. 이 회의는 학술적으로 단호한 반대 목소리를 불러일으켰고, FATF가 샌즈와 RUSI의 연구만으로 현금상한선 합의를 바람직한 재무관리 기준으로 종용하는 것을 어렵게 만들었다.

이미 인도 중앙은행 이사인 나치케트 모르의 사례에서 보았듯이, 샌즈 역시 빌 게이츠로부터 금융포용을 위한 희생적인 노고에 보상을 받았다. 그는 2018년부터 끊임없이 수뢰와 횡령 스캔들로 시달리는 '에이즈, 말라리아, 결핵 퇴치를 위한 세계기금'의 사무총장을 맡고 있다. 게이츠 재단은 이 민관협력기금의 민간기부자 중에서도 10억에 가까운 규모로 압도적인 격차를 유지하며 최대 기부자의 자리를 지키고 있다. 축하합니다!

현금을 겨냥한 돈세탁방지법

초국가적인 어둠의 왕국이 만들어낸 표준설정은 총체적 금융 감시라는 의제를 효과적으로, 동시에 간접적이고 눈에 띄지 않는 방법으로 추진한다. 베를린의 택시운전사들은 카드회사와 계약을 맺고 되도록 카드로 결제하라는 권고를 받는다. 2018년 1월부터 상인들은 카드결제에 대해 수수료를 요구할 수 없다.[73] 이제 현금영수증이 있는 상인들은 더 이상 정확한 현금출납부만 고집해서는 안 되며, 날마다 액면가별로 지폐와 동전이 각각 얼마나 되는지 검산하고 기재해야 한다. 또한 이렇게 상세한 금전등록기의 일일 마감기록을 수년간 보관해야 한다. 그러지 않으면 적잖은 벌금을 문다. 그런가 하면, 은행은 외부로 인출되기 전에 모든 동전의 위조 여부를 확인하라는 EU 이사회의 소모적이고 불합리한 규정에 시달리고 있다. 이는 상인들에 대한 동전 공급 비용을 급격히 증가시켰다.[74] 그 정도의 규모를 위해 동전을 위조할 리도 없고, 소액 동전은 더 말할 나위가 없는데도 말이다.

'국제자금세탁방지기구FATF'의 영향력이 얼마나 막강한지는, EU 경계 지역 세관에 대한 EU 위원회의 현금 취급 규정으로도 알 수 있다. 이 규정은 2017년 11월에 EU 의회의 담당위원회를 통과했다. 찬성한 두 위원회 중 하나의 명칭은 묘하게도 '시민의 자유'다.[75] 앞으로 이 경계선에서 현금과 금이 적발될 때는, 조금만 수상해도 최장 30일간 압류가 가능하다. 이 원칙은 추정액이 신고기준인 1만 유로 미만일 때도 적용된다. 이런 경우가 아니라 해도 정당한 출처를 제시할 의무와 입증책임은 현금을 소지한 사람에게 있다.

FATF가 입증책임 전환을 권고한 이후, 현금이 적발된 여행자는 단지 법적인 지급수단을 소지했다는 이유만으로 지극히 민감한 질문을 받게 되었다. 지금까지 은행원에게 그랬던 것처럼, 앞으로는 세관원에게도 짐 속에 든 현금이나 금, 보석이 어디서 났으며 정확히 어디에 쓰려는지를 상세히 밝혀야 한다. 이를 거부하면 크게 의심받고, 세관원에게 돈을 압류할 정당성과 의무를 주는 빌미가 된다. 이런 일이 발생하면 여행자는 당국이 압류한 돈을 다시 내어주도록 기꺼이 정보를 알려주어야 한다. 그 밖에 FATF 기준을 증거로 끌어들이는 여러 규정들 때문에 수상한 돈의 흐름에 대한 정보는 국립 돈세탁방지처에 신고해야 한다. 그러면 여기서 다시 이 정보를 다른 EU 국가의 해당기관으로 전달한다.

또한 EU 이사회는 돈세탁 및 테러 근절이라는 구실 아래 네 번째 EU 돈세탁방지 지침을 보완함으로써, 사생활 보호 차원에서 이른바 충전식 카드를 이용해 인터넷에서 결제할 가능성을 거의 완벽히 차단했다. 이것은 키오스크나 주유소에서 충전할 수 있는 일회용 카드 혹은 충전식 신용카드를 말한다. 현재 이 카드는 상점에서 구매할 때만 사용할 수 있고 (전국적으로 사소한 예외규정이 있는 경우) 인터넷에서 최고 50유로까지 쓸 수 있다.[76] 이사회는 익명의 충전식 카드로 이런 유보조항을 이미 한 차례 자세히 검토하고 폐지했다. 전 연방 정보보호위원인 페터 샤르는 이를 강하게 비판했다. 이용자들이 자신의 금융정보에 대한 오남용 위험성을 줄일 기회를 박탈하는 것이기 때문이다. 아마 더 중요한 이유는, 그런 조치는 온라인 미디어를 익명으로 소비하는 것을 불가능하거나 몹시 어렵게 만들기 때문일 것이다. 이와 관련해 샤르는 평가보고서에 '이런 변화는 정보의 자기결정 기본권에 대한 독일 헌법재판소 원칙에 어긋난다'라고 쓰고 있다.[77] 하지만 '국제 기준'을 따라야 할 경우에는 그 모든 것이 소용 없다.

은행을 향해, 설사 소액 현금 거래라 해도 엄격하게 ID를 검사하라는 확고한 원칙은 많은 기관이 대뜸 현금 받기를 거절하는 풍토로 이어진다. 1년에 1번씩 10년 넘게 학생들과 자선바자회를 열어온 베를린의 교사는 다년간 거래해온 은행으로부터 갑자기 퇴짜를 맞았다. 개인고객에게서는 더 이상 현금을 받지 않는다는 이유에서였다. 고객이 아닌 경우엔 다른 은행으로 현금을 송금하는 것도 불가능했다. 이른바 현금이체는, 예컨대 은행계좌가 없는 사람이 방송수신료를 납부하려 할 때도 이제는 거의 어떤 은행에서도 할 수 없는 것으로 보인다. 또 가능하다 해도 그 경우 10유로나 15유로의 비용이 든다.

ID 카드법에는 이 카드를 복사하도록 해서는 안 된다는 규정이 명

시돼 있다. 하지만 제4차 EU 돈세탁방지 시행법에서 은행은 ID 확인에 사용되는 문서를 '시각적으로 완벽하게 디지털화해서 파악하도록' 한다는 규정은 그와 별개다.[78] 따라서 ID 카드의 복사와 저장을 거절할 수 있다고 한 법령과는 달리, 어둠의 왕국에서 손을 쓴 다른 규정에 따라 더 이상 보호받지 못하는 결과도 나올 수 있는 것이다. 물론 사소한 경우 은행이 ID를 대강 확인하게 하는 예외규정이 있기는 하다. 하지만 그러자면 별도 근거를 마련해 기록으로 남겨야 하고, 결국 더 많은 비용이 발생하여 보상받지 못하는 위험이 따른다.

네덜란드 법무장관 카롤린 카이저는 앞으로 수정된 돈세탁방지 규정에 따라 결제 과정이 거의 완벽하게 감시될 것을 우려한다. 또한 금융기관은 전체 거래의 증빙자료를 거래 종결 후 10년까지 저장해야 된다고 한다. 흔히 은행계좌는 수십 년간 지속되므로 이렇게 되면 극도로 긴 보관 기간이 발생한다. 은행만이 이런 자료에 접근할 수 있는 건 아니다. EU 소속 각 정부의 이른바 '금융정보원FIU'은 법원 명령 없이도 이 자료를 은행에 요구하고 거의 거리낌 없이 활용할 수 있다. 그런데도 절차상 안전장치는 거의 전무한 실정이다.[79] 뿐만 아니라 이 자료는 EU의 FIU 사이에서 끊임없이 교환이 이루어진다.

따라서 이제 어떤 고객이 1,000유로 이상의 현금을 인출하거나 계좌에 입금할 때 의심받을 가능성이 높아졌다. 1,000유로 미만도 규칙적으로 입출금을 하면 더 큰 의심을 받는다. 감시의 눈길을 피하려는 수법으로 비쳐져서다. 내 책《현금 폐지와 그 여파》에서 나는 긴 대기기간 없이 은행계좌에서 1만 5,000유로를 인출한 실험을 기술했다. 인출에 성공하기는 했지만 나는 엄청 까다로운 절차를 거쳐야 했다. 이제는 왜 그것이 그토록 힘들었는지, 왜 내 계좌에서 문제없이 인출할 수 있는 몫이 얼마인지 말할 수 없었는지를 알게 됐다. 은행은 돈세탁방지법에 따라 현금거래 시 1만 유로부터는 당국에 먼저 보고하고 2영업일 동안 조사결과를 당국에 제출할 의무가 있다. 3일째 되는 날에야 은행은 비로소 이 업무를 재개할 수 있다. 그 이유를 솔직히 말해주는 사람은 없다. 1만 유로 미만이니 내 돈을 아무 문제없이 인출할 수 있다고 믿어서는 안 된다. 잡다한 의심의 동기가 있을 때는(가령 평소 거래액보다 많거나 잔고 규모에 어울리지 않을 때) 현격하게 낮은 액수라 해도 3일의 대기기간이 적용된다. 은행 잔고는 언제든 별도의 해약통고기간 없이 계약을 해지할 수 있는데도, 즉 인출할 수 있는데도 그렇다.

이에 대해 은행은 업무조건을 바꿔야 하고 고액에 대한 3일 대기규정을 공개적으로 도입해야 한다고 주장하는 이도 있을지 모른다. 하지만 그래서는 안 된다. 은행잔고는 현금과 다를 바 없다는 가정을 현실로 만들어야 한다. 만약 소액은 당장 인출할 수 있어도 그 이상은 적어도 3일을 대기해야 함을 은행이 고지할 의무가 있다면, 그것은 계좌에 들어 있는 돈이 현금과 마찬가지일 수 없다는 것을 법적으로 인정하는 셈이다. 이것은 기업의 결산에까지 엄청난 영향을 미친다. 뿐만 아니라 이런 변칙적인 거래상황은 돈세탁방지법의 비밀 원칙과도 어긋난다. 돈세탁 범죄를 겨냥한 함정이 어떻게 생겼고, 그 한계가 어딘지를 누구도 알아서는 안 되기 때문이다. 은행은 그 경계선을 말해주지 않으므로 의심받는지에 대해서는 늘 짐작만 할 뿐이다. 이것은 현금 사용만 고집하는 사람들을 극도로 불안하게 한다.

독일의 대형은행 직원들을 위한 '돈세탁방지원칙'을 우연히 들은 적이 있는데, 거기에는 '내부 활용 전용'이란 말이 있다. 그도 그럴 것이, 예컨대 자료에는 다음과 같은 말이 포함되어 있다. '은행이 의심하고 있다는 것을 해당고객은 (……) 절대로 알면 안 된다. 고의 또는 경솔한 사유로 규정 위반 시 최고 10만 유로까지 벌금을 물어야 한다.' 만일 내가 은행직원이라면, 무엇이 잘못된 것이냐고 묻는 고객에게 차라리 거짓말을 할 것이다. 집요하게 계약이행을 주장하는 고객이라면 결국 자기 돈을 받을 것이다. 고객에게 사실대로 털어놓을 수밖에 없는 상황에서는 업무를 진행하라는 규정이 나와 있기 때문이다. 하지만 나는 이 방법을 권하고 싶지 않다. 그러면 고객이 의심받기 때문이다. 돈세탁 용의자 리스트에 오르고 싶은 사람은 아무도 없다. 일단 리스트에 오르면 사실상 다시 빠져나오는 것은 거의 불가능하다.

말하자면 헌법상 원칙은 현금사용 가능성이 있는 돈세탁범에는 적용되지 않는다. 은행은 특히 눈에 띄는 고객을 감시하고 필요시에는 당국에 신고해야 한다. 만일 이미 용의자 리스트에 오른 누군가가 결제과정에서 우연히 수상한 행동을 한다면, 설사 아무 잘못이 없더라도 쓰디쓴 결과를 맛볼 수 있다. 드물기는 해도 그 결과로 모든 계좌가 동결될 수도 있다. 정작 당사자는 왜 사업파트너들이 계약 제안에 아무 반응도 없는 건지 영문도 모른 채 그저 어리둥절하고만 있을 것이다.

내가 전해들은 지침에는 혐의동기리스트가 있는데, 그 맨 위에 현금업무가 있다. 누군가 '예를 들어 고금리 투자' 같은 '추가 서비스에 관심이 없을 때', 혹은 은행에 거의 모습을 비추지 않을 때, 이것은 확실한 혐의 대상이 된다. 내 경우는 이 모든 것에 해당된다. 그러면 '경고고객기능'이라는 '업무지침'이 작동한다. 경고고객은 '불편한 고객'이다. 대기업 내부에서는 모든 은행의 경고고객을 향해 손을 뻗친다. 은행이 전 기업을 망라해 이 리스트를 주고받는지는, 나는 전혀 모른다. 다만 그렇게 하지 않는다면 이상하겠지. 중요한 것은 FATF가 은행과 공동으로 정보보호규정을 무시하고 정보교류 통로를 탐색하는 워크숍을 개최한다는 점이다.

경고고객 한 사람이 새 거래를 트려고 할 때, 은행원 모니터에는 그에 대한 지침이 뜬다. 이때 은행원은 은밀히 담당 돈세탁방지기구에 전화해서 그들로부터 적절한 지시를 받아야 한다. 업무지침에는 '실제로 경고 대상이든 아니면 우연한 동명이인이든 상관없이, 고객에게는 이 내부 보안시스템에 대해 어떤 설명도 하지 말 것'이라고 되어 있다. 설사 은행이 개설을 거부하거나 기존계좌를 해지하는 경우에도, '절대 그 이유에 대한 정보를 주면 안 된다'라는 원칙이 적용된다. 그렇지 않을 경우 형법과 노동법상의 제재가 따른다. 또 은행직원들은 고객에게 오해를 해명할 기회를 차단하고 있으며, 이를 어길 시 무거운 형사처분을 받는다. 이것은 경찰과 판사들로 하여금 시민에게 체포와 유죄선고 이유를 말해주는 것을 금하는 것과 다를 바 없다. 마치 프란츠 카프카Franz Kafka가 쓴《소송Der Prozess》의 은행 지배인 요제프 카에게 일어난 사건을 방불케 한다. 카는 전혀 죄를

166

인식하지 못하는데도 30세 생일날 체포되고 피소된다. 그러나 그는 자유로이 행동하고 계속 업무를 볼 수 있다. 그는 왜 자신이 피소되었는지, 그리고 자신은 접근할 수 없는 법정을 상대로 어떻게 무죄를 주장할 수 있는지 알아내려 하지만 수포로 돌아간다. 이것은 결국 그에게 좋지 않은 결과로 이어진다. 그 구조는 결국 초국가적 어둠의 세력이 의회를 무시하고 금융권에 설치해놓은 전체주의적인 행동 방식과 같다.

이런 시스템은 컴퓨터 기반의 미국 경찰 예방업무 형태처럼, 금융권 밖에서도 꾸준히 퍼져나가고 있다. 로스앤젤레스 경찰국은 이미 유명한 데이터분석회사 팔란티어Palantir의 프로그램 '레이저'로 일하고 있다. 이 프로그램은 누가 누구를 알고, 누가 무엇을 하고 해왔는지에 대한 정보를 바탕으로 잠재적 범죄자를 계산해낸다. 그러면 이들은 끊임없는 통제 대상이 된다. 또한 용의자 리스트에 오르지 않으려면 어떻게 하고 무엇을 하면 안 되는지를 정확히 아는 사람은 아무도 없다. 이럴 때 피부색이 검지 않은 것은 확실히 큰 도움이 된다. 리스트에 오른 사람 또한 기껏해야 간접적으로만 알 뿐이며 안다고 해도 하던 일에서 손을 떼는 것 말고는 다시 정상 생활로 돌아가기 위해 실제로 할 수 있는 것은 없다.[80] 독일 경찰 당국도 이런 프로그램으로 근무하기 시작했다. 물론 이 같은 방식은 미국보다 장애물이 큰 독일에서는 꿈같은 일일 수 있다. 하지만 금융권에서는 이런 행동 방식이 이미 현실이 되고 있다.

이와는 대조적으로 다음과 같은 이야기도 있다. 2017년 독일금융감독청은 파나마 페이퍼스Panama Papers(파나마의 법률회사가 보유한 탈

세관련 비밀문서―옮긴이)가 유출되었을 때, 주도적 역할을 한 독일은
행들이 돈세탁방지법을 위반했는지를 조사했다. 아무튼 소유상황을
위장하는 것 말고 회사 차원에서 납득할 만한 목적이 없는 페이퍼
컴퍼니에서 부유한 개인과 기업들이 디지털 방식을 이용해 파나마
로 돈을 이체하도록 도움을 준 것이 독일은행들이었기 때문이다. 그
러나 조사 결과 이상은 없었다. 즉, 위반사항이 없다는 것이다. 은행
들은 조사에 필요한 문서를 자발적으로 모아 전달했다고 한다. 경찰
공무원연맹 부회장은 이에 공개적으로 항의하면서 관련 은행이 돈
세탁방지법을 위반하지 않았을 리 없다고 주장했다.[81] 누군가 다른
사람의 계좌로 50유로의 현금을 입금할 때, 은행 측은 ID 카드를 복
사해서 보관하는 업무를 외면한다는 것이다!

은행의 비밀이란 옛말

정부 당국은 전에도 무현금으로 은행을 통하는 거액의 돈세탁 방지
와 계몽에 무관심을 드러낸 적이 있다. 헤센의 탈세조사관 4명이 상
업은행을 꼼꼼히 조사한 뒤에 무능력하다는 이유로 직위 해제된 것
만 봐도 알 수 있다. 아니면 은행을 통한 돈세탁을 고발한 뒤에 7년
간 정신병원에 갇혔던 구스틀 몰라트 사건을 봐도 마찬가지다.[82]

그림에도 불구하고 여당은 2017년, 하필이면 '파나마 페이퍼스'
를 구실로 모든 시민의 재정을 총체적으로 감시하는 길을 열어준 조
세제도 개정안을 가결했다. '은행고객 보호'라는 명칭의 세법조항은
대체조항 없이 그대로 삭제되었다. 은행은 재무부 및 사회복지부 관
리에게 전반적인 정보를 제공할 의무가 생겼다. 그 후 이들 정부기

관은 더 이상 시민의 말을 들을 필요가 없어졌다. 컴퓨터 수사라는 목표를 들이대면 시민의 정보에 자동 접속되며 정기적 탐문도 허용되기 때문이다. 불특정의 '충분한 사유'라는 말만 하면 된다. 기초보험과 교육보조금 및 주거비를 담당하는 공공기관은 연방조세청을 통해 대출기관의 자료를 요청할 수 있다. 계좌에 잔고가 있는 사람이 '하르츠 Ⅳ 실업수당'이나 '교육보조금'을 타는 것을 없애려면, 모든 시민을 투명하게 들여다보는 것은 분명 중요하다.

그렇다면 왜 현금이용을 계속 범죄시하고 억압해야 하는지도 분명해진다. 거액의 조세회피를 뿌리 뽑는 데는 현금이 쓸모없을지도 모른다. 하지만 전 국민을 상대로 일정 소득이나 재산상 한계를 넘지 않는지, 어디에 돈을 쓰는지 당국이 알려고 할 때, 현금은 그런 의도에 방해가 된다는 점에서 꽤나 중요한 의미를 갖는다.

EU 이사회는 '결제서비스지침 2' 혹은 줄여서 'PSD 2'라고 불리는 두 번째 지불 방식 지침을 통해, 은행에 또 다른 의무를 부과하려고 한다. 이에 따라 은행은 금융관리 앱을 공급하는 핀테크 회사나 다른 외주업체가 고객의 모든 지불거래를 알 수 있도록 관리해야 한다. 앞으로 우리는 외주사가 직접 우리 계좌에 이체하면서 모든 금융정보를 들여다보는 걸 '허용해야' 할 것이다. 이를 위해 은행은 자체 비용으로 필요한 데이터 인터페이스를 만들고 안전조치를 취해야 한다. 수백 곳의 소규모 공장에서 결제서비스 앱을 통해 은행 IT에 접속할 때 보안이 뚫릴 것은 자명하다. 그렇다 해도 기술자들이 무더기로 등장해서는, 조지 오웰식 감시가능성에도 불구하고 이 일에 가담하면서 "숨길 것이 전혀 없다"고 뻔뻔하게 말할 것이다.

이런 일이 벌어지면 페이팔이나 애플, 아마존처럼 시장지배력을 가진 회사들은 갈수록 인기제품의 이용 조건에 동의하게 될 것이다. 더 많은 사람이 조건을 받아들일수록 그것은 점점 더 표준화되고, 그러다 보면 결국 금융거래상 자신을 완전히 드러내 보이지 않고서는 온라인 구매를 할 수 없게 될 것이다. 우리의 소중한 금융정보를 그럴듯하게 미화하는 공급사들은 결제서비스를 더 싸게 제공할 것이다. 이들은 적어도 처음에는 저렴한 비용의 장점을 상인들에게 넘겨줄 테고, 그러면 상인들은 그런 공급사를 선호하게 될 것이다.

우리 주변의 소규모 핀테크 산업은 그저 선발대에 지나지 않는다. 애플이나 페이스북, 마이크로소프트, 아마존, 페이팔은 엄청난 군자금을 깔고 앉은 채, 현실에서 관철되는 모든 것을 매점하고 합병하기를 기다린다. 또 고객의 온갖 금융 데이터를 얻기 위해 그들 스스로도 그런 앱을 제공한다.

생체인식 기반의 은밀한 감시

개인정보 보호를 주창하는 이들의 시위가 벌어지는 가운데 앙겔라 메르켈 독일총리는 개인정보 보호는 이제 시대에 뒤처진 개념이라고 말했다. 연방정부 역시 그에 따라 움직였다. 2008년에 도입된 생체인식 기반의 신분증은 2017년이 되자 보편적 감시도구로 확대되었다. 도입 당시 언급된 모든 약속은 또다시 물거품이 되고 말았다. 신분증 소지자 중 인터넷을 통해 신분을 증명할 수 있는 전자 ID 기능을 활성화한 사람은 3분의 1밖에 되지 않는다. 따라서 앞으로는 모든 사람에게 강제로 이 기능을 활성화시키는 법이 제정됐다. 개인

정보 보호를 외치는 이들이 격렬히 반발해도 소용없었다. EU의 모든 회원국 정부는 신분증 정보를 읽어낼 권한을 위임받았다. 새로운 조치 중 가장 중요한 것은, 경찰과 보안기관, 관세 및 세무조사기관에 생체인식 정보, 특히 디지털 사진을 포함한 지문 데이터를 주민센터로부터 아무 조건 없이 받아볼 수 있게 된 것이다.[83]

따라서 앞으로 관계 당국은 (조만간 유럽 전역에서) 컴퓨터 조사를 통해 감시카메라나 인터넷 사진을 신분증 사진 데이터베이스와 대조할 수 있다. 이렇게 되면 당국은 공공연히 우리를 멋대로, 예컨대 경찰이나 언론에서 촬영한 시위에 참여했는지 등을 자동적으로 확인할 수 있다. 그들이 언제 주민센터에 접속해 로그 기록을 남길지는 예상할 수 없다. 감시는 전혀 없다. 물론 생체인식 중앙데이터베이스는 접속에서 제외된다는 신분증 관련법 28조가 있기는 하다. 하지만 경찰이나 정보기관 및 관계 당국이 언제 어디서나 마음대로 손을 뻗칠 수 있는 상황에서 중앙데이터베이스가 무사할 수는 없는 노릇이다.[84]

이 모든 것은 예견된 일이다. 이미 2005년에 카오스 컴퓨터 클럽 CCC(유럽 최대의 해커연합―옮긴이)은 여권과 신분증 신체인식장치 도입에 대해 이렇게 경고했다. "생체인식 방식은 다양한 감시 기회를 제공한다. 신원확인과 감시를 위해 도입된 기술이 정보기관이나 수사 당국뿐 아니라 영리를 목적으로 하는 기업의 탐욕을 부추기는 것은 새로운 현상이 아니다."[85] 이 같은 영리기업 중 하나가 바로 마스터카드다. 이 회사는 EU 소속 은행을 상대로 2019년 4월까지라는 마감시한을 설정했다. 마스터카드사의 카드를 발급하거나 결제기능

거래를 계속하려면 그때까지 '마스터카드 ID 확인' 프로그램을 지원하라는 것이었다. ID 확인 프로그램은 고객이 모바일기기를 이용할 때 생체인식 기반의 신분 증명을 '가능하게' 해주는 시스템이다.

이미 경찰은 베를린 쥐트크로이츠 철도역에서 자동얼굴인식이 얼마나 원활하게 작동하는지를 실험해보았다. 이때 경찰은 자발적인 실험참여자 300명에게 보상으로 아마존 쿠폰을 선물했다.[86]

아마존 쿠폰은 무엇보다 아마존이 미국 경찰의 감시업무에 깊이 관여하고 있으므로 매우 흥미롭다. 아마존에 따르면 아마존 고 매장을 위해 개발한 감시기술을 이용하는데, 다른 방식으로 개발한 것도 있다고 한다. 2017년부터 이 회사는 클라우드 서비스인 아마존 웹서비스를 통해 '레커그니션'이라는 얼굴인식 소프트웨어를 출시하고 있다. 2018년 5월, 미국자유인권협회ACLU와 기타 기구는 아마존 회장 제프 베조스에게 레커그니션 서비스 중지를 요구했다. 그들은 전 시민을 상대로 저인망식 감시를 위해 경찰이 그 프로그램을 공공연하게 이용할 위험이 있다고 본 것이다. 아무튼 평가에 따르면, 경찰이 샅샅이 검색하는 사진 데이터베이스에서 미국민의 절반 가까이가 파악된다고 한다. 또한 이 절차는 갈수록 속도가 빨라질 것이다. 경찰이 책임의식을 갖고 이 기술을 활용할 것이라 약속해도 시민들은 곧이곧대로 믿을 수 없다. 게다가 인권협회에서 입수한 경찰 당국의 이메일에 따르면, 경찰은 신체 및 감시카메라 혹은 무인정찰기를 통해 얻은 촬영정보를 이 데이터베이스와 연결하는 방법을 드러내놓고 모색했다고 한다.

《뉴욕타임스》에 따르면 '레커그니션'은 단 한 번 사용하는 데 400

달러의 비용이 들며, 그다음부터는 매월 몇 달러밖에 들지 않는다고 한다. 이 분야에서도 아마존은 약탈적인 가격으로 전체 시장을 잠식하려는 듯 보인다. 훗날 아마존 클라우드를 독점적 지배구조로 또 전 세계 최대의 사진 데이터베이스로 만들기 위함이다. TV 방송국과 《뉴욕타임스》도 이미 2018년 5월, 해리 왕자와 메건 마클의 결혼식 참석자 전원을 자동 식별하기 위해 이 기술을 사용했다. 시위 혹은 그 밖의 공적 행사에서 참석자 확인을 위해 혹은 특정인을 찾아내기 위해 누가 이 값싼 기술을 이용하거나 이용할 수 있는지는 각자의 상상에 맡긴다. 아마존은 모든 사업파트너에게 법을 준수하겠다고 보증하는 조건을 붙였다고 강조하지만, 이것만으로는 모든 사람을 안심시키지 못할 것이다.[87]

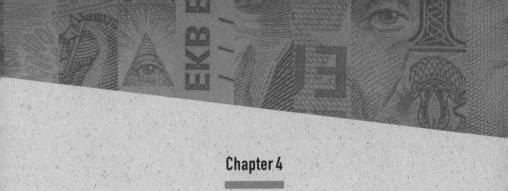

파놉티콘:
아시아와 유럽의 화폐전쟁

파놉티콘:
아시아와
유럽의
화 폐 전 쟁

영국의 철학자 제러미 벤담^{Jeremy Bentham}은 경제학자들이 좋아하는 공리주의 원칙뿐만 아니라 공장이나 학교, 감옥 등의 시설에 관한 파놉티콘^{Panopticon}(제러미 벤담이 효율적인 감시를 목적으로 고안한 원형감옥—옮긴이)의 구조원리도 창안했다. 그리스어를 합성한 파놉티콘은 '모든 것을 본다'는 의미다. 즉, 재소자는 끊임없이 감시받는다고 생각할 수밖에 없지만, 구체적으로 언제 감시받고 있는지는 확인할 수 없도록 지어진 교도소를 말한다. 그러므로 재소자는 감시받지 않는 시간에도 감시자들이 원하는 방식으로 행동한다. 실제로 벤담의 구상에 따라 지어진 교도소가 몇 군데 있다. 이런 시설은 반원형의 감방 구조로 되어 있는데, 한가운데 감시탑이 있고 거기서 모든 감방을 볼 수 있다. 하지만 재소자는 자기가 감시를 받는지, 얼마나 많은 눈이 자신을 지켜보는지 알 수가 없다.

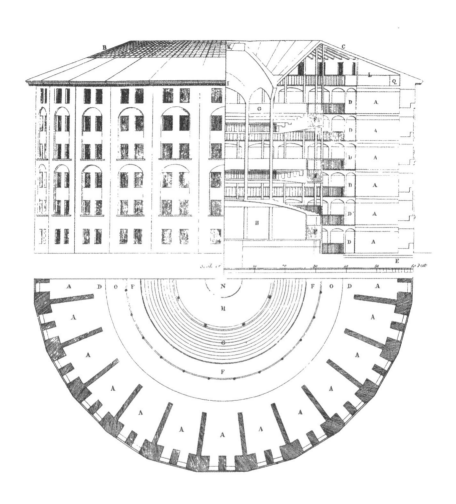

제러미 벤담의 파놉티콘 설계도(1791년)
최소 비용으로 최대 효과를 낼 수 있는 감시와 통제의
방법을 구현한 원형감옥이다.

프랑스의 철학자 미셸 푸코는 파놉티즘Panoptism(효율적인 감시체계—옮긴이)을 서구 자유주의 사회의 질서유지 원칙의 배경으로 보았다. 하지만 이런 관점을 있는 그대로 받아들일 필요는 없다. 특히 총체적 감시체계로부터 사생활을 보호하는 독일헌법을 생각하면 그러하다. 그 이유가 은근히 남의 비난을 두려워하는 심리의 발동을 막기 위해서이기 때문이다. 1983년 연방헌법재판소는 다음과 같은 판결을 남겼다. '궤도에서 이탈한 행동으로 늘 주목받고 감시받고 기록될까 봐 불안한 사람은 눈에 띄지 않게 행동할 것이다. 집회나 시민활동 참여를 당국이 기록하고 그 때문에 위험해질 수 있다고 생각하는 사람은 기본권을 행사하지 않을 수도 있다."[1] 과잉감시에 적응하려는 이런 행동은 사회학에서 '위축효과'라는 개념으로 통용된다.

몇 년 전부터 '금융포용'과 '디지털 ID'라는 키워드를 내세워 추진되는 작업은 결정적으로 파놉티즘의 원리를 따른다. 세계는 하나의 디지털 파놉티콘으로 작용하여, 그 속의 사람들은 감시받고 있다는 느낌을 받고 특정한 행동들은 피하게 됨으로써 권력자 입장에서는 노선을 이탈한 사람들을 어렵지 않게 다시 제자리로 돌아오게 만들수 있다. 이런 사회가 어디로 향할지는, 중국정부의 사회점수시스템이 끔찍한 방법으로 똑똑히 보여준다. 그것은 미래의 꿈이 아니라 이미 현실이 되고 있다.

중국 현장 ▶ 감시와 인민교육의 완결판

인민을 시시콜콜 통제하고 조종하고 재교육하기 위해 디지털결제와 명백한 생체인식 기반의 ID 확인을 어떻게 조합하는지 알고 싶다면 중국을 보라. 공산당 지도부가 원하는 것은 보다 선하고 순종적인 인민이다. 중국 중앙은행 본부가 마치 제러미 벤담의 설계작처럼 보이는 것은 꽤나 상징적인 힘을 부여한다. 즉, 커다란 반원형의 유리 건물과 한복판에 좀 더 작은 원형 건물로 된 구조가 거의 이상적인 파놉티콘의 모습을 하고 있기 때문이다.

오랫동안 인터넷을 불신의 눈길로 바라보던 중국 지도부는 우선 인터넷이 가져다주는 자유를 제한하는 것부터 매달렸다. 이런 불신은 인터넷이 미국의 발명품이자 미국의 통제하에 작동한다는 것 때문에 더 깊어졌다. 하지만 그 사이 미국 웹서비스 제공업체를 제한하는 데 성공을 거둔 이후, 페이스북이나 구글, 아마존과 비슷한 규모의 바이두와 알리바바, 텐센트 등을 키웠다. 이리하여 당 지도부는 얼마 전부터 인터넷이 가진 통제 가능성과 영향력을 마음껏 활용하기 시작했다.

정부와 당, 중앙은행의 막강 지원을 받으며 새로운 모바일결제 방식은 기록적인 시간 내에 실현되었다. 이제 대도시에서는 거의 누구나 소액을 결제할 때도 스마트폰을 이용한다. 위챗이나 알리페이 같은 스마트폰 앱은 도시에서는 부분적으로 현금보다 더 널리 통용된다. 위챗의 경우는 왓츠앱과 페이스북, 아마존을 조합한 것이나 별반 다름없다. 이 전천후 앱은 일상적인 디지털 생활에서 간혹 간과되기도 하지만, 결제만큼은 반드시 이것을 사용해야 할 정도다. 사용자는 누구나 고유한 QR

코드를 가진다. 상대가 위챗 이용자 코드를 읽어내면 두 사람이 연결돼 돈이나 메시지를 주고받을 수 있다. 위챗은 통신 및 게임, 소셜미디어 거대기업인 텐센트가 운영한다. 이와 경쟁관계인 알리페이는 전혀 다른 시스템으로서 중국의 아마존에 해당하는 알리바바의 자회사 앤트 파이낸셜이 운영한다. 전문가들은 위챗과 알리페이가 이미 2018년에 거래 처리건수에서 마스터카드와 비자를 따돌린 것으로 보고 있다.[2]

위챗이나 알리페이로 거의 모든 결제가 가능하고 실제로 많은 사람들이 이것으로 결제하기 때문에, 그리고 이뿐만 아니라 소셜미디어와 그밖의 기능에도 접속할 수 있기 때문에, 운영업체는 고객에 대한 엄청난 세부정보를 얻게 된다. 이 두 가지 앱은 고객과 고객의 행위를 평가하고 또 평가 결과를 압축하기 위해 그 정보를 활용한다.

정부 또한 그런 시민평가시스템 작업을 하고 있다. 그에 해당하는 정부와 알리페이의 계획은 별개가 아니라 동시에 개발되었다고 봐도 무방할 것이다. 알리바바 앱은 2014년 '참깨신용 sesame credit'이라는 이름의 신용평가시스템과 함께 출범했다. 이것은 〈알리바바와 40인의 도둑〉에 나오는 마법의 주문 '열려라 참깨'에서 따온 것이다. 알리페이는 접근 가능한 고객의 모든 정보를 바탕으로 350점에서 950점까지 이용자의 신용도를 계산한다. 여기에는 부채를 꼬박꼬박 갚고 있는지 등의 금융정보뿐 아니라 성격을 암시하는 정보까지 들어간다. 예컨대 여가시간을 어떻게 보내는지, 사치스러운 경향은 없는지, 혹시 외제 사치품을 쓰지는 않는지 등등이다. 또 졸업장이나 학력, 친구나 지인들의 참깨 등급도 영향을 준다. 따라서 등급이 낮은 사람은 따돌림을 받고 새 친구를 사귀는 데 어려움을 겪는다.

등급이 높을수록 쉽고 편리하게 대출받을 수 있으며 여러 특권이 부여된다. 등급이 아주 높으면 공항 보안검색도 빠르게 통과할 것이다. 반대로 등급이 낮으면 모든 경우에, 가령 자전거 대여나 현금담보에서도 뒤로 밀리거나 거부될 수 있다. 실제로 배우자를 구할 때도 자기 등급에 대해 허풍을 떨거나 예비 배우자 등급을 조사하는 일이 심심찮게 일어난다고 한다. 정부는 사실상 참깨신용의 개발과 동시에 포괄적인 사회점수시스템 작업을 하고 있다면서 이 둘은 서로 비슷한 구조라고 했다. 즉, 2020년까지는 모든 인민이 가입해야 한다는 얘기다.

누구나 자신의 정보 및 사회점수와 더불어 이름과 생체인식 특징으로 검색할 수 있는 데이터베이스로 파악된다는 의미이기도 하다. 목적은 뻔하다. 에너지를 아끼고 국산품을 구입하며 루머를 퍼뜨리지 않으며 당의 권위에 군말 없이 순종하는, 더 우수하고 올바른 국민을 만들어내려는 것이다.

앤트 파이낸셜은 이렇게 권위적 색깔이 덧씌워진 아름답고 새로운 중국을 전폭적으로 지원한다. 2015년 6월, 전국적으로 1,000만 명에 가까운 중국의 청년이 대학입시를 준비하고 있을 때, 참깨신용등급 기관의 대표는 당국으로부터 부정행위자 명단을 받아 사정없이 등급을 감점해야 한다고 말했다. 그러면서 "정직하게 행동하지 않는 자는 그에 상응하는 따끔한 맛을 봐야 한다"고 했다.[3] 이런 신용등급시스템을 가진 위챗도 다양한 협력을 통해 태동 중인 사회점수시스템과 통합된다.

모바일결제를 제공하는 대규모 공급업체를 통한 인민교육 운동과 병행하여, 도시는 사회점수 모델의 다양한 변형을 시험하고 있다. 어디서나 원칙은 동일하다. 혜택과 불이익의 종류는 다르지만, 모두 시작할 때 사람들에게 같은 점수를 주고, 여기서 점수를 더하고 빼서 이에 따른 상벌을 준다는 것이다. 예컨대 도시에 따라 나이 든 친척을 돌본다든가, 빈민을 구제한다든가, 고객이나 동료로부터 호평을 얻는다면 점수를 받을 수 있다.

알코올에 의존하거나, 관리를 매수하려고 하거나, 신호등이 빨간불일 때 길을 건넌다든가, 대저택에 살든가 혹은 식목행사에 '마지못해' 나오든가 할 때는 감점을 받는다.[4] 점수가 낮으면 구직이나 자녀의 학교 선택에서 우선순위가 밀리는 결과로 이어질 수 있다. 반대로 사회점수가 높은 이는 큰 인기를 끄는 제품이나 서비스에서 우선권을 갖는다. 점수가 낮으면 운전면허증이나 그 밖의 인허가를 따지 못할 수 있고, 정부 관련 서비스에서 퇴짜를 맞기도 한다. 당의 관점에서 행동이 불량한 사람은 경우에 따라서는 여행할 때도 완행열차의 구석자리를 배정받을 것이다. 물론 고급호텔도 이용하지 못한다.

현재는 다양한 지역의 사회점수 모형과 해당 데이터베이스를 단일한 국가시스템으로 옮기는 작업이 진행 중이다. 중국의 구글이라고 할 수 있는 인터넷 대기업 바이두는 이런 단일 데이터베이스를 2020년까지 구축하도록 위임받았다.

이미 지금도 위챗으로 정부를 비판하면 위챗 신용평가시스템에서 감점되는 처벌을 받는다고 한다.[5] 위챗 이용조건에는 텐센트가 이용정보를 보관하고 정부 당국의 요청이 있을 때는 그것을 넘겨준다고 명시되어 있다.[6] 따라서 위챗과 알리페이의 자료가 정부의 사회점수 계산에 영향을 주는 것을 분명히 알 수 있다. 게다가 2017년 8월, 중앙은행은 온라인 및 모바일결제 방식을 발권은행의 중앙처리센터에 접속시키라

고 명령했다. 이것은 중앙은행, 즉 정부에 모든 결제데이터의 접근권한을 주는 것이나 다름없다.[7]

2018년 5월, 중앙정부는 사회점수 자료를 공개적으로 철도 및 항공교통에 적용하기 시작했다. 악행을 저질렀다는 비난을 받는 사람은 리스트에 올라 최장 1년까지 해당 교통수단을 이용할 수 없다. 관련 '죄목'에는 '허위 소식'의 전파, 벌금 미납, 기차 내 흡연 같은 것이 포함된다. '한 번 신뢰를 잃으면 영원히 제약을 받는다'는 것이 바로 이 점수제도의 정신이다. 비공식적으로, 또 지방에 따라서는 이 시스템이 더 오래된 경우도 있다. 가령 최고인민법원은 이미 2017년에 사회적인 비리를 저지른 600만 명 이상을 대상으로 항공여행을 금한 적이 있다.[8]

잡지 《와이어드 Wired》는 2017년에 갑자기 항공권 발매를 거부당한 류후라는 기자에 대해 보도했다. 조사해보니 이 기자는 참깨신용등급의 '불성실한 사람들' 리스트에 올라 있었다고 한다. 그가 처벌을 비방해 유죄판결을 받고 법원에 벌금을 낼 때 엉터리 계좌번호를 적어냈다는 것이 이유였다. 류 기자는 이체자료를 사진으로 찍어 판사에게 보냈지만 소용이 없었다. 다시 벌금을 납부한 뒤에도 그는 계속 리스트에 올라 있었다. 그런데도 류는 이 같은 현대식 가택연금에 너그러운 반응을 보였다. 이미 시장의 비리를 보도했다가 1년간 감옥살이를 한 적이 있다면서. 그때에 비하면 현재는 적어도 가족과 같이 지낼 수 있지 않느냐는 말이었다.[9]

정부는 자국이 얼굴 및 목소리 등의 생체인식 기반 인지 방식을 개발하고 이용하는 데 세계적 선두주자라는 점을 이용했다. 중국은 전 세계에서 영국 다음으로 카메라 활용 밀집도가 높다. 이미 앤트 파이낸셜의

'미소 짓는 결제' 프로그램같이 대대적인 실험이 진행되고 있는데, 이것은 고객이 친절하게 카메라를 들여다보며 결제하는 프로그램이다.[10]

한편, 중국 남부의 대도시 선전深圳에서는 보행자 신호등 부근에 대형스크린이 설치되었다. 빨간불에 길을 건너가는 보행자는 이 스크린에 모습이 뜬다. 이제 얼굴인식 기술의 발달로 시스템이 바뀌었다. 현재는 위법행위를 하는 즉시 스크린에 그 사람의 이름이 나오고, 이는 다시 웹사이트에 공개된다. 이뿐만이 아니라 직접 위챗을 통해 범법자 신원이 알려지고 그가 저지른 비행에 어떤 벌칙이 부과되는지도 공개된다. 2018년 3월, 당시 시스템으로는 범법자의 10퍼센트 정도만 확인 가능한 수준이었지만, 정부의 여러 데이터베이스가 하나로 결합되면 획기적인 개선이 이루어질 것이라고 한다. 다른 도시에서는 이미 경찰순찰차에 공공지구에서 목격되는 모든 행인과 차주의 신원을 자동으로 확인할 수 있는 승인장치가 설치되었다.[11]

위챗 앱은 여기서 그치지 않고 2018년 초부터 텐센트 및 공안부와 협력해 기능을 확대하여 전자신분증으로도 사용된다. 스마트폰을 휴대하고 앱으로 생체인식 신고를 마친 사람은, 자국에서만큼은 더 이상 국가에서 발행한 신분증을 갖고 다닐 필요가 없으며 정부 당국이나 민간기관 어디서든 신원을 증명할 수 있다. 아무튼 중국에서는 신분증명이 안 되는 개인이 플랫폼 서비스를 받는 것은 더 이상 허용되지 않는다. 이것은 대개 얼굴인식을 통해 발생하고 있다.[12] 사람이 그만큼 자신의 기기와 깊숙이 결속돼 있는 것이다.

서구의 칭송

'현금보다 좋은 동맹'은 결제 디지털화 분야에서 획기적 발전을 이룬 중국에 감격하고 있다. 또 이들은 모든 인도인을 상대로 한 생체인식 기반의 메가 데이터베이스도 모범 사례로 본다. 2017년, 양국의 실정을 보도한 유럽은 알리페이와 위챗이 불과 4년 만에 3조 규모로 디지털결제 과정을 20배 확장한 것을 축하하고 있다. 이는 금융포용 분야에서 어마어마한 진전이라는 것이다. 보도 내용은 길었지만, 이런 데이터를 먹고사는 정부의 섬뜩한 사회점수시스템에 대해서는 짤막한 언급만 남겼다. 괴물 같은 이 프로젝트의 문제점은 축하 내용과는 거리가 있는 한 문장으로 이렇게 암시될 뿐이다. '개인정보 보호와 시민의 자유라는 측면에서, 중국에서 이런 데이터가 사용될 가능성에 대한 우려가 나오고 있다.' 바로 이것이다. 이 밖에는 모든 것이 최고이고 본받을 만하다는 식이다.[13] 하지만 '현금보다 좋은 동맹'은 중국 밖에서는 개인정보가 훨씬 안전하게 보호된다고 안심시킨다. 그러므로 디지털화와 빅데이터 수집 행각은 일반적으로 본받을 일이라는 것이다.

이것은 달리 볼 수도 있는 문제다. G20 정부의 위임으로 현금 퇴치에 발 벗고 나선 이 '동맹'이 사실상 아프리카와 인도에는 존재하지 않는 개인정보 보호에 대한 언급을 잊은 것과는 별개로, 총체적인 감시와 행동조작에 맞선 기본권 보호라는 측면에서 보면 부유한 서구 선진국에서도 의문이 제기될 수 있다는 말이다. 중국은 단지 우리 모두가 떠밀려 가는 방향으로 더 빨리 나가고 있는 것일 뿐이다.

미국에 밉보이면 끝장이다

이미 언급했듯이, 아마존은 구매를 간편하게 하기 위해 아마존 고 매장의 감시기술을 이용할 뿐 아니라 보안기관을 상대로 그 기술을 상품화하기까지 한다.

금융 감시로 얻은 정보를 이용하는 경우, 서구는 중국에서와 꼭 닮은 방법을 적용한다. 영국정부는 외국에서 들어온 이주민들에게 금융제재라는 카드를 내민다. 2018년 1월부터 영국의 모든 은행은 3개월마다 7,000만 개의 예금계좌를 정상 체류자격을 갖추지 못한 외국인 블랙리스트와 대조해야 한다. 굳이 확인할 필요도 없이 이는 '불법 이민에 적대적 풍토'를 조성하는 데 기여한다. 이 리스트에 오른 계좌는 '당사자들이 영국에서 정상적 삶을 영위하는 것을 힘들게 하기 위해' 동결된다. 은행은 실수를 저질러도 스스로 교정하는 것을 허용하지 않는다. 은행이 외국인에게 (모든 합법적 외국인에게까지) 계좌를 개설해주지 않음으로써 발생하는 분노와 그에 따른 비용을 외면할 때는 위험이 발생한다. 정부는 이 위험을 훤히 꿰뚫고 있으면서도 기꺼이 감수한다.[14]

기업 차원에서는, 특히 금융업의 경우 파놉티콘 환경에서 나오는 '위축효과'는 이미 수년 전부터 대대적으로 나타났다. 미국의 대기업과 대형은행은 일반적으로 워싱턴과의 관계가 매끄럽지 않은 국가에서는, 또 그런 국가와는 더 이상 사업을 진행하지 않는다. 이것을 전문용어로 미화시켜 '디리스킹De-risking', 즉 '위험경감'이라고 부른다. 이때의 위험이란 미국법을 위반했다고 미국 정부가 판단한 사업의 경우 엄한 처벌이 따른다는 뜻이다. 특히 문제가 되는 것은, 모든 관련법 및 국제법과 조화를 이루는 미국의 '밖에서' 벌이는 '외국' 기업의 사업이다. 미국 정부는 이들을 주목하는 데 그치지 않고, 모든 금융기관이 달러로 거래할 것과, 미국에서 꽤 큰 사업을 벌이는 기업은 모두 미국법을 준수할 것을 요구한다. 그렇게 요구할 수 있는 까닭은 그럴 만한 힘을 갖고 있어서다. 또 국제적 운영조직을 갖춘 은행이라면 달러로 거래할 수 있어야 하기 때문이다. 만일 미국 정부가 달러 거래 자격을 취소하면 그 은행은 끝장이 난다. 대기업 본사가 어딘가에서 미국법을 준수하지 않을 때는 나머지 경영진과 기업 자체까지 블랙리스트에 오른다.

금융사업이 미국 정부에 노출되지 않는 경우란 거의 없다. 국경을 넘는 거의 모든 결제는 벨기에에 있는 스위프트Swift(국제은행 간 통신협정)를 통해 처리된다. 혹여나 발생할지도 모를 테러나 기타 범죄행위를 감시하려면, 스위프트 정보에 접속하는 것이 아주 절실하다. 각국의 경제스파이나 비밀탐지 활동을 위해서도 마찬가지다. 미국의 정보기관 NSA가 중동 은행을 감시하기 위해 스위프트에 대한 접속권한을 얻었다는 소식이 처음으로 들려온 것은 2017년 4월이다. 전문가들은 해커그룹 섀도 브로커스Shadow Brokers의 문서가 폭로한 이 내용을 사실로 판단했다. 이미 2010년에도 미국이 허가 없이 스위프트의 거래내역을 대대적으로 조사한 것 같다는 사실이 공개되었다. 이와 관련해 앞으로는 유럽연합의 경찰 당국인 유로폴Europol로부터 감시청원을 허가받은 연후에 접속할 수 있게 하자는 데 의견이 일치한다. 하지만 2013년에 전 비밀정보원 에드워드 스노든

Edward Snowden이 폭로한 내용에 따르면, NSA가 스위프트로부터 광범위하게 정보를 캐내왔다는 정황이 고스란히 드러난다. 이에 대해 EU 의회는 스위프트에 대한 미국의 접근을 차단하려고 했지만, 평소에 고분고분하던 EU 이사회는 이 요구를 거절했다.[15]

미국 정부가 스위프트를 통해 또 그 밖의 다른 방법으로 달갑지 않은 금융거래를 알아챌 위험성이 있다는 것을 생각하면, 실제로 미국이 그 정보를 활용할 수 있는가와는 상관없이, 모든 은행은 개인과 기업, 국가에 가하는 미국의 제재를 따르는 것이 온당하다. 그러므로 추측이든 사실이든, 그렇게 끊임없이 감시스캔들이 퍼지는 것은 철저하게 워싱턴의 이익에 속한다. 이것이 순수한 형태의 파놉티콘 원칙이다. 그러니 앞으로 미국에 체류할 때 체포나 파산의 위험을 무릅쓸 사람이 있겠는가? 미국의 대 이란제재가 풀리고 나서도 독일은행들은 수년간 미국 눈치를 보며 이란과의 금융거래를 기피했다. 그들은 2018년 5월 트럼프 대통령이 미국은 국제적으로 합의되고 유엔 안보리 승인을 받은 이란과의 핵 협정에 더 이상 연연하지 않을 것이며, 이 틀에서 종료된 제재를 재추진하지 않을 것이라고 말했을 때에서야 이란과 무관함을 인정받았다고 느꼈을 것이다. 이 원칙을 중요하게 만든 사람은 2018년 1월, 터키의 은행가 메메트 아틸라에 대한 재판에 관여한 뉴욕의 한 검사였다. 터키 국영은행의 국제부 팀장인 아틸라는 이 은행이 미국의 대 이란 금수조치를 지키지 않아서 음모와 은행사기 혐의로 유죄선고를 받은 인물이다. 김준 Joon Kim 검사는 이렇게 말했다. "미국법을 우회하여 제재 대상국을 돕는 결정을 내릴 수 있다. 아니면 국제적 은행공동체의 일원이 돼 미국 달러로 사업을 하는 결정을 내릴 수도 있다. 하지만 두 가지를 다 할 수는 없다."

2018'년 초, 워싱턴은 국외까지 세력을 뻗쳐 (의도했든 안 했든) 이란 외무장관이 뮌헨 안보회의에 참석하지 못하도록 만들 뻔했다. 미국의 재재를 어기는 것이 두려워 어떤 석유회사도 이란 정부의 에어버스에 급유를 해주지 않았기 때문이다. 결국 독일연방군이 나토의 주요 파트너로서 워싱턴을 어렵사리 블랙리스트에 올리는 식으로 개입할 수밖에 없었다.[16]

미국 정부에 별도 우선순위가 있을 때, 국제 사업에서 국내법과 국제법을 준수하는 것이 얼마나 쓸모없는지는 특별지정 제재리스트[SDN]에서 갑자기 자기 이름을 재발견한 울리히 비퍼만도 경험한 바다. 중국 정부의 블랙리스트에 오른 류후 기자와 혼동하지 말기를 바란다. SDN 리스트에는 테러자금을 지원하거나 대량살상무기를 퍼트린다는 의심을 받는 사람이나 기업이 올라 있다. 미 재무부는 그들 멋대로 리스트를 채운다. 《프랑크푸르터 알게마이네 차이퉁》이 보도했듯이, 비퍼만은 리스회사인 도이치 포르페[Deutsche Forfait]의 대표이사로서 이란 사업을 담당했다. 도이치 포르페는 수출업자로부터 미수금 청구권을 할인된 가격에 사들이고 대금은 외국에 있는 해당 고객에게 다시 받는 일을 한다. 이 사업은 독일 연방은행으로부터 매번 허가를 받았다. 또 연방은행의 사후검사도 모든 것이 독일 및 국제규정에 어긋나지 않는다는 것을 확인해주었다.

그런데 이란과의 이 사업이 미국의 심기를 건드린 적이 있었다. 도이치 포르페는 2014년 미국의 블랙리스트에 오른 뒤 파산위기에 내몰렸다. 비퍼만을 해고하라는 미국의 명령을 따른 뒤에 회사이름이 리스트에서 지워지기는 했지만 그래도 결국 파산을 막지는 못했다. 해고된 비퍼만은 은행계좌와 신용카드를 해지한다는 통고를 받았다. 도이치 텔레콤은 그에게 더 이상 애플 휴대전화를 개설해주려고 하지 않았으며 독일의 한 운송회사도 미국의 리스트에 올랐다는 이유로 비퍼만의 가구 운송을 거절했다. 블랙리스트에서 이름을 삭제해달라는 워싱턴의 청원과 관련해 비퍼만은 협박을 받았다. 이란의 사업파트너에 대해 그가 알고 있는 것과 정확히 상대와 무슨 거래를 했는지 등, 모든 것을 먼저 미 재무부에 빠짐없이 알리라는 것이었다. 직원채용 공고에 응했을 때 나온 구두질의를 통해, 비퍼만이 러시아와 중동으로 여행한 것을 면접관이 소상히 알고 있다는 사실이 드러났다. 그는 미국 스파이로 활동할 생각이 없었기 때문에 이들의 제안을 거절했다. 그 결과 비퍼만의 이름은 계속 블랙리스트에 남았다.[17]

요즘 비퍼만은 이런 자신의 결정이 잘된 것이라고 생각한다. 2016년에 샤하브 만추리라는 사람이 파산관재인으로부터 포르페의 다수 지분을 달랑 750만 유로에 인수했는데, 대표이사가 된 새 주인은 직접 영업을 개시하려고 했다. 그런데 6개월 뒤, 이 사람은 테헤란에서 체포되고 2018년 초 스파이 행위로 6년형을 언도받았다.[18]

상업은행의 직원 4명에게도 이와 비슷한 일이 벌어졌다. 상업은행은 뉴욕지점을 통해 이란사업에 대한 모든 문서와 통신 내역을 밝히라는 강요를 받았다. 상업은행은 미 재무부가 멋대로 부과한 130만 달러의 벌금을 받아들였다. 달러 취급 허가를 잃게 될까 봐 두려

웠기 때문이다. 비엔피 파리바$^{BNP\ Paribas}$ 같은 다른 은행은 이보다 훨씬 더 많은 벌금을 수용했다. 아무 잘못 없이 미 정부의 압력으로 해고된 독일 상업은행의 직원 4명은 보상금을 준다는 데도 반발했다. 미국 정부의 눈 밖에 난 은행은 사실상 금융권에서 더 이상 발붙일 기회가 없다. 상업은행은 2년간 모든 공식경로를 통해 직원들을 구제하려 했지만 독일 연방노동법원이 다시 패소할 거라는 신호를 보내자 어쩔 수 없이 포기했다. 미국 측 주장에 따르면, 회사는 그 직원들을 달러 거래와 연관된 업무에서 배제했어야 했다. 독일 상업은행은 미 재무부와 타협하는 과정에서 그들 스스로 대가를 지불해가며 미국의 충견이 되었다. 이 은행은 사실상 이란뿐 아니라 그 밖에 미국에 밉보인 나라와의 사업에서도 손을 뗐다.[19]

　우루과이의 예도 적잖은 교훈을 준다. 미국의 몇몇 주처럼, 우루과이 정부는 규제를 전제로 대마초 반출을 합법화했다. 이는 마약 관련 범죄와 불법적인 마약 거래를 피하려는 절차다. 우루과이에서 면허가 있는 약국은 규제약물을 판매한다. 얼마 지나지 않아 미국의 제휴은행으로부터 압력을 받은 우루과이 국내은행이 이 약국들의 계좌를 해지하겠다고 경고한다. 여기에 관여한 것은 국영은행 방코 레푸블리카였는데 하지만 이 은행마저 얼마 뒤 미국 대형은행들로부터 최후통첩을 받았다. 계속 간섭하면 달러 취급자격을 박탈하겠다는 내용이었다. 국제법상 미국에서만 효력이 있는 미국 애국자법$^{Patriot\ Act}$이 대마초 판매 대금 거래를 불법화한 것이 그 배경이다. 미국의 규제기관은 아무튼 대마초를 합법화한 주를 상대로 은행이 해당기업에 금융지원을 해도 추적받지 않는다는 점을 알리려고 노력해왔다. 하지만 우루과이에 대해서는 그런 면제조항을 인정하지 않았다. 방코 레푸블리카는 최후통첩을 따르겠다고 발표했다. 미국법이 정작 국내에선 예외가 되고 국외에서 적용되어도 별로 이상하지 않은 것이 현실이다.[20]

폭로 사이트인 위키리크스의 경우에는 미국 정부가 몇몇 대형 결제서비스 업체에 보낸 비공식 청원만 봐도 충분히 짐작할 만하다. 투명하게 운영되는 이 고분고분하지 않은 포털사이트는 주요 기부채널이 차단됐다.[21] 간접적으로 다시 기부채널과 연결되기까지는 시간이 걸렸고 아직도 여전히 불안정한 상태다. 2018년 4월, 캘리포니아에 소재한 대형 암호화폐 거래소인 코인베이스는 비트코인과 다른 암호화폐를 이용해 위키리크스 숍에 대한 결제를 차단했다. 코인베이스의 방침으로 인해 티셔츠와 위키리크스 로고 제품을 파는 매장이 어떤 손실을 입는지는 알려지지 않았다.[22]

미국 카지노가 도박독점권을 행사하는 사소한 사안에도 달러 종주국의 제재권한이 이용되었다. 2006년에 제정된 불법 인터넷 도박금지법은[23] 2011년 이후 전 세계에서 적용되고 있으며, 금지된 도박 자금을 받으면 처벌을 받는다. 미국인에게 이런 도박은 금지사항이다. 다만 기소될 경우, 도박을 한 당사자나 미국의 결제서비스 업체가 아닌 외국의 도박 제공업소가 대상이 된다. 인터넷 주사위게임 같은, 아주 미미한 금액의 별것 아닌 문제여도 그렇다. 여기저기 떠도는 이런 업소의 운영자들은 구속되기까지 했다.

준비된 현장감독

미 재무부에 대한 공포에서 생겨난 '디리스킹'은 국제은행 간의 관계를 가지치고 구미에 맞게 솎아낸다. 이런 추이는 미국 정부와 정치적 분쟁에 있는 국가뿐 아니라 공공행정과 법치주의가 선진국 수준에 미치지 못하는 나라에도 해당된다. 세계은행의 연구에 따르면, 외국인 노동자의 수표발행과 국제송금은 대개 '디리스킹'에 해당하는 결제 방식에 속한다. 게다가 해당국 중소 수출업자들에게 지역은행을 통한 무역금융은 점점 더 어려워지고 있다. 이들이 최종 목적지에서 거래할 은행을 찾을 수 없기 때문이다.[24]

이런 어려움은 특히 미국이 지배하는 '현금보다 좋은 동맹' 및 그 패거리의 뻔뻔한 행각과 더불어 결제의 디지털화에 관한 주요 논란으로 불거져 나온다. 그들은 외국인 노동자가 고국 송금이나 원조금 수령에서 어려움을 겪는 것이 마치 널리 퍼진 현금사용 관행 때문인 것처럼 말한다. 이때 미국 정부가 국제법과 어긋나는 방향으로 국내법을 적용함으로서 이른바 금융배제가 발생한다.

하지만 까다로운 감독 역할을 맡은 워싱턴은 단지 엄격하기만 한 것이 아니라 도움을 주려는 제스처를 보이기도 한다. 즉, 해당국 국민들을 생체인식 방식으로 파악하려 들고, 이를 통해 혁신적인 결제 서비스 업체는 현지기업과 국민을 상대로 국제송금을 유리한 조건으로 제공한다. 이런 기회 부여가 대부분 실리콘밸리에서 나오거나 아니면 그곳의 소프트웨어 및 하드웨어와 연관돼 있다는 것 그리고 종종 마스터카드나 비자의 협조를 받는다는 것은 이 같은 시스템의 언급되지 않은 장점에 속한다. 그 비용은 세계은행이나 UN을 매개로 하는 국제공동체가 부담한다. 또한 그 나머지 비용은 부당이득을 취한 해당업체 및 소속재단이 자선활동과 사회적 책임의 차원에서 선선히 그들의 계좌로 계산한다.

금융안정위원회FSB는 그림자 세력 휘하에 있는 비공식적인 최고 협력위원회다. 2018년 3월 FSB는 디리스킹에 대한 보고서를 공개했는데 이를 보면 송금 관련 문제가 얼마나 큰 비중을 차지하고 있는지 알 수 있다. 8개국에서 외국인 노동자가 고국에 송금한 돈은 연간 경제생산량의 20퍼센트가 넘으며, 다른 21개국에서는 10퍼센트 이상을 차지했다. 외국인 노동자가 고국송금에 이용하는 많은 서비스는 은행 부문과의 연결고리를 상실했다. FSB의 권고사항을 들여다보면 이런 문제의 원인 해결에 방향을 맞춘 것은 없으며 또한 어디에서도 미국 쪽에 원인이 있다고 지적하지 않는다. 그 대신 국제적 감독기관이 혁신 친화적으로 규제하고 고객의 신원확인과 핀테크 회사의 출현을 위해 새로운 디지털기술을 촉진할 것을 권고한다. FSB는 세계은행과 IMF를 향해 현금의 역할을 축소하는 쪽으로 유도하라고 말한다. 또 적나라하게 표현하지는 않았지만, 가능한 추가 조치로 개인정보 보호 폐지를 화제에 올리기도 한다. 그리고 해당 금융기관의 데이터베이스를 서로 연결해 모든 기관이 과거에 오간 모든 입출금 내역을 불러낼 수 있도록 할 것을 장려한다.[25]

미국 정부가 노리는 효과는 뻔하다. 문제가 불거진 국가에 미국 금융 및 IT 기업의 지배력을 강화시키려는 것이다. 그렇게 되면 데이터의 흐름을 개선하고 의도적인 제재를 통해 압력을 행사할 기회가 늘어날 것이다. 이것은 왜 '디리스킹'같이 해로운 것이 그렇게 오랜 동안 계속되는지, 그리고 왜 능력이 있으면서도 대책을 세우는 대신 상황을 더 악화시키는지를 해명하는 데 도움이 될 것이다. 이런 상황은 오로지 미국기업의 세력을 키우는 데 기여할 뿐이다.

미국은 동아프리카 국가인 소말리아와 그 국민에 대한 금융제재를 통해 국제적 금융시스템의 접근을 전반적으로 차단했고, 그 결과 그곳의 경제적·인도적 상황은 거의 재앙에 가까운 수준에 이르렀다. 그곳에서 국제개발처USAID는 전쟁지역으로 들어가는 돈의 흐름을 디지털화하고 그 방향으로 문제를 해결하는 일에 매달리고 있다. 국제개발처는 이런 과제를 쉬운 방법으로 관리, 해결하기 위해 모든 주요 민관영 원조기구를 '현금학습집단Cash Learning Group'이라는 이름의 초국가적 포럼으로 결속시켰다. 이 기구는 '현금'으로 이루어지는 인도적 지원을 가능하면 디지털 방식으로 전환하도록 유도한다.[26] 미국 정부의 비밀취급인가 없이는 소말리아로 원조금과 임금을 송금하지 못할 위험이 따른다. 그 관리방침에 따르는 것 말고 원조기구가 달리 선택할 길은 거의 없다. EU 이사회와 국제개발처는 '현금학습집단'의 주요 기부단체다. 그곳에는 해외사무소도 나와 있다.[27]

하지만 국제개발처가 '현금지원Cash Transfers'이라고 부르는 것은 '현금Cash'이 아닌 모바일 통화 혹은 전자결제카드를 통해 유통된다. 2017년에 이미 소말리아 인구의 4분의 1에 해당하는 300만 명이 이런 방법으로 등록되고 부양을 받았다. 2018년 1월 이후, 비교적 느슨하게 운영되던 '동맹'은 엄격한 원조 연합체로 변해 공동 운영되고 있다. 핵심 목표는 누가 얼마나 많은 돈을 누구로부터 받아

왔는지를 저장하는 중앙데이터베이스를 구축하는 것이다. 또 개인의 정확한 현재 입지와 정보를 추가 입력하는 것이다. 당연히 그들은 겉으로는 이것이 난민의 이동을 감시하거나 저지하고 다른 방향으로 유도하기 위해서가 아니라, 이중결제와 허점을 방비하기 위해서라고 말한다.

조여오는 압박의 끈

소말리아에서 멀리 떨어져 있다는 이유로, 그리고 대 이란사업에서 임대관리인이나 상업은행 직원의 역할과 무관하다는 이유로 안심해선 안 된다. 실제상황과 상관없이 안전은 장담할 수 없는 것이, 압박의 손길이 다가오고 있기 때문이다. 독일에서도 이미 고객의 태도를 간접적으로 평가하고 조종하는 사회점수 형태의 조치가 생겨났다. 예를 들면 2018년 4월, 고객이 신용카드를 사용해 도박을 할 경우, 많은 은행이 추가요금을 요구한다는 사실이 우연히 알려졌다. 잉 디바ING-DiBa 은행이라면 카지노 칩이나 베팅숍에서 파는 축구경기 판돈에는 최소 3.90유로에 이르는 3퍼센트의 추가 수수료가 붙는다. 이 은행은《프랑크푸르터 알게마이네 차이퉁》기자의 물음에, 이는 사업상 결정에 따른 조치로 다른 은행도 똑같이 한다고 설명했다. 그리고 보도에 따르면 실제로 콘조르방크Consorsbank나 콤디렉트Comdirect, 포스트방크Postbank 등의 은행도 이같이 추가 수수료를 받는다.[28]

슬그머니 도입된 이 이상한 특별 수수료에 대해 별로 납득이 가지 않는 구차한 설명을 늘어놓지만, 이것은 배후에 '국제자금세탁방지기구'의 권고가 있었을 것이라는 의구심을 자아낸다. 사실 은행이 일반 대중에게 돈세탁 퇴치 문제를 사실대로 실토하는 것은 허용되지 않기 때문이다. 카지노와 베팅숍은 검은돈을 세탁하는 장소로 애용된다. 은행 입장에서도 좀 더 집중적인 감시를 위해 상습 도박자들에게서만 추가 수수료를 받고 싶을 것이다.

여하튼 이 사례는 우리가 카드결제를 할 때 무슨 일이 일어나게 될지를 극명히 보여준다. 여기서 주목할 것은 수신코드다. 상인이면 누구나 상품 분류범주에 속하는 코드를 가지고 있다. 의약품에도 분류범주가 있으며, 이를 통해 누가 얼마나 병들고 얼마나 건강한지 판단한다. 또 부채와 부부문제 상담, 심리 상담에도 코드가 주어짐으로써 누가 정신적으로 재정상으로 어려움을 겪는지, 심각한 부부문제가 있는지를 가려낸다. 데이트 주선업소와 에스코트 서비스(데이트 상대, 파티 동반자를 알선해주는 회사—옮긴이)에도 각각 번호가 있으며, 앞서 언급한 대로 도박업소도 마찬가지다. 고객이 카드로 결제하면, 상인은 고객이 추가 구매한 상품 정보까지 모조리 갖게 된다. 물론 카드 공급업체는 이런 상세정보에 접근할 수 없다고 하지만, 나로서는 이조차도 신뢰할 수 없다.

이와 무관하게 인공지능 시스템은 다양한 범주의 상인 분류와 엄청난 구매활동으로부터 고객의 성격과 생활수준이 어떤지, 언제 무엇을 하는지 등을 아주 정확히 조사할 수 있을 정도로 발전했다. 특히 이런 정보는 고객으로서의 매력과 신뢰성을 평가하는 데 이용된다. 비열한 것은 이 시스템이 엄밀히 어떤 분류범주에 의거해 평가하는지 아무도 모른다는 것이다. 그런 용도에 알맞게 프로그램을 설계할 사람은 없다. 대신 시스템이 자체적으로 학습한다. 각 요인들의 통계적 상관관계, 나아가 흥미로운 특징을 보여주는 요인의 가능한 모든 조합을 끊임없이 검증한다. 예컨대 인공지능 시스템은 돈을 갚지 않는 사람, 혹은 건강보험료를 많이 내는 사람을 통계적으로 한데 묶어주는 것이 무엇인지를 조사하는 것이다.

이와 유사한 내용을 통해 이런 범주로 등급이 매겨지면, 당사자는 비싼 보험료를 내야 하고 특별서비스 혜택 같은 건 절대 받을 수 없다. 이 프로그램이 통계적 근거를 바탕으로 여자나 유색인, 또는 어떤 집단을 차별하는지 여부를 확인할 수 있는 사람은 아무도 없다. 간혹 뭔가를 안다고 해도, 캐묻거나 교정할 수 없다. 영국 랭커스터 대학교의 한 연구자는 화면해상도를 바꿨다는 이유만으로 여러 서비스 공급업체에서 자신의 신용평가가 낮아졌다는 사실을 알게 됐다. 심지어 휴대전화 충전 빈도가 얼마나 되는가도 평가에 영향을 미치며, 어느 회사의 전화기를 사용하는지도 마찬가지다.[29]

2017년 구글은 이름을 밝히지 않은 협력업체 덕에 미국에서 신용카드 매출의 70퍼센트에 해당하는 정보를 확보했다는 놀라운 내용을 발표했다. 그러면서 이것을 이용한 신상품을 개발할 것이라고 했다. 온라인 광고업체가 광고를 통해 정체 상태에서 매출을 늘릴 수 있는지를 확인할 수 있게 해주는 상품이라는 것이었다. 구글은 수년간 이런 상품에 대한 정보보호에 매달려왔기 때문에 광고주가 개별 구매자 정보를 얻을 수는 없을 것이다. 하지만 구글이 실제로 개별 정보를 넘겨주지 않는다 해도, 결국 이런 자료를 재량껏 이용해서 상세한 결제정보를 바탕으로 사람들에 대한 문건을 작성할 수 있다는 사실은 변치 않는다.[30] 국가가 보호해주지 않는 한 이에 맞서는 유일한 방법은, 고객 관련 프로그램을 이용하지 못하도록, 또한 상인들이 전화번호나 이메일 주소 같은 고객정보를 알지 못하도록 현금결제를 하는 것이다.

서구에서 반ⁿ자유주의적 경향이 계속 강화된다면, 소셜미디어에서 정부를 비판하는 것 같은 지극히 정상적인 활동도 '가짜' 잡지와의 연관성 혹은 '허위주장을 하는' 사람들과의 접촉으로 몰아가 불이익을 주는 것이 더 이상 억지가 아니게 될 것이다. 이때 비공식적으로 조사한 (신용)평가를 통해 당근과 채찍을 사용할 수 있다. 예를 들어 개인 신용도 평가에 소셜미디어 정보를 이용하는 인도의 한 기업은 다음과 같이 솔직하게 말한다. "누군가 적극적으로 정치 활동을 하고 소셜미디어 프로필을 통해 공공연하게 정치적 운동에 참여한다면 좋은 징조가 아니다. 왜냐하면 우린 상환금을 받을 때 곤란해지고 싶지 않기 때문이다. 즉, 상환예정일이 다가올 때 이 정치집단에 있는 사람이 귀찮은 문제를 제기할 수도 있다는 의미다."[31] 사회적으로 반항적인 기질의 사람들은 각종 보험이나 휴대전화 계약, 그 밖의 모든 거래 비용이 올라갈 것이라는 소문이 퍼진다면, 중국 정부가 활용하는 사회점수와 비슷한 효과가 나타날 것이다.

미국의 대형 백화점 월마트 같은 기업은 종업원들의 건강을 지키는 데 유익하다는 명목으로 이미 그들을 위한 건강관리 프로그램 제공업체 및 보험사 정보를 이용하고 있다. 여기에는 종업원이 복용하는 의약품 정보는 물론, 그들이 무엇을 구매하는지, 투표에 참여하는지 여부도 주목을 받는다. 만약 당뇨병이 있는 종업원이면 규칙적인 건강관리를 당부하는 메시지를 받는다. 물론 이런 정책은 기업과 보험사에 이익이 될 테고, 그토록 따뜻한 친절을 베푸는 기업이 병 들었거나 질병에 취약한 종업원을 해고하는 데 그런 정보를 이용하지는 않을 것이다.[32]

케냐에서 모바일결제 시스템인 엠페사를 통해 신용도를 매기며 소셜미디어로 찾아낸 정보를 이용하는 탈라Tala와 그 지점들의 수법도 중국의 사회점수 데이터베이스를 연상시킨다. 그 밖에 엠페사의 결제과정을 통해 송신되는 문자서비스와 발신자, 수신자, 사용 목적을 포함해 잠재적 대출고객의 모든 전화정보도 평가에 이용된다. 예를 들면 어머니와 자주 통화하는 것도, 페이스북에서 높은 평가를 받는 친구들도 신용도에 도움이 된다.

보험시장의 발달과정은 사회점수 모형과 직접 견줄 수 있다. 저렴한 자동차보험에 들고 싶은 사람이면 자신의 운전습관이나 몇 가지 운동을 감시하는 데 동의할 것이다. 여태껏 고분고분하지 않던 이도 보험료가 저렴한 상품에 가입하려면 결국 보험사 요구에 동의할 것이다. 그렇게 가입자가 동의에 점점 익숙해지면 보험사는 조만간 저렴한 가격을 대가로 우리의 모든 정보를, 특히 금융정보를 얻으려고 할 것이다. 세계경제포럼 발표 자료에는 당연히 고객의 복지만을 위한다는 보험경제의 그럴듯한 약속이 명시되어 있다. 이쯤 되면 앞으로 고객은 현금으로 거래할 수 있는 상황이라면 몰라도, 위험하게 간주되는 오토바이는 인터넷에서 비교검색도 할 수 없고, 질병 검색도 하지 못할 것이며, 익스트림 스포츠의 경우 장비도 구입하지 못한다는 말이 된다. 그리고 물론 건강에 안 좋다는 술이나 담배도 구경하지 못할 것이다. 또 정부에 비판적인 사람들, 혹은 뭔가를 공개적으로 비판하는 사람들은 예컨대 보험사와의 싸움에서 가상이든 실제로든 자기 권리를 주장하기 때문에 통계적으로 위험하다는 것을 보여주는 계산모형이 나올 것이다.

중국식 사회점수 모형의 근거가 된 신용평가는 결국 중국이 아닌 미국의 발명품으로 봐야 한다. 이미 수십 년 전부터 숱한 신용평가기관이 모든 시민과 기업에 대한 정보를 모으고 있다. 대부분의 미국인은 그런 회사들의 신용평가를 10여 가지는 갖고 있다. 그 내용에 대해 계몽해주거나 정보수집의 굴레에서 벗어날 기회는 주는 업체는 극히 적다. 소셜미디어와 다른 행동분석 자료를 이용해 서류작업을 하는 경우가 이제는 드물지 않다. 정확하게 무엇이 어떤 경로를 거쳐 흘러 들어가는지는 아무도 모른다.[33] 미국의 몇몇 대기업은 전 세계적으로 신용평가를 운용한다. 그들은 이미 수십억 명의 서류를 작성해놓았다. 유럽에도 이와 비슷한 사업모델이 있고, 또 우리 자신은 전혀 모르지만 유럽과 미국의 기업에는 우리의 신용평가와 관련된 수많은 자료가 존재한다. 우리의 디지털결제 정보는 이런 정보수집사와 신용평가사에게 아주 소중하고 탐나는 자료가 된다.

페이팔 데이터는 어디로 가는가

그런 의미에서 세계적으로 앞서가는 인터넷결제 시스템인 페이팔이 수집한 데이터는 어떻게 되는지 살펴보자. 누가 페이팔을 통해 정보를 얻고, 그것은 다시 누구에게 가는가? 우리가 이 연쇄정보를 알게 된 것은, 개인정보보호법에 따라 페이팔이 고객 데이터를 제공하는 기업 및 기타 기관에 대한 독일어 리스트를 발표했기 때문이다. 이 리스트는 데이터의 종류와 전달 목적에 따라 분류된다. 수십 쪽으로 인쇄된 이 리스트는 매우 인상적이다.[34] 여기서는 조금만 발췌해도 충분하다.

신원확인 데이터와 계좌잔고, 거래 자료가 포함된 고객정보는 전 세계의 아웃소싱 고객서비스를 위해 약 30개의 기업으로 넘어가는데, 이 중에 아르바토 폰 베르텔스만도 있다. 사람들의 프로필을 작성해 마케팅이나 기타의 목적으로 판매하는 기업이다. 해당 데이터는 또 국내법상 정보기관과 형사소추 당국의 요구에 응할 의무가 있는 미국의 여러 기업으로 전달되기도 한다.

사실상 모든 데이터는 온갖 목적으로 신용평가기관들 수십 곳을 비롯한 여러 기업으로 흘러가는데, 그중 다수는 영국이나 미국에 있다. 여기서 페이팔은 신용평가기관과 그 밖의 기업이 이 데이터를 무제한으로 저장할 수 있음을 암시한다. 고객정보는 사기 방지와 신제품 실험이라는 기이한 목적이 결합돼 미국 기업 세 곳과 영국의 이동통신사인 텔레포니카로 넘어간다. 방대한 데이터 세트는 아쿠미오금융서비스Accumio Finance Services와 CEG신용혁신보니버줌CEG Creditreform Boniversum, 뷔르겔경제정보Bürgel Wirtschaftsinformationen, 인포스코어컨슈머Infoscore Consumer, 인포르마솔루션Informa Solutions, 슈파Schufa 같은 신용평가기관으로 흘러간다. 그리고 거기서부터 다시 전 세계로 전달될 것이다. 이런 전달권한을 용도에 따라 구속하거나 제한하는 규정은 존재하지 않는 것으로 보인다. 인적정보 수집 부문에서 세계적으로 앞선 액시엄Acxiom은 지구촌 주민 다수를 대상으로 방대한 서류를 관리하는데 여기로 이름과 전화번호, 이메일 주소, 생년월일 같은 것이 흘러들어간다. 또 미국의 스레트메트릭스ThreatMetrix Inc.라는 기관은 우리의 기기 아이디와 IP 주소, 쿠키나 이메일 주소 등, 서비스를 신청할 때 파악되는 온갖 정보를 확보한다. 여기서 정보는 리스크 관련 정보를 만들어내고 다시 기이한 조합으로 신제품 테스트에 도움을 준다.

미텍 시스템Mitek Systems Inc.은 신원확인 서류의 타당성 검토와 신제품 및 서비스 테스트를 위해 미국에 들어온 신원확인 서류와 그 밖의 개인정보, 신용검증용 온갖 데이터를 받는다. 똑같은 자료는 또 문서자료 자동판독 전문회사인 키프로스의 오텐틱스Au10tix Limited로 들어간다. 세계적으로 앞선 또 다른 미국의 데이터 수집업체 주트 엔터프라이즈Zoot Enterprises는 '사기 및 신용조사소와 교환하기 위해' 우리의 온갖 문서와 사실상 모든 정보를 받는다. 미국의 퍼스트 데이터코퍼레이션First Data Corporation으로는 '모든 계좌정보와 관계서류가' 각각의 목적으로 '저장하기 위해' 흘러들어간다. 그 밖에 '계좌정보와 IP 주소, 신용카드 정보'가 미국의 맥스 마인드Max Mind Inc.라는 회사로 넘어가며 사기 방지라는 목적으로 저장되지만, 전 세계 제3자에게 넘어갈 가능성도 농후하다.

이미 늦었더라도 여기서 분명히 해야 할 것은 페이팔이 우리로부터 얻거나 수집한 모든 정보는 세계의 온갖 주요 데이터베이스에서 부풀려진다는 것이다. 모든 것이 거기에 영구적으로 저장된다. 페이팔의 최고경영자 댄 슐만이 금융포용은 사람들을 '시스템 안으로 끌어들이는 것'이라고 했을 때, 그 의미는 다시 한 번 분명해진다. 독일이나 유럽의 법에 따르면, 일반적인 사업에서 서비스 이용조건으로 그런 식의 광범위한 권한을 허용한다는 것은 있을 수 없다. 하지만 담당 권한은 세금 천국인 룩셈부르크의 개인정보 보호국에 있다. 그리고 이 기관은 세무 당국과 마찬가지로 무엇보다 이 작은 국가를 대기업의 매력적인 활동현장으로 관리한다는 목표를 세웠다.

그러므로 우리 모두는 특성이나 행동으로 일반화할 수 있는 속성에 따라 분류된다. 즉, 매력 없는 범주로 분류되면 공급업체로부터 불리한 서비스만 받을 수도 있다는 뜻이다. 당사자는 이를 절대 깨닫지 못한다. 만일 잠재적인 고용주 혹은 임대인이 이런 정보를 탐문한다거나 누군가 낮은 평가 때문에 괜찮은 일자리나 마음에 드는 집을 적정 가격에 얻지 못할 때, 이것은 생존과 직결되는 문제가 된다. 물론 정보가 잘못되었을 수도 있다. 하지만 그 결과로 고통받는 사람은 대개 아무것도 모를 테니, 당연히 고칠 수도 없다. 권위적인 정부와 정보기관이 이런 데이터 세트를 요주의 인물이나 반체제 인사를 억압하는 데 이용하는 것을 막을 방법은 묘연하다.

이런 수법을 확실히 알고 싶다면 (중국 모델처럼 포괄적인 성격평가와 행동제어를 위해) 마스터카드 재단 같은 관련기구가 아프리카에 사용하는 방식을 확인하면 된다. 개인정보가 보호되는 선진국과 선진국 국민에 대한 계획에서 표현한 것과 달리, 이들은 여기서는 주의를 기울이지 않는다. 이와 관련해 마스터카드의 앤 케언스 사장은 레바논과 요르단의 수용소 난민에게 결제카드를 주는 것이 얼마나 좋은 일인지 솔직하게 말한다. "디지털결제 방식을 통해 실제로 자금이 먹거리와 의료비에만 지출되는지 여부를 통제할 수 있지요. 술 같은 다른 품목은 자동적으로 차단할 수 있답니다.”**35**

따라서 세심한 독자는 '신용평가의 다음 단계를 점화하기 위해' 빅 데이터가 점점 중요해짐을 알게 된다. 일단 금융정보를 통해 결제 의무를 충족할 능력이 있음을 확인했으면, 이제 어떻게 하면 선선히 결제하도록 만들 것인지 확인하는 것이 중요하다. 그리고 이런 판단 자료로 한 사람의 성격과 선호도를 나타내는 모든 정보가 흘러들어간다. 동아프리카의 빅 데이터 및 금융포용을 위한 신용카드재단 자료에는 '성격이나 특성을 판단하기 위한 온라인 퍼즐이나 페이스북 분석을 포함한 심리측정 데이터는 갈수록 중요해진다'라고 되어 있다. 고객 수 기준, 아프리카 최대은행이자 영국 및 유럽 주주들이 상당 지분을 소유하고 있는 이퀴티 은행은 이미 심리측정 평가 모델을 통해 실험을 마쳤고(아프리카는 실험여건이 좋은 편이다) 그것을 유용한 시도로 평가했다고 자료는 밝히고 있다. 전 지역에 심리측정을 실시하는 계획을 가리키는 말이다.**36**

우리는 또한 디지털 세계에서 언제나 클릭으로 평가받는다. 승차 공유 서비스 우버를 이용하는 사람은 점수로 표현되는 등급을 받는다. 이메일을 확실히 열어보는지의 여부도 평가 대상이다. 훗날 일정한 등급 형태로 사용하기 위해 클릭 하나하나가 등록되고 저장된다. 얼마나 걷고 달리는지, 혹은 앉아 있는지를 측정하는 건강 앱을 따돌리기 위한 앱도 이미 판매되고 있다. 영업 전략도 거기에 맞춰져 있다. “이 앱은 당신이 앉아 있거나 맥주를 마시거나 담배를 피우고 싶을 때도 당신이 운동한 것으로 기록해줍니다. 이제는 당신의 건강보험료가 오를 걱정은 할 필요가 없습니다.”

모든 등급은 다른 등급을 위한 기준으로 이용되고 거기에 영향을 준다. 우수 등급을 받은 사람은 보다 나은, 혹은 저렴한 서비스를 받는다. 더 이상 익명과 현금으로 결제할 수 없게 될 때, 언젠가 온갖 데이터가 대기업이나 데이터상인의 손에서 뒤섞일 때, 자의적으로 행동을 제어하고 조절하는 모든 시스템은 급변할 것이다. 조지 오웰이 그럴듯하게 이름붙인 '반사회적 사고'를 탐지하는 데 사용되는 기준은 비밀에 부쳐질 것이다. 파놉티즘을 이용한 행동조종이 중요할 때, 그 기준을 감지할 수는 있어도 상세히 파악하는 것은 불가능하도록 관리할 것이다. 그러면 원하는 방식으로 행동을 개선할 만큼의 정보는 얻을지라도 평가 알고리즘을 따돌릴 정도의 정보는 얻지 못할 것이다.

정보요원의 도움과 명령

미국의 IT 대기업은 모두 국가안보기구와 연관이 있다. 사실 인터넷도 미 군부의 방위고등연구계획국DARPA에 기원을 두고 있다. DARPA는 언어인지와 스마트폰 화면에 필요한 중합체Polymer뿐만 아니라 기기를 통해 인터넷을 이용하게 해주는 그래픽 사용자 인터페이스도 그들이 후원해 개발됐다고 자랑한다.[37]

DARPA와 CIA의 벤처캐피털 회사 인큐텔은 과학자와 신생기업이 군부와 정보기관에 요긴한 기술자를 양성할 때, 재정지원을 포함해 여러 가지를 후원한다. 개인 연구원과 기업에는 상업적 이용을 위한 특허와 법적 혜택이 주어진다. 정부 지원을 받는 신생기업은 때가 되면 대부분 실리콘밸리 5대 기업에 매각돼 그들이 개발한 기술이 이들 대기업으로 집중되는 현상이 발생한다.

린다 웨이스는 여기서 파생되는 조직을 저서 《미국주식회사?*America Inc.?*》에서 '민관혼합경제'라고 불렀다.[38] 구글 지도는 인큐텔이 후원하는 회사 키홀Keyhole Inc.이 개발한 것이다. 컴퓨터 사용자들이 마이크로소프트 서버에서 프로그램과 데이터를 구동하는 클라우드 기술은 인큐텔이 공동 지원하는 프레임 같은 기업에서 개발했다. 웨이스에 따르면, 주로 미 정보기관으로부터 해마다 2억 5,000만 달러를 지원받는 미국 중소기업혁신연구프로그램SBIR은 미국 하이테크 신흥기업의 가장 중요한 자금원이다. 웨이스는 2002년 의회에 제출한 국방부 보고서를 인용하고 있는데, 여기서는 그 기획의도를 이렇게 설명한다. '최종 목표는 기술 우위의 적절한 방어시스템을 구축하고 동시에 산업기반을 강화하기 위해 국가안보 목적으로 개발되는 기술을 민간부문과 확실히 통합하는 것이다.' 경제학자 마리아나 마추카토는 애플의 역사를 좀 더 가까이에서 분석하고 흥미로운 상관관계를 이끌어냈다. 그녀의 연구에 따르면, 군대와 정보기관으로부터 후원받아 자사 기술을 상업화한 것이 애플의 성공요인이었다는 것이다.[39]

군부와 밀착된 랜드 코퍼레이션의 경제학자 마틴 리비키Martin Libicki는 2007년 저서 《사이버공간 정복*Eroberung im Cyberspace*》에서 노골적으로 추구한 전략을 설명했다. 즉, 마이크로소프트 같은 미국 기술에 의존하게 만드는 방법으로 특정 국가를 평화적으로 정복할 수 있다는 것이다.[40]

전략지정학자로서 미국 정부의 안보보좌관을 역임한 즈비그뉴 브레진스키는 1969년, DARPA가 몇몇 대학의 컴퓨터를 인터넷의 전신인 아르파넷Arpanet에 연결한 그때부터 미국을 위한 모종의 도구가 나올 것을 이미 간파했다. 브레진스키는 저서《두 시대 사이에서 Between Two Ages》에서 이렇게 말하고 있다. '미국은 (⋯⋯) 세계적인 정보망 개발을 추진하고 있다. (⋯⋯) 사상 최초로 인류의 축적된 지식은 세계적인 차원에서 접속 가능하게 될 것이다.' 이 책은 다가오는 정보화시대에 가능한 기술에서 비롯된, 비군사 분야에서 행사되는 세계적인 힘의 다양한 지형을 다룬다.

군부와 정보기관이 미 정부를 위해 내린 선행조치 결과, 부분적으로 5대 기술 대기업이 세계적인 반독점사업을 통해 유연한 세력을 확장하게 됐다. 나머지 성과는 이들 기업이 애써 키운 인물의 어떠한 요청도 거절하지 않는 것에서 짐작 가능하다. 그리고 이런 성과는, 늦어도 2013년 이후로는 우리 모두가 알고 있다시피, 가령 알파벳(구글)의 전 회장 에릭 슈미트가 아마존의 제프 베조스가 속했던 펜타곤 국방개혁위원회 의장에 오른 것에 그치지 않는다.

2013년 에드워드 스노든이 폭로한 기밀문서에 따르면, 미국의 모든 IT 대기업 및 인터넷회사는 은행과 마찬가지로 실제로 전 세계의 데이터 및 지불거래를 전반적으로 감시하면서 미 정보기관인 NSA를 도왔다. 이 사실이 알려진 후, 이들 대기업은 더 이상 정보를 전달하지 않겠다고 대중 앞에 굳게 다짐했지만, 이에 대해 미국 기자 제임스 뱀포트는 '그 같은 유착관계가 들통 날 때마다 비난을 모면하기 위해 일시적으로 중단할 뿐 그들은 결국 다시 시작한다'[41]라고 논평했다. 이때 감시 목적으로 미 대기업의 세계적인 네트워크를 의도적으로 제어하는 기술을 활용한다. 정보기관은 프리즘이라는 NSA 프로그램으로 마이크로소프트나 애플, 페이스북 같은 기업의 서버에 접속해 거기에 저장된 정보에 손을 뻗친다. 하지만 이런 정보 수집은 훨씬 전부터 자행되어왔다. 2007년 빌 게이츠의 마이크로소프트는 대기업 최초로 정보기관과 세계적인 감시 협력 체제를 구축했다. 이어 구글과 페이스북, 유튜브, 스카이프, 아메리카 온라인, 애플이 그 뒤를 이었다. 에드워드 스노든이 언론에 넘긴 NSA의 프레젠테이션을 보면, 클라우드 서비스 드롭박스Dropbox도 곧 여기에 합류할 것이라고 한다.[42]

영국에서도 이와 똑같은 과정이 진행되는 것으로 보인다. 런던의 신생기업 스테이터스 투데이StatusToday는 컴퓨터 작업에서 출입문 통과용 전자카드의 실행에 이르기까지, 직원 행동에 대한 모든 정보를 띄우고 유통시키며 분석하는 소프트웨어를 각 회사에 제공하고 있다. 이 소프트웨어는 거기서 모든 당사자의 전형적인 행동모형을 끌어낸다. 만약 이들이 개인모형에 맞지 않는 행동을 하면 감독관을 향해 경보가 울린다.[43] 2017년 초 이 기업은 영국정보통신본부GCHQ의 이른바 인큐베이터에 3개월간 들어가 있었는데, 일종의 신생기업 성장촉진 프로그램이라고 할 수 있다.[44] 이에 대해 창업자인 앙쿠르 모디는 흥분한 어조로 말했다. "기술수준을 끌어올린 GCHQ의 최고기술자들을 만난 것은 엄청난 도움이 되었습니다." 또 이 기업은 이런 자랑도 한다. "직원들이 성실하게 근무하고 생산성을 올리는지 감시하기 위해 감시시스템을 도입할 수도 있습니다."

실리콘밸리는 세계 장악을 꿈꾼다

파놉티콘을 창안한 벤담의 사고는 기술이라는 무대에서 재탄생한다. 인터넷 공룡기업 아마존은 그들 자체의 파놉티콘 공장을 지으려고 혈안이다. 2018년 초 아마존은 창고 노동자들의 작업 위치를 팔찌를 통해 정확히 파악하고 보여주는 두 가지 방법에 대한 특허를 취득했다. 팔찌는 진동으로 제어되는 창고 노동자의 반응을 전달한다. 이와 비슷한 기술들은 이미 이전에 아마존 창고에 투입되었다. 아마존에서 2년간 근무하다 탈진증후군으로 해고된 맥스 크로포드는 《뉴욕타임스》에 기고한 글에서 특수한 방식을 통해 자신이 로봇이 된 것 같은 느낌을 받았다며 이렇게 말했다. "그들은 노동자를 기계로 만들려고 한다. 로봇이 아직 인간의 능력을 따라잡지는 못했기 때문이다. 만약 기술이 허락한다면, 그들은 인간화된 로봇을 사용할 것이다."[45]

대기업들에게 있어 자사 종업원을 제어하는 것보다 훨씬 중요한 문제는, 고객을 정확히 파악하고 고객의 행동과 바람을 통제하는 것이다. 이때 금융포용과 포괄적인 디지털 생체인식을 통해 상대를 파악하는 것이야말로 도움이 된다.

전 독일주재 미국대사 존 코른블럼은 2017년 "인공지능 시스템은 정치적인 결정 과정마저 접수할 것"이라고 말했다. 또한 신흥 엘리트는 거대한 정보덩어리에서 이점을 끌어낼 줄 아는 지식 엘리트가 될 것이며, 정치는 서비스 기능을 담당하게 될 거라면서 이렇게 덧붙였다. "외교는 정보 및 물류 네트워크에 대한 시공간적 영향력을 확대하는 기능으로 제한될 것이다. 군대도 마찬가지다."[46] 똑같은 지적이지만, 좀 더 비판적이면서 덜 외교적인 어법을 사용하는 부르다의 회장 파울–베른하르트 칼렌의 말은 정곡을 찌른다. "미국에는 오로지 세계 지배에 혈안이 된 기업이 수두룩하다."[47]

'현금보다 좋은 동맹'의 원동력인 게이츠 재단과 미 국무부는 구글 회장 에릭 슈미트와 더불어 '뉴 아메리카 재단'의 최대 후원자들이다. 이 재단은 직원 150명에 200명의 학자가 속한 연구소로 막강한 정치적 영향력을 행사한다. 2017년 재단 이사장인 앤마리 슬로터는 '열린 사회'와 '열린 정부'의 특징을 띠는 미래의 '열린 국제관계'를 간략하게 묘사한 적이 있다.[48] 그녀의 저서 《체스판과 웹 Chessboard and the Web》은 세계적 전략가 브레진스키가 쓴 《거대한 체스판 Grand Chessboard》을 암시한다. 이 책에서 슬로터는 '새로운 질서가 나타나면 경쟁국들이 네트워크로 대체될 것이다'라고 말하는데 마치 협박이 아닌 희망적인 약속처럼 들린다. 그러면서 국무부 정책기획실장이었을 당시 책에 대한 아이디어가 떠올랐다고 했다.[49]

같은 재단에 뿌리를 둔 전략지정학자 파라크 카나는 이와 유사한 태도로 민주주의를 국민투표와 전문가의 혼합시스템으로 대체하는 방안을 홍보한다. 여기서 전문가란 '전반적인 복지를 향상시키고 위기와 위험으로부터 사회를 지킬 자격을 갖춘' 인력을 말한다.[50] 카나는 세계경제포럼에서 '젊은 세계지도자'로 선정되었다. 그는 또한 이 억만장자 클럽의 지정경제학 분과인 '글로벌 어젠다 위원회'에 속해 있으며 외교협회 회원이기도 하다.

페이스북 창업자인 마크 저커버그 Mark Zuckerberg도 2017년 '지구공동체 건설'을 선언함으로써, 세계 협치에 대한 구상을 드러냈다. 그가 말하는 공동체란, 민족적인 정부의 발언권을 최소화하고 실리콘밸리에 본부를 둔 네트워크의 역할을 극대화한 사회다.[51] 저커버그가 미국의 각 주를 두루 돌아다니며 이 프로젝트에 대한 포부를 밝힌 탓에, 이후 미 대통령직에 대한 야망이 있는 것 아니냐는 말이 나돌았다.

아마존 회장 제프 베조스는 자유주의자임을 자처한다. 극단적으로 개인의 자유에 집착한다는 말이다. 다양한 스펙트럼 중에서도 이런 입장은 실리콘밸리의 수많은 사람들의 관점을 대변한다. 이러한 자유주의자의 생각은 국가의 관점과 충돌할 수밖에 없는데, 국가는 개인을 사회에 편입시키고 납세를 포함한 사회구성원으로서의 의무를 강조해야 하기 때문이다. 자유주의의 관점에서 보면 이는 노예제와 다를 것이 없다. 베조스 같은 자유주의자가 동성애자나 유색인의 평등권 같은 진보적 입장 하나하나를 옹호할 때, 사람들은 자유주의를 진보적인 것과 혼동하곤 한다. 하지만 경제 문제에 관한 한, 넓은 의미에서 이런 태도는 티파티 운동에서 보듯 반동적이며 약자에게 냉혹하다. 아마존 창고 노동자의 지극히 열악한 임금과 노동조건을 봐도 그렇다.

베조스 같은 이들에게 돈에 대한 권한은 침해당할 수 없는 것이다. 거대한 부를 쌓고 경제적 권력을 끌어모은 사람은, 그것을 어떻게 차지했는가와 상관없이 향유할 수 있어야 한다. 간단히 말해 세금과 정부의 모든 규제는 나쁘고, 대기업이 제정한 (일명 시장이라고 일컫는) 규칙은 좋은 것이다. 아마존 본사가 위치한 서해안의 시애틀시가 만성적인 노숙 문제를 해결하기 위해 매장마다 법인세 500유로를 부과하겠다고 하자, 세계 최대 부호인 이 사람은 7,000명의 사원을 위한 신사옥 건설 및 부지확보 계획을 보류하겠다며 시를 협박했다.[52] 이에 시의회는 275달러로 낮추겠다고 했지만 베조스는 그래도 너무 많다고 버텼다. 비록 모라토리엄을 부분 철회하기는 했지만, 아마존은 시애틀 시내에서 추진하던 확장계획을 비판적으로 검토하겠다고 통고했다.[53]

사이비 진보라고 할 실리콘밸리의 대기업들은 도널드 트럼프의 적이라는 평판을 듣지만 그것은 큰 착각이다. 베조스와 저커버그 같은 이들은 인간으로서의 트럼프를 경멸할 것이 분명하다. 다만 그것은 회고록에서 칠레의 잔인한 독재자 피노체트를 경멸한 데이비드 록펠러의 태도와 다를 것이 없다. 사실 록펠러 자신도 밝혔듯이 그는 피노체트의 권력인수를 배후 조종하는 데 가담한 전력이 있는데, 경제정책상 접근 방식이 '매우 건설적'이었기 때문이라고 했다.[54] 아무리 트럼프를 경멸한다고 해도, 실리콘밸리로서는 트럼프가 하는 일을 환영할 수밖에 없다. 트럼프는 부자들을 위해 감세를 하면서까지 국력을 약화시키는 일을 마다하지 않기 때문이다. 기후 및 자원과학자인 피터 글리크는 2017년 8월 28일자 트윗에서 자유주의자를 위한 트럼프의 공로에 대해 정곡을 찌른다. '트럼프의 정책팀이 하는 일은 모두가 정부를 무능하게 만드는 방향에 맞춰져 있다. 그런데도 그들은 국가가 기본적으로 작동하지 않는다고 주장한다.'

페이스북의 이사인 피터 틸의 행동을 보면 반동적, 반국가적 입장이 고스란히 드러난다. 트럼프의 선거자금을 후원했고 인수위원회에서 활동한 틸은 페이팔의 공동설립자로서 페이스북과 에어비앤비에 대한 투자로 거대한 부를 축적한 인물이다. 세금과 국가정책을 거부하는 그의 태도는 너무 완강해서 시스테딩Seasteading(해양거주운동)을 선전하고 이 운동에 재정적으로 참여할 정도다. 시스테딩은 부유한 사람들이 인공섬에 정착함으로써 국가가 좌우하는 법과 세금 문제로부터 벗어날 것을 호소한다. 2022년까지 자체 정부와 자체 (암호)화폐를 갖춘 300명을 위해 자율적으로 떠다니는 최초의 인공섬이 선행 프로젝트로 프랑스령 폴리네시아에서 모습을 드러낼 것이라고 한다. 하지만 이처럼 냉소적인 이념조차 자선이라고 위장하고 있다. 이 프로젝트에 참여하는 억만장자를 반사회적 멍청이라고 생각하지는 않을 것이다. 그 때문에 억만장자를 위해 떠다니는 세금 없는 요트 항은 '해수면 상승에 대한 지속적인 대책'으로 상품화될지도 모른다. 그렇게 되면 고향이 바다 밑으로 가라앉은 폴리네시아인들은 적어도 똑같이 가라앉은 뉴욕과 실리콘밸리 출신의 억만장자 몇몇이 그들의 명승지에서 계속 거주하는 것을 기뻐할까?[55]

틸은 자유와 민주주의가 양립할 수 없음을 일깨워준다. 민주주의 사회에서는 빈민과 여성의 발언권이 너무 강하기 때문이다. 틸은 2004년에 데이터 분석 및 감시로 악명 높은 기업 팰런티어Palantir를 설립했다. 팰런티어는 판타지 소설《반지의 제왕》에서 따온 이름이다. 이를 위해 CIA의 벤처캐피털 무기 인큐텔이 일부 자금을 지원했다. 팰런티어는 캠브리지 애널리티카와 페이스북을 둘러싼 정보스캔들에 휘말리기도 했다.[56] 틸은 총체적 감시체제를 위한 팰런티어의 접근 방식을 옹호하며 데이터 분석을 통한 총체적 감시는 911 테러 이후 논의된 숱한 다른 보안조치들보다 덜 억압적이라고 주장했다.[57] 총체적 감시는 중국이 안부 인사를 전할 만큼 실리콘밸리 방식에 따른 아름다운 신세계 같아 보인다.

총체적 감시는 독일을 향해서도 다가오고 있다. 2010년에 고발 전문 사이트 위키리크스가 뱅크 오브 아메리카Bank of America에 불리한 문서를 공개하겠다고 통고했을 때, 팰런티어는 다른 안보회사와 함께 이 은행을 돕겠다고 나섰다. 위키리크스에 침투해 불법 사이버공격으로 정보를 빼내고 소셜미디어에 만연한 가짜 정보를 활용해 위키리크스 후원자들의 신뢰를 떨어뜨리겠다는 제안이었다. 이런 사실이 알려지자 팰런티어의 공동창업주이자 최고경영자인 알렉스 카프는 공개사과를 해야 했다.[58] 바로 이 알렉스 카프는 2018년 독일에서 타의 추종을 불허할 만큼 막강한 영향력을 발휘하는 미디어 그룹 악셀 슈프링거Axel Springer의 이사진에 합류한다. 팰런티어의 고문단에는 전 CIA 국장 조지 테닛이 속해 있고, 얼마 전 CIA와 8억 7,600만 달러어치의 계약에 서명한 미군 역시 팰런티어의 고객이다. 카프는 피터 틸이 자신의 몇 명 안 되는 절친 중 하나라고 말한다. 대중 조작에 능한 신문《빌트Bild》가 현재 이런 구조의 직접 영향권에 있다는 것은 소름끼치는 일이다.[59]

《벨트Welt》도 슈프링거 산하 신문이다. 2017년《일요 벨트》가 머리기사로 내보낸 것은 총체적 감시를 교묘히 정당화하려는 시도처럼 보인다. 기사제목은 '조지 오웰의《1984년》, 모든 지하철 불량배, 폭력범, 마약상, 테러범, 깡패, 소매치기, 강도, 훌리건의 애독서'였고, 그 밑에는 '카메라 감시에 대한 독일인의 불합리한 불안의 기원'이라는 소제목이 붙어 있다. 비디오 감시를 두려워하는 자는 오로지

범죄자나 불량배뿐이며, 선량한 시민에게는 그것이 전혀 해롭지 않다는 논조다.[60]

아마존과 플랫폼 자본주의

미국의 법학자 프랭크 파스쿠알레의 해석에 따르면, 위챗이나 아마존 같은 초대형 플랫폼 운영업체는 더 이상 정상적인 시장참여자가 아니다.[61] 그들은 그들이 조성한 시장에서 타 기업이 어떻게 사고팔지를 규정하는 막강 권력을 휘두르는 시장조성자다. 그들은 이제 분쟁조정에까지 개입하며 전통적으로 국가가 맡아온 과제를 수용한다. 아마존과 우버, 에어비앤비 덕분에 사람과 기업이 어떻게 거래하고 여행하고 거주할지를 국가가 아닌 플랫폼 대기업이 결정하는 현상이 점점 더 두드러지고 있다. 플랫폼 운영업체는 특정시장에서 정부 행세를 한다. 하지만 아마존은 국가와 달리 시장참여자로 등장해, 시장조성자로서 얻은 경쟁업체와 고객에 대한 지극히 상세하고 어마어마한 양의 정보를 이용한다.

방송사 프로지벤자트아인스Pro Sieben Sat 1의 사장 콘라트 알베르트는 구글과 아마존, 페이스북을 가리켜 독점욕에 방해가 되는 것은 무엇이든 집어삼키거나 쫓아낼 의지와 돈을 가진 '인터넷 제국주의자'라고 일컫는다.[62] 주간지 《디 차이트Die Zeit》의 CEO인 라이너 에서는 아마존 회장과 그의 기업에 대하여 이렇게 말한다.

"처음에 아마존 회장은 성장에만 집중했다. 하지만 이제는 '빨간 모자의 할머니'처럼 갑자기 눈과 귀가 커졌다(독일 동화 〈빨간 모자〉에서 소녀의 할머니를 잡아먹고 할머니로 변장한 늑대를 가리킴—옮긴이). 이런 눈과 귀로 세계를 지배하려는 야망을 드러내고 있다. (……) 요즘 아마존에서는 스마트폰에서부터 여드름 제거기에 이르기까지 구하지 못할 것이 없다. 여기서 이 기업은 어마어마한 정보를 얻는다. 그동안 아마존의 눈과 귀는 에코와 알렉사라는 무기를 통해 우리의 안방까지 쳐들어와 사적인 이야기를 엿듣고 있다. 이런 기업은 민주주의 사회에 심각한 위협이 아닐 수 없다. 이들은 우리가 우리 자신에 대해 아는 것보다 더 많은 정보를 소유하고 있다. 이들은 매일 매시간 또 어느 곳에서든 우리를 관찰한다. 상상할 수 없는 엄청난 정보가 그 윤리적 수준을 알 수 없는 소수의 손아귀에 있다."**63**

마지막 표현은 꼭 옳다고만은 할 수 없다. 사실 우리는 그들의 윤리적 수준을 잘 알고 있다. 소름끼치는 일이다.

아마존 같은 대기업이 이미 달성한 어마어마한 규모로 볼 때, 중국을 제외한 누가 혹은 무엇이 인터넷 거래의 세계 지배권을 노리는 야망을 막을 수 있을지는 알 수 없다. 아마존에 납품하는 업체가 많을수록, 그만큼 구매자들은 이 플랫폼에서 가장 다양한 물건을 고를 수 있으며, 가장 저렴한 최선의 상품을 구매할 수 있다고 생각할 것이다. 아마존 구매 고객이 많을수록, 거의 모든 상인들은 필수적으로 그곳에 납품하려 들 것이다. 이렇게 구매자와 판매자 양쪽의 규모가 커질수록 이 중개업체는 그만큼 더 비중이 커지고 막강해진다. 새로 출범한 어떤 경쟁 플랫폼도 요즘 우리가 쇼핑하는 아마존처럼 5억 가지 상품으로 경쟁한다는 것은 꿈도 꾸지 못할 것이다. 게다가 그 종류는 계속 늘어나고 있다. 판매자나 구매자 입장에서는, 설사 사용료가 현저히 낮다 해도 소규모의 새로운 플랫폼을 선호할 이유가 없다. 뿐만 아니라 미국 정부는 법 개정을 통해 앞으로 정부조달을 전반적으로 아마존에 의존하려고 한다.

2017년 아마존은 독일에서 전체 온라인 거래 중 거의 절반에 가까운 46퍼센트를 자체 플랫폼에서 처리했다. 이 추세는 지금도 계속 올라가고 있다. 매출증가분 47억 유로 중, 거의 4분의 3이 아마존 플랫폼의 몫으로 떨어졌다. 상업거래연구소[IFH]의 카이 후데츠 소장은 "요즘 필수품 구매는 거의 전적으로 아마존에서 이루어진다"고 설명한다. 소비자 중에는 상품 검색에 구글을 이용하지 않고 곧바로 아마존 검색어 입력란을 이용하는 사람이 많다는 것이다.[64]

아마존은 단순한 백화점으로서의 기능을 뛰어넘은 지 오래다. 그곳은 이제 마케팅플랫폼이자 공급 및 물류네트워크이며 결제서비스 공급사, 생필품 매장, 대출업체, 경매회사, 대형출판사, TV 및 영화 제작사, 패션디자이너, 상품제조사, 음악 및 영화 스트리밍서비스 업체, 건강보험사, 대표적인 클라우드 서버 제공업체 등 전방위적 기능을 한다. 아마존이 새로운 사업영역에 진출할 때마다 그 종목에서 강세를 떨치던 주식시세는 폭락한다. 7,500억 달러(2018년 5월)라는 어마어마한 기업가치와 비교할 때, 지금까지 회사 이익은 아직 미미하다. 저가 전략을 통해 성장속도를 높이고 가능한 많은 시장에서 지배적 지위를 차지하는 것을 목표로 삼았기 때문이다. 주식투자자들은 훗날 이 기업이 시장을 지배하고 확장하기 위해 더 이상 교차보조(지배적인 업체가 동일 산업에서 한 부분의 결손을 다른 부문의 이익금으로 충당하는 것—옮긴이)를 할 필요가 없을 때, 더 많은 이익이 쏟아질 것이라는 데 희망을 건다. 아마존의 2018년 1분기 매출액은 510억 달러로 전년도에 비해 43퍼센트 증가했고, 분기이익은 16억 달러로 두 배가량 늘어났다.[65]

이런 공룡기업과 경쟁할 만한 업체는 없다. 괜히 덤볐다가는 오히려 가혹한 대가를 치른다는 사실을 즉시 깨달을 것이다. 예컨대 다이퍼스Diapers.com라는 유아용품으로 성공적인 플랫폼을 구축한 기업 퀴드시Quidsi가 그랬다. 2009년에 이곳 경영진이 아마존의 인수입찰 제의를 거부하자 아마존은 기저귀를 비롯한 유아용품들 가격을 최대 30퍼센트까지 내렸다. 그리고 엄마들에게 무료로 우대회원권을 발급하고 대폭 할인된 가격으로 기저귀 배달서비스를 실시했다. 다이퍼스에서 가격을 내리면 아마존 역시 자체적인 가격인하로 맞섰다. 결국 퀴드시는 무릎을 꿇었고 아마존에 매각됐다. 그와 동시에 아마존은 가격인하 서비스를 취소했다. 엄마들을 위한 보너스 프로그램은 이제 매력이 없어졌기 때문이다.[66]

2018년 초 주식투자자들은 아마존 주가의 폭등으로 16퍼센트 지분을 소유한 제프 베조스를 개인재산 1,120억 달러를 가진 지구 최고의 부자로 만들었다. 이로써 베조스는《포브스》지가 발표한 부호리스트에서 빌 게이츠를 2위로 끌어내렸다. 기업으로서 아마존은 2018년 2월에 시가총액 7,030억 달러로 마이크로소프트를 추월한다.[67] 한 달 뒤, 이 회사는 구글의 모기업인 알파벳마저 제치고 애플에 이어 세계에서 가장 가치가 높은 기업 2위를 차지했다.[68]

요즘에도 대형 플랫폼은 여전히 서로 경쟁을 벌이며 상대를 시장에서 축출하려고 기를 쓴다. 아마도 이 플랫폼 전쟁은 아마존과 구글, 페이스북의 기업서비스를 조합한 플랫폼이라고 할, 중국의 위챗 같은 메가 플랫폼으로 가는 과정의 막간극으로 끝날 것이다. 이런 결과는 현재 경쟁업체들 간의 협력이나 연합을 통해, 혹은 축출을 통해 나타날 수 있다.

전체주의적 세계통화로 가는 길

자유주의자인 아마존 회장은 정부의 통제를 벗어나 부자들이 지배하는 금권정치 세계로 가는 탄탄대로에 올라선 것처럼 보인다. 베조스 같은 부자들이 본질적 권력을 행사하는 세계 말이다. 그는 이미 이 길의 대부분을 주파했다. 아마존 달러를 세계통화로 도입해 관철시키면 이 세계의 왕관을 차지할 것은 자명하다.

거대 IT 기업들은 결제사업을 인수하는 데 최대 관심을 기울인다. 장기적으로 볼 때는 특히 대형 플랫폼 운영업체가 그를 위한 최선의 전제조건을 갖추고 있다. 은행업을 위해서는 이제 원칙적으로 데이터 분석이나 신용 및 고객유치 이상의 것이 필요 없다. 신용 문제에서 자본력은 아주 중요한 요인이다. 초대형 기술기업은 움츠릴 필요가 없다. 이들에 비하면 대형은행조차 왜소하고 불안하게 흔들리는 것처럼 보인다. 기술기업은 고객 수에 있어서도 한참을 앞섰다.

결국 데이터 및 데이터 처리에 관해서는, 은행은 IT 기업 앞에 완전히 열세일 수밖에 없다. 상대는 바로 그 분야의 전문가이기 때문이다. 독일과 미국의 경제학자 4명으로 꾸려진 연구팀은, 보통 모든 웹사이트 운영업체가 방문자에 관해 접근할 수 있는 몇몇 데이터는 (전통적인 흥신소의 평가와 유사하게) 고객의 신용 관련 정보를 제공한다고 말했다. 이런 데이터는 방문자가 직접 방문하는지 아니면 검색엔진이나 가격비교 사이트를 경유했는지 등의 사용기기나 운영체제 방식과 관련된 것이거나, 대문자와 소문자 중 무엇을 좋아하는지, 타자에 익숙한지 아닌지, 이메일 주소에 성을 쓰는지 이름을 쓰는지 등 이메일 공급업자와 관련된 것이라고 한다. 연구팀은 '핀테크 회사는 디지털 족적에 대한 월등한 접근기술과 그 데이터를 처리하는 출중한 능력을 바탕으로 은행의 사업모델을 해친다'라고 결론지었다.[69]

컨설팅사인 BFA도 마스터카드의 의뢰로 실시한 아마존, 페이스북, 알리바바 같은 초대형 플랫폼의 역할에 관한 연구에서, 은행의 경쟁력 유지와 관련해 전망이 매우 어둡다는 결론에 이르렀다.[70] 일부 은행의 경우, 의기양양한 콧대를 낮추고 도매금융 펀드매니저로 전업할 각오를 한다면 아마 살아남을 수도 있을 것이라고 했다. 고객에 대한 지식 방면에서 은행의 불리한 입장은 거의 절망적인 수준이라고 BFA 연구진은 강조한다. 슈퍼플랫폼은 끊임없이 성장하는 거대한 고객층을 가졌고, 사업영역도 계속 확대되고 있다. 이를 바탕으로 한 분야에서만 활동하는 은행보다 훨씬 더 다양한 영역에서 훨씬 더 많은 데이터를 수집하고 취합한다. 슈퍼플랫폼이 결제시장에서 왕성히 활동하는 중국에서 은행의 매매차익은 이미 된서리를 맞았고, 그 결과 고객은 은행을 떠나고 있다.

이베이의 자회사인 페이팔은 불과 몇 년 만에 온라인쇼핑 처리 분야에서 세계적인 선두주자로 발돋움했다. 애플페이는 2018년 5월에 골드만삭스와 협업을 발표하고 여기서 애플의 상징이 새겨진 신용카드를 발행토록 했다.[71] 협업의 자세한 형식에 대해 아직까지 알려진 것은 없다. 구글페이와 페이스북 메신저도 몇 년 전부터 결제라는 파이의 더 큰 몫을 떼어먹으려고 애쓰는 중이며 왓츠앱도 똑같이 발을 들여놓으려는 참이다. 아마존페이는 아직까지 직접결제 처리는 하지 않고, 고객이 다시 입장하지 않고도 쇼핑할 수 있도록 계좌정보와 신용카드 데이터만 맡기는 방식을 취하고 있다. 업계 관찰자들은 이것을 보고 아마존이 언젠가는 고전적인 은행업에도 손을 뻗칠 것이라고 확신한다. 언론보도에 따르면, 아마존은 이미 대형은행 JP 모건과 협력방법을 논의 중이다. 이 계약이 체결되면 은행면허 없이도 고객에게 일종의 당좌계좌를 제공하는 것이 가능해진다.《한델스블라트*Handelsblatt*》지는 이 관계의 동기와 관련해 이렇게 기술하고 있다. '거대 기술기업들은 무엇보다 전반적인 결제과정을 더 많이 통제하고 그와 관련된 데이터를 얻는 데 관심을 기울인다.'[72]

데이터 외에도 결제시장을 지배함으로써 얻는 큼직한 추가소득이 또 있다. 바로 통화 창출에서 나오는 이익이다. 새로 창출한 통화 대부분을 자체 고객의 계좌네트워크에서 관리할 수 있는 아마존 같은 기업은 막대한 이익을 올릴 수 있다. 다시 말해, 아마존이 은행처럼 사업하면서 공급업자들이 아마존 계좌를 갖게 되면, 아마존은 그들에게 줄 계산서 총액을 단순히 아마존 계좌 대변에 기입함으로써 결제를 하는 것이다. 공급업자들이 아마존에서 쇼핑하기 위해 이 예금을 이용하면, 이 대변의 금액은 그대로 남은 채 단지 아마존의 다른 계좌로 이체될 뿐이다. 공급업자들의 고용주가 아마존 계좌를 가지고 있고 그들의 급여를 이 계좌에서 지급할 때도 똑같은 이치가 적용된다. 단지 공급업자가 아마존 계좌 예금을 다른 은행 계좌를 사용하는 누군가에게 이체하려고 할 때만, 아마존은 그것을 시행하기 위해 중앙은행의 돈이 필요해진다. 앞에서 언급했듯이, 은행 간의 이체는 중앙은행의 돈으로 처리되기 때문이다.

하지만 아마존은 아직도 은행업 허가 신청을 주저하고 있다. 은행업은 많은 통제와 규제를 수반하기 때문이다. 시애틀에 있는 이 기업이 사실상 다른 은행이 배후에 있는데도 은행이나 신용카드사와 협력해 먼저 자사 고객을 아마존 상표가 붙은 계좌에 익숙하게 만들려는 것도 규제 때문인지도 모른다. 그러다가 드디어 모든 전제조건이 은행시장을 힘차게 돌파할 수 있는 마지막 순간이 오면, 원하는 방향으로 계좌를 인수할 것이다.

아마존이 더 많은 공급자와 고객을 확보하고 더 많은 지역과 제품시장을 지배할수록 그럴 가능성은 더욱 농후해질 것이다. 어떤 상인도 아마존에 납품하지 않고는 배길 수 없을 때, 그때 아마존은 순수한 아마존 당좌계좌 사용을 의무화하거나 아니면 적어도 그렇게 하지 않으면 불이익을 받도록 할 것이다. 고객에도 같은 이치가 적용된다. 그리고 실제로 누구에게나 아마존 계좌가 있을 때, 그 계좌는 아주 매력적으로 보일 수 있다. 은행업 허가를 받은 대기업 아마존은 국제적으로 단지 아마존 대변에서 다른 아마존 대변으로 무료 이체하는 길만 터주면 된다. 그리고 초기에 경쟁을 위해 이익을 포기한 가격으로 신용거래를 하면 다른 은행은 이러한 경쟁자를 더 이상 따라잡을 수 없을 것이다.

이때 축출경쟁에서 위협을 받는 것은 단지 은행뿐만이 아니다. 이제까지 민영은행들과 협력하며 국가통화로 돈을 준비한 정부와 발권은행도 위협을 받기는 마찬가지다. 이들이 주권을 갖추고 국가의 은행시스템을 통제하는 데 비해, 아마존 같은 메가 플랫폼은 세계적 차원에서 사업을 전개하기 때문이다. 예컨대 아프리카나 아시아, 라틴아메리카에 있는 중간 크기의 국가를 생각해보자. 여기서 아마존이 미국으로 들어가는 온라인 거래를 지배하고 통제하는 계좌를 제공한다고 치자. 아마존은 이런 나라에서 매출과 매입을 지역화폐로 처리하고 이를 위해 지역은행과 협력할 수도 있다. 하지만 아마존에게 더 매력적인 것은 공급자와 구매자가 아마존 계좌를 이용하고 동시에 달러로 계산할 경우다. 이때 아마존은 더 유리한 조건을 제공할 수 있을 것이다.

정부가 적극적으로 주권을 행사하는 나라라면 외국통화로 온라인 거래를 하는 것을 금지하고 반발할 수 있다. 경제적 누수를 방지하는 장치라지만 이것은 주민들에게 납득시키기도 힘들고 대중에게 인기 없는 곤란한 상황을 유발할 수도 있다. 자국통화가 아마존 달러에 밀려나게 될 최초의 국가는, 아마도 그런 구조에서 재정적으로나 정치적으로 타격을 받는 국가가 될 것이다. 이런 나라의 국민은 지역통화의 대안이 생긴 것을 기뻐할 것이며, 정부는 그에 대해 쉽게 반발할 수 없을 것이다. 이런 방식으로 더 많은 국가가 달러화될수록 그리고 더 많은 사업이 이 플랫폼의 온라인 거래로 옮겨갈수록, 아마존 달러는 더 매력적이게 될 것이다. 사람들은 자기 입장과 무관하게 환율시세에 따른 위험이나 환전수수료가 없는 이 통화로 많은 나라에서 물건을 사고팔 것이다. 아마존 달러를 사용하는 고객과 국가가 늘어날수록, 아마존은 이 통화의 유통으로 발생하는 이익을 더 많이 뽑아낼 것이다. 아마존은 단순히 구매자가 지불한 돈을 아마존 당좌계좌에 추가로 입금하게 만들면서 전 세계 어디서나 물건을 사들일 수 있을 것이다.

여기서 아마존 달러만 이야기하는 것은 이를 유통시키는 주체를 확실히 보여주기 위함이다. 꼭 독자적인 통화일 필요는 없다. 원래 JP 모건에 있는 예금은 JP 모건 달러로 계산돼야 하고, 도이치은행의 예금은 원래 도이치은행 유로라고 봐야 한다. 다만 이런 표시가 통상적인 것이 아니고 평상시 큰 의미가 없다는 것에는 그럴 만한 이유가 있다. 중앙은행과 은행감독위원회에서 통제하는 결제시스템은 허가받은 은행의 어떤 예금도, 유로화든 달러화든 상관없이 (거의) 언제나 액면가 그대로 공식적인 통화로의 환전을 보증한다. 다만 그리스와 키프로스의 금융위기 같은 예외 상황을 규정하는 규칙이 있기는 하다. 이들 나라에서는 각각 자본통제가 실시되며 은행 유로는 매우 제한적으로만 유럽중앙은행에서 발행한 유로로 환전 가능하다. 그리스에서는 2015년 여름에 도입된 환전제한규정이 적용되며, 2018년에도 여진히 완화된 형태로 실시되고 있다.

은행업 허가를 받고 은행감독위원회가 협조한다면, 아마존은 은행과 똑같은 원칙에 따라 명목상 가치의 순수한 달러로 환전할 수 있는 아마존 달러를 발행할 수 있을 것이다. 미국 정부도 이에 크게 반대하지 않는다고 한다. 이들의 모든 관심은 전통적인 은행 달러든 아마존 달러든, 달러의 세계 지배권을 구축하는 데 쏠려 있다. 이런 흐름은 통화 창출로 얻은 이익을 미국의 국고로 흘려보내고 더 많은 사람과 국가를 미국 기관의 감시하에 두면서, 필요할 경우 미국 정부가 압력을 가할 수 있는 확고한 시스템에 그들을 매어 둘 수 있을 것이다.

비록 가능성은 커 보이지 않지만, 아마존이 정부의 통제를 완전히 벗어나 독자적 통화를 제정하고 아마존만이 그것을 규제하는 날이 올 수도 있다. 저커버그나 베조스라는 이름의 대통령이 나와 절대로 그런 일은 허용하지 않을 거라고, 과연 누가 장담할 수 있는가? 어쩌면 세계적 확산을 위해서는 그런 통화가 공식 미화보다 더 쓸모 있을지도 모를 일이며, 미국 정부도 이를 반길지 모른다. 은행감독위원회는 평등대우 원칙을 지켜야 하기 때문이다. 위원회는 은행으로서의 아마존을 다른 은행과 달리 취급할 수 없으므로 아마존 달러가 세계적으로 확산되는 것을 필요 이상으로 강력하게 제지할 수도 있다. 아마존 같은 대기업은 사실 자산에 대한 이용자의 신뢰를 유지하는 데 은행감독위원회가 필요 없다. 미화와의 환율이 안정을 유지하는 선에서만 아마존 통화의 발행을 제한하는 것으로 충분할 것이다.

만일 아마존이 꾸준히 앞으로 치고 나간다면, 은행감독위원회는 한동안 마치 아마존이 다른 은행과 다른 사업을 하고 아마존의 예금이 돈이 아닌 것처럼 반응할지도 모른다. 케냐가 보다폰과 사파리컴의 모바일 통화인 엠페사의 확산을 장려하듯이 말이다.

구글과 페이스북, 아마존을 조합하여 지배력을 행사하는 거대 플랫폼 운영업체가 생기고, 전 세계에 걸쳐 대부분의 시장참여자가 여기에 물건을 팔고 여기서 구매한다고 상상해보라. 동시에 이것은 은행업 허가까지 받아 사람들과 기업의 돈을 관리하고 그들의 결제과정을 처리하는 기업이다. 이 정도의 대기업에서라면, 우리가 언제 어디서 어떤 장치를 이용해 무엇을 검색하고 구매하는지 뿐만 아니라, 아마존 통화로 다른 데서 무엇을 구매했는지 등의 정보도 저장할 수 있을 것이다. 아마존과 구글의 알고리즘이라면, 이렇게 포괄적인 지식을 바탕으로 행동을 통제하고 조작하는, 또 파악하기 어렵지만 그래서 그만큼 더 효과적인 시스템을 구축할 수 있을 것이다. 이것과 비교하면 중국의 사회점수제도는 엉성해 보일 수밖에 없다. 결제의 차단이나 제한 그리고 특정상품 구매 및 서비스에서의 이용을 제한하듯이, 반항적인 태도를 엄격히 제재하는 것은 언제든 가능하지만 아마도 크게 필요 없을 것이다. 이 대기업 앞에서 모든 소비자와 정치인과 혹시 모를 모든 경쟁기업은 유리처럼 투명하게 노출될 것이므로 조작이나 제재는 누워 떡먹기일 것이다.

　아마존 달러의 위력이 커질수록 국가통화는 의미를 상실하고, 각 정부의 경제정책적 협상능력은 이런 구조에 시달릴 것이다. 통화주권이 국가주권의 핵심 요소로 간주되는 데는 다 이유가 있다. 그러므로 이런 방향으로 상황이 전개된다면 각국 정부의 반발을 초래할 것이다. 어쩌면 결제사업 부분에서 아마존답지 않게 유난히 조심스럽게 접근하는 이유도 그 때문인지 모른다. 어쨌든 아마존은 이 방향으로 점점 나아가고 있다. 2018년 봄으로 예정된 JP 모건과의 협업 말고도, 아마존은 인공지능 언어도우미 알렉사를 통해 고객 간 계좌이체를 가능하게 해주는 기능을 설치할 것으로 알려졌다.[73] 일단 모든 관계 국가에서 시장지배권을 확보하고 나면, 지금까지 자제하던 태도는 언제 그랬냐는 듯 순식간에 바뀔 수 있다.

중국의 통화제도는 버틸 수 있을까

중국 정부는 세계 금융시스템에서 달러의 강력한 지위가 재정적·전략적으로 미국에 얼마나 이점이 되는지, 그리고 중국의 야망에 얼마나 걸림돌이 되는지를 고통스럽게 인식하고 있다. 2015년 베이징은 위안화 기반의 국제결제시스템을 출범시켰다. 워싱턴에 소재한 전략지정학 연구소인 신미국안보센터[CNAS]는 즉각 위험성을 알아차렸고, 이 같은 제도가 미국 금융시스템에 대한 의존도를 언젠가는 떨어트릴 것이라는 경고를 보냈다.[74]

　2018년 봄, 중국은 앞으로 석유수입 대금을 자국의 위안화로 결제할 것이라고 비공식적으로 발표하며 다시 한 걸음 크게 나아갔다. 중국은 미국 다음으로 석유 소비가 많은 나라인 동시에 최대 석유 수입국이다. 이 준비를 위해 정부는 상하이에 선물거래소를 차렸다. 여기서 투기꾼이나 투자자, 상인들은 앞으로 인도될 석유가격을 위안화로 정하고 적절하게 석유를 확보할 수 있다.[75] 처음에 이 위안화 가격은 전적으로 달러로 책정된 미래의 석유가격과 달러 대 위안의 미래 시세에서 형성된다. 하지만 중국이 더 많은 석유를 위안화로 직거래하고 그에 맞춰 장기 계약을 체결하면, 방향이 반대로 뒤집힐 수도 있다.

　이것이 달러를 위협하는 까닭은 연간 무역량이 14조 달러에 달하는 석유시장은 모든 상품시장에서 월등한 격차로 가장 중요한 자리를 차지하기 때문이다. 외환보유고를 흔히 달러로 유지하는 것은 그 달러로 석유대금을 계산할 수 있고, 또 종종 그래야만 한다는 것을 알아서다. 다른 통화로도 얼마든지 보유할 수 있다면, 달러를 탈피해 외환보유고의 통화를 다각화할 수 있다. 이란이나 베네수엘라, 리비아 같은 일부 석유수출국은 이미 석유대금에서 달러를 탈피하겠다고 설명한 바 있다. 이 때문에 이들 국가와 미국의 관계는 심각하게 손상되었다. 리비아는 한 술 더 떠 금본위의 디나르와 함께 프랑스에서 발행한 북아프리카의 CFA 프랑을 지역의 기축통화로 방출하려고 했다. 다만 그렇게까지 안 된 것은 프랑스가 전에 나토와 함께 카다피 정부를 초토화시켰기 때문이다. 2015년 말에 드러난 힐러리 클린턴의 이메일은 이와의 직접적인 관련성을 암시한다.[76]

하지만 중국은 경우가 다르다. 폐쇄적 정치체제를 가진 핵 강대국인 동시에 정권교체 또한 잘 일어나지 않는다. 경제성과를 달러로 측정하지 않으며, 또 낮은 물가까지 고려한다면 중국의 경제규모는 이미 미국을 능가한다. 현재의 성장률대로라면, 달러로 계산하더라도 조만간 중국이 미국을 추월할 거란 사실을 알 수 있다. 여기서 과연 중국이 제2차 세계대전 이래 어떤 국가도 달성하지 못한 목표를 이루는 데 성공을 거둘 수 있을지 궁금해진다. 즉, 미국의 달러 지배를 약화시키고 워싱턴의 금융시스템 지배력은 물론 그 너머로 미국을 무력화할 수 있을 것인가? 아시아 국가로서 은행 달러나 아마존 달러가 더 이상 중요한 역할을 하지 못하는 위안화 권역을 구축할 수 있을까?

위챗 및 알리페이와 10억 명 이상의 고객층을 확보한 이런 결제

시스템과 메가 플랫폼은 그런 미래를 충분히 실현 가능하게 하는 기본조건으로 보인다. 알리페이 사용자 8억 명 중에 2억 명이 중국 밖에 산다. 미국과 중국의 대형 결제업체들은 파키스탄과 인도 등의 시장을 차지하기 위해 치열한 싸움을 벌이고 있다. 이곳을 비롯해 아시아의 많은 지역에서 한동안 결제시장의 지배권을 놓고 싸움이 지속될 것이다.

현재 추세가 계속된다면, 미국과 중국을 축으로 양극화된 두 개의 세계통화 체제가 들어선다고 봐야 할 것이다. 다만 문제는, 이런 경향이 실제로 지금처럼 지속될 것인가다.

미국으로서는 달러의 무제한적인 세계 지배가 너무나 중요하다. 이 지배권은 초강대국으로서의 존재만큼이나 중요하다. 모든 계산을 스스로 '찍어내는' 달러로 결제할 특권이 없다면, 세계 곳곳에 흩어진 수많은 군사기지를 유지할 수 없을 것이다. 1980년대까지 오랫동안 초고도 성장을 이룬 나라는 일본이었다. 당시 누구나 일본이 곧 미국을 따돌리고, 이로 인해 아시아가 세계경제의 새로운 무게중심이 될 것임을 확신했다. 그러나 실제로는 그렇게 되지 않았다. 일본에서는 엄청난 거품경제가 극성을 떨었다. 거품이 절정에 달했을 때는, 도쿄의 황궁 대지가격이 캘리포니아 전체의 가치와 맞먹었다. 그러다 결국 거품은 꺼졌고, 거품을 잔뜩 키웠던 일본 중앙은행이 서구 방식에 따른 신자유주의 경제개혁으로 그때까지 매우 성공적이던 일본식 산업정책을 끝낼 구실을 만들어주었다.[77] 일본은 지금도 여전히 부유한 나라지만 일본은행은 이제 월스트리트의 지배에 대한 위협이 되지 못한다.

이미 오래전부터 미국의 전략지정학자들이 중국의 위협을 막아낼 방법을 생각해온 것은 분명하다. 미국은 자국이 세계를 이끄는 유일한 초강대국의 지위에서 밀려나는 꼴을 가만히 앉아서 보고만 있진 않을 것이다. 아마 중국도 일본과 비슷한 결말에 이르도록 효과적인 전략을 짜낼 가능성이 매우 높다. 달러를 효과적인 무기로 사용할 수 있을 만큼 달러의 지위와 세계 금융시스템에 대한 미국의 영향력이 막강한 위력을 발휘하는 한, 미국은 그렇게 할 것이다.

　미국이 달러를 중국 견제용 무기로 쓸 때, 잠재적 파괴력을 지닌 중국을 건드려 외려 자국 경제를 망치게 될 것이라는 견해에는 흔히 반론이 제기된다. 외환보유고 중 1조 달러가 훨씬 넘는 돈을 미국 국채에 투자한 중국이 이 국채를 시장에 투매하면 달러 이자가 급등하여 미국 경제가 불황에 내몰린다는 주장이다. 정확히 말하면, 과거에 그런 경우가 흔했다는 것이다. 하지만 미국이 수조 달러의 국채를 손해보지 않고 사들일 수 있음을 미 연준이 보여준 뒤로 그런 주장은 설득력을 잃었다.

　그럼에도 불구하고 중국에 금융위기가 닥친다면 미국 경제가 입을 부수적인 피해 또한 피할 수 없다. 어쨌든 미국이 초강대국으로서의 지위를 상실할 수밖에 없는 상황이 온다면, 전략지정학자들은 금융시스템을 무기로 사용하기를 주저하지 않을 것이다. 이들은 아주 멀리 내다보고 생각한다.

　중국의 금융 및 경제시스템이 외부 영향에 민감한 것은 의심할 여지가 없다. 중국의 규제당국자들은 2009년 이후의 대대적인 과잉설비로 고심 중이다. 대규모의 기업들이 이런 흐름을 막기에는, 중국 내 은행에 대한 금융접근성은 지나치게 제한적이다. 이것은 무엇보다 이들 기업이 필요한 융자를 받느라 외국에 엄청난 부채를, 특히 달러로 빚지는 결과를 낳았다. 2007년부터 2016년 사이, 중국의 외채 중 미상환 금액은 200억 달러에서 8,230억 달러로 늘어났다. 이 중에 5,340억 달러는 비금융기관 기업의 외채다. 연간 외채상환액은 30억 달러에서 2,370억 달러로 증가했다. 그중 약 85퍼센트는 달러로 상환된다. 결국 중국의 기업과 은행은 이미 2016년에 외국의 채권자들에게 1조 달러 가까운 빚을 졌다는 말이다. 부채는 그동안에 늘어났을 것이 분명하다.[78] 중국 기업의 부채총액은 (중국 통화로 진 빚을 포함) 미화로 환산해 20조 달러에 이른다. 이것은 연간총생산의 160퍼센트에 해당하는 규모다.[79]

중국 4대 은행의 자산총액은 2017년에만 1조 7,000억 달러가 늘어나 세계 전체 은행의 자산총액 순위 중 1위부터 4위까지를 모두 휩쓸었다. 그다음이 일본 은행이고, 미국 최대 은행인 JP 모건 체이스는 겨우 6위를 차지했다. 다만 증권투자가들은 대체로 JP 모건을 가장 높이 평가한다.[80] 자산총액의 증가는 본질적으로 장기적으로 묶여 있는 자산이 단기 채무로 덮여 있는 상태에서 부채라는 지렛대가 비교적 크다는 것을 의미한다. 이 말은 그런 속도와 물량으로 자산이 증가할 때, 단기금리 인상에 따라 피해를 볼 확률 또한 가파르게 올라간다는 뜻이다. 1980년대에 빠른 속도로 도약했던 일본 은행들이 그랬다. 알다시피, 이런 흐름은 심각한 은행 및 금융위기로 끝났다.

외화로 많은 부채를 지고 높은 부채지렛대를 가진 나라는 금융전쟁을 수행하는 데 약점을 드러낸다. 이미 밑바닥에서 2.5퍼센트로 0.5퍼센트를 인상한 미국의 금리는(2018년 5월) 달러로 빚을 진 기업들에게 고통을 안겨주었다. 그러나 이것은 단지 미국 정부가 차입금에 대해 갚아야 할 이자일 뿐이다. 중국 기업들은 투자자들에게 훨씬 더 높은 이자를 물어야 한다. 금리가 계속해서 1~2퍼센트포인트 오르면 파산하는 기업이 늘어날 것이다. 중국경제의 1차적인 문제로 인해 무차별 공격이 전도유망한 것으로 보이는 순간, 미국의 대형 투자은행과 신용평가기관은 중국 기업의 신용도에 대해 회의적인 보고서를 쏟아낼 수 있다. 이런 술수가 대중에게 조금이라도 영향을 미치면, 모든 것은 꼭 들어맞는 예언이 되고 말 것이다. 이런 회사는 다시 한 번 더 금리인상을 약속할 때만 채권을 팔아 새로 융자를 받을 것이기 때문이다. 이들 기업은 채권 매수자를 찾아야 한다. 만기채권을 상환하기 위해 기업은 또다시 채권을 발행해 자금을 마련하는 것이 전형적인 수법이다. 이런 재융자 비용이 비쌀수록, 기업의 재정상황은 그만큼 더 열악해지고 생존가능성에 대한 불리한 진단은 그만큼 더 정확해진다. 국제적인 부채의 늪에 빠진 중국의 대기업이 연쇄적으로 파산하면 다른 기업과 은행을 쓰러트릴 것이고, 중국경제는 심각한 위기로 치달을 수 있다. 막후에서 항복협상이 벌어지게 되면, 미국의 인터넷 대기업에 중국시장에 대한 접근권을 보장하느냐 마느냐가 결정적 사안이 될 것이다.

이런 시나리오는 금융위기에 따라 매우 즐겨 사용되는 전쟁수행과 관련한 하나의 가능성일 뿐이다. 디르크 뮐러는 저서《힘의 지진 *Machtbeben*》에서 그런 중국의 붕괴 시나리오를 상세히 묘사하면서 도

산하는 대기업의 예를 설득력 있게 제시한다. 다만 이 전략지정학자는 확실히 더 복잡하면서도 더 우아한 발상을 보여준다. 미국이 충분히 단호한 결정을 내릴 때 성공 가능성이 보이지만, 반드시 그런 것도 아니라는 것이다. 비록 줄어들고는 있지만 중국의 외환보유고는 여전히 어느 나라도 따라가지 못할 만큼 많다. 이 점에서 중국으로서는 성공 가능한 대응조치를 취할 수 있으리라는 것이 그의 생각이다.

그들의 영향권에 모범적인 예가 하나 있다. 1990년대 말, 홍콩 달러를 미화에 연동시키는 것에 반대하는 캠페인이 벌어진 적이 있다. 홍콩 중앙은행은 결국 방어 차원에서 미국 헤지펀드의 공격에 초점을 맞춘 역내 기업의 주식을 대규모로 매각했다. 종국에 가서 중앙은행은 공격이 가라앉은 다음 큰 이익을 남겼다.[81] 중국 정부가 금융전쟁에서 승리를 거두고 중국의 인터넷 대기업이 그전보다 더 강해지는 시나리오도 생각할 수 있다. 그렇게 되면 세계통화 대신 양극화된 시스템이 형성되고 각각의 영향권 변두리에서 끊임없는 갈등과 경쟁이 벌어질 것이다. 하지만 초강대국 미국이 금융권에 행사하는 힘과 거기에 쏟아 붓는 관심을 감안할 때, 나로서는 그런 시나리오에 투자를 권하고 싶진 않다.

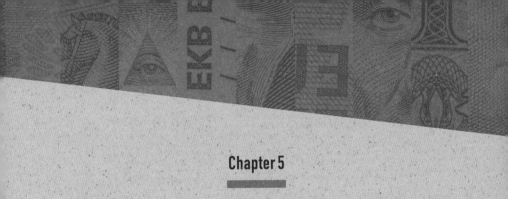

저항과 트로이의 목마,
그리고 솔루션

저 항 과
트로이의
목 마,
그리고 솔루션

올더스 헉슬리의 《아름다운 신세계》가 사람들에게 공포로 비친 데비해, 극소수의 사람들은 실리콘밸리의 우두머리들이 통제하는 결제세계에서 매혹적인 미래의 비전을 본다. 하지만 많은 사람들은 여전히 우려를 표하고 있고 그 수는 점점 늘어나는 추세다. 이런 거부반응을 효과적인 저항운동으로 바꾸기 위해서는 3가지가 관건이다. 분열해서는 안 되고, 서로 싸우지 말 것이며, 막다른 길로 빠지지 않는 것이다.

먼저 막다른 길로 빠지는 경우를 보자. 이 중에 두 가지는 사회문제를 이른바 기술적으로 해결한다는 발상이다. 이런 방법은 사회조건과 권력구조가 기술적인 해결에 유리한 쪽으로 쏠릴 때 작동할 것이다. 그런데 현실은 그렇지 않기에, 기술의 주된 효과는 기존 강자들의 힘을 키워주는 데 있다는 켄타로 토요마 원칙에 따라 이런 식의 기술적 해결은 해를 끼친다. 무늬만 해결책인 이것과 유사한 것으로, 권력구조 자체는 바뀌지 않는 테두리에서의 법적·사회적 개혁이 있다. 이 방법 역시 트로이 목마처럼 강자들이 저항세력을 방심하게 만든 다음 실상을 눈치 채기 전에 기습용으로 개혁을 이용할 때는 도움을 주기보다 해를 끼친다. 첫 번째 범주(기술적인 방법)에는 민영과 국영을 막론하고 암호화폐가 들어간다. 우선 이것을 살펴보자. 두 번째 범주(법적·사회적 개혁)에 속하는 정보소유권 개혁은 그 다음에 자세히 살펴볼 것이다.

비트코인에 대한 희망은 거짓말이다

사람들 생각에 비트코인 같은 암호화폐는, 금융상 우리의 개인영역을 보호해준다는 면에서 최대의 희망이다. 비트코인은 국가통화가 아니며 국가의 결제시스템도 아니다. 2009년 비트코인은 사토시 나카모토라는 사람이 발명했다고 전해지는데 이는 가명일 뿐, 정확히 누가 발명했는지는 아직까지 알려지지 않았다. 이 시스템은 인터넷을 이용하고 분산 방식으로 운영되며 전 세계에서 이용할 수 있다. 규칙은 원시코드Programmcode로 정해져 있다. 새 '동전'은 이른바 채굴자가 과제를 해결한 것에 대한 보상으로써 유통된다. 채굴자의 과제는 비트코인 거래를 검증하는 것에 본질이 있다. 비트코인 이용자가 한 계좌에서 다른 계좌로 이체하고 싶을 때는, 이 송신자가 실제로 해당 동전을 소유하고 있음을 채굴자가 검증하고 그

다음으로 누구 소유인지를 기록한다. 이를 위해 채굴자는 대형컴퓨터를 이용해 지금까지 공적으로 식별할 수 있는 비트코인 거래에서 파생된 복잡한 계산문제를 풀어야 한다. 이 문제를 맨 먼저 푸는 사람이 보상을 받고, 나머지 사람에게는 아무 보상도 이루어지지 않는다.

이런 특징 때문에 비트코인 시스템은 엄청나게 많은 에너지를 소모하는 한편, 상대적으로 속도가 느리다. 즉, 1초에 처리할 수 있는 거래는 7건밖에 안 된다. 기존의 결제시스템은 이보다 수백 배는 더 빠르며 지극히 적은 에너지가 사용된다.[1] 신용평가회사인 프라이스워터하우스 쿠퍼스PwC의 비트코인 전문가 알렉스 드 브리스는 전문지에 기고한 글에서 처리 건수당 비트코인 시스템의 에너지 소모가 적어도 300킬로와트시는 될 것으로 본다. 그의 계산에 따르면, 결제에 기여하는 몫이 미미한데도 불구하고 비트코인 시스템은 현재 매년 2.5메가와트시를 소비하며 점점 늘어나는 추세라고 한다. 브리스는 이 소비량이 7.7메가와트시까지 올라갈 것으로 예상하는데, 이것은 오스트리아 전체의 연간 전력소모와 거의 맞먹는 규모다.[2]

확인된 거래는 이른바 블록체인으로 기록된다. 블록체인은 가득히 채워진 페이지마다 도장이 찍혀 있어 변조가 불가능한 현금출납부와 같다고 생각하면 된다. 동시에 블록이라고 불리는 각 페이지마다 디지털 봉인실로 묶여 있기 때문에 바꿔치기를 할 수 없다. 누군가 기입된 것을 위조하려고 하면 반드시 드러나게 되어 있다. 모든 계산이 서로 연관돼 있어서 한 블록에 들어 있는 각각의 값을 나중에 바꾸려고 하면 맞지 않기 때문이다.

비트코인은 흔히 디지털 금으로 간주된다. 이렇게 비유하는 근거는, 많은 에너지를 소비한 끝에 땅에서 금을 캐내듯이, 비트코인은 대규모 컴퓨터 시설에서 막대한 에너지를 소비해가며 '채굴'하기 때문이다. 금과의 유사성은 프로그램의 또 다른 특징을 통해서도 분명해진다. 하지만 해마다 새로 나온 비트코인의 유통량은 점점 줄어들어 앞으로 2040년 무렵이면 새 비트코인은 더 이상 유통되지 않을 것이라고 한다. 그렇게 되면 금과의 유사성은 깨진다. 금이나 다른 보석은 장신구 산업이나 가공업에서 원자재로 사용된다. 설사 모든 사람이 지급수단으로 금을 신뢰하지 않게 돼도, 보석용이나 산업용 원자재로서의 금은 계속 가치를 지닐 것이다. 이와 달리 비트코인은 그것으로 결제할 수 있다는 폭넓은 암묵적 동의가 없는, 그저 무가치한 숫자조합에 불과해진다.

비트코인 이후 수천 종의 암호화폐가 만들어졌다. 가치상 비트코인 다음으로 꼽히는 것으로는 이더리움Ethereum, 리플Ripple, 비트코인캐시Bitcoin-Cash 등이 있다. 이것들은 부분적으로 더 우수한 성능에 비트코인보다 덜 소모적인 알고리즘을 갖고 있다.

암호화폐의 큰 장점은 익명성이다. 하지만 엄밀히 말해 이것은 '가명성'일 뿐이다. 현금 거래는 사실상 익명으로 이루어진다. 비트코인 거래에서는 단지 다른 이름이나 번호를 사용할 뿐으로, 이 차이는 크다. 무엇보다 비트코인을 달러나 유로로 환전할 때, 그 고유한 익명은 암호해독에 취약하다.[3] 일단 누군가 신분이 드러나면, 익명으로 이루어진 그의 모든 비트코인 결제가 공개된다. 비트코인 거래소에서 거래하는 이용자 대부분은 아무튼 당국에 직접 접속할 수 있는 하나의 가명밖에 없다. 거의 모든 대형 비트코인 거래소에서는, 신분증 또는 그와 비슷한 방법으로 신원을 밝힐 때만 구입이나 거래가 허용된다. 그래서 보안당국이나 정보기관은 일치된 목소리로, 비트코인은 심각한 문제를 일으키지 않는다며 느긋한 입장이다.

2018년 초, 미국과 한국은 비트코인 거래소를 지속적으로 조사한 적이 있다. 중국은 비트코인 거래소 영업을 허용하지 않겠다고 유보 방침을 밝힌 바 있고, 이란은 자국 은행의 모든 비트코인 거래를 금지시켰다. 하지만 자유주의 성향의 사람들은 암호화폐의 국제적이고 분산적인 특징 때문에 그것의 세계적인 통용을 국가가 금지할 수는 없을 거라고 생각한다. 이런 판단은 초국가적 그림자 세력이 휘두르는 규제권한과 강대국의 뜨거운 관심에 대한 순진한 무지를 보여준다.

거의 모든 암호화폐의 출발지라고 할 미국은 그것을 금지하는 데 전혀 관심이 없다. 2018년 5월, 한국은 마지못해 G20과 국제자금세탁방지기구 FATF를 생각하여 비트코인을 비롯한 암호화폐에 대한 매우 엄격했던 조치를 완화한다고 발표했다. FATF는 2015년 암호규제 방침에서 'FATF는 금융개혁을 인정한다'라는 문구를 최초 강령으로 채택했다. 이런 방침은 정부에게 정상 통화와 환전할 수 있는 암호화폐로 규제를 제한하라는 것이다. 즉, 정상 통화와 교환하기 위한 교환거래소로 한정하고, 다양한 이용자들 간의 암호화폐 송금은 그로부터 제외하라는 말이다.[4] 아시아의 몇몇 언론과 전문 웹사이트에서만 확인된 내용인데, 한국이 그런 발표를 한 배경에는, 암호화폐는 어디서나 금융자산으로 인정해야 한다는 G20의 합의가 있었다는 것이다. 한국은 투기 성격 때문에 암호화폐를 다르게 평가해왔다. 각국 정부와 세계 규제당국이 따라야 할 G20의 공동규제는 2018년 7월로 예고되었다.[5]

강대국을 위한 도구

암호화폐의 도움으로 실리콘밸리의 사업체나 은행, 나아가 미국 정부의 계획을 좌절시킬 수 있으리라는 생각은 (유감스럽게도) 환상이다. 비트코인 발명의 배후에는 미 정보기관이 있을 것이라는 가설이 있다. 그다지 받아들이기 어려운 주장은 아니다. 헤닝 디드리치 Henning Diedrich는 암호화폐를 주제로 한 저서 《이더리움Ethereum》에서 정보기관 NSA가 이더리움 블록체인에 사용되는 공식에 대한 특허를 갖고 있다고 말한다. 단, NSA는 무료 이용을 허용치 않는다는 것이다.[6] 평소 호기심 많은 정보기관이 비밀 비상구 설치나 임의조작 장치를 포기했다는 말을 과연 그대로 믿을 수 있을까? 설사 정보기관이 비트코인의 배후가 아니라고 해도, 적어도 이들은 초기부터 비트코인과 기타 암호화폐를 전반적으로 보호해왔다. 당시 미 대통령직 인수위원이던 피터 틸은 국제적 암호화폐 결제서비스인 비트페이BitPay에 투자하며 새로 합류했다. 틸이 공동설립한 결제서비스 페이팔은 비트페이 및 페이팔에 비트코인을 수용하게 해준 대형 비트코인 거래소 코인베이스 및 고-코인과 협력업체가 되었다. 그의 동료 프로그램에 대해, 틸은 개발자들에게 재정지원을 하고 그들의 프로젝트에 자문을 해준다. 그 동료로는 이더리움 발명자인 비탈리크 부테린과 지코인Zcoin의 게리 르, 오거Augur의 조이 크루그가 있다.

2015년에 틸은 한 행사에서 이렇게 말했다. "페이팔은 새 통화를 만들려던 목표에 실패했습니다. 우리는 단지 새 통화시스템만을 개발했어요. 비트코인은 새 통화에 성공을 거둔 것으로 생각합니다만, 결제시스템으로는 아직 부족합니다." 여기서 우리는 새로운 통화와 해당 결제시스템으로 세계 결제시장을 접수하려는 야망을 엿볼 수 있다.[7]

암호화폐는 실리콘밸리의 철학과 딱 들어맞는다. 비트코인과 블록체인은 기본적으로 신용을 대체할 목적으로 발명되었다. 공공연히 들여다볼 수 있는 블록체인으로 모든 것이 기록되고 확인되는 마당에 발권 당국이나 사업파트너를 더 이상 믿어서는 안 되며, 어떤 사람이나 기관도 더 이상 신뢰해서는 안 된다. 아마존이나 페이스북, 에어비앤비, 우버 같은 대기업에 이보다 더 좋은 것이 어디 있겠는가? 거대한 익명의 사회에서, 국가와 관료주의는 본질적으로 신용을 만들어내는 제도와 다를 것이 없다. 이런 신용사회에서 블록체인을 받아들인다면, 더 이상 국가는 필요 없어지고 플랫폼이 얼마든지 다스릴 수 있을 것이다.

또 현금 퇴치 운동의 조정역할을 하는 '주류파' 래리 서머스도 발을 들여놓았다. 그는 암호화폐와 블록체인 기술에 주도적으로 투자하는 디지털통화그룹DGC에 자문을 해주고 있다.[8] 흥미로운 조합이 아닐 수 없다. 한편으로 서머스는 현금 폐지 운동의 최전방에서 활동한다. 그 근거로 무엇보다 이 결제수단의 익명성 때문에 유난히 테러리스트나 범죄 집단이 좋아한다는 이유를 들먹이면서, 다른 한편으로 암호화폐를 개발한 기업에 투자하고 관련 투자자들에게 자문을 해준다. 이것은 익명성을 보장하는 암호화폐의 기초가 부실하다는 의미거나, 아니면 현금을 반대하는 서머스의 주장이 기만이라고 해석할 수 있는 지점이다. 어쩌면 둘 다를 의미할 수도 있다. DGC에는 웨스턴 유니언과 프루덴셜, 마스터카드 그리고 대통령 후보로 나섰던 미트 롬니의 벤처캐피털 펀드인 베인 캐피털Bain Capital 같은 기존의 대형 금융회사가 참여하고 있다. 더 이상의 기업 참여는 받지 않는다.

국영 암호화폐란 말은 과대포장

2017년, 하필이면 스웨덴 중앙은행이 각국 정부는 현금의 디지털 후속수단을 각각 국가통화로 발행할 수 있을 것이라고 말해 많은 이해관계자를 들뜨게 만들었다. 기술적으로 별 문제가 없다는 것이었다. 중앙은행이 전자 중앙은행권과 현금 두 가지를 발행하고 사용을 보장한다는 것이다. 스웨덴 중앙은행은 두 가지 변종을 발행할 생각을 하고 있다. 그 중 하나는 (장부화폐 버전) 다시 두 개의 하위 버전으로 나뉜다. 첫 번째 경우, 상업은행들은 중앙은행과의 계약에 따라 예금을 관리하게 된다. 이 예금은 은행 대차대조표의 일부가 아니라 일종의 신탁자산이라는 것이다. 두 번째 하위 버전의 경우, 중앙은행 스스로 계좌를 관리하는 경우다. 그러면 모든 시민과 기업이 중앙은행과 직접 접촉할 수 있으리라는 것이다.

　중앙은행의 프로젝트 그룹은 나머지 변종을 '가치창조형'이라고 부른다. 현금에 가까운 이 대안은 소유자가 전자화폐를 소유하고 통제하는 것에 대비한 것이라고 한다. 중앙은행권에 기능이 추가될 결제카드와 전자화폐 거래소를 통해 전자 중앙은행권으로 결제하는 것이 가능해진다는 것이다. 이 돈은 반드시 중앙은행의 회계 처리를 거치지 않아도 현금처럼 주인이 바뀐다. 프로젝트 그룹은 소액은 익명결제를 가능하게 하자고 제안한다. 스웨덴 중앙은행은 디지털 은행권을 확실히 도입할지 여부를 아직 결정하지 않았다. 마찬가지로 디지털 중앙은행권을 요란하게 떠벌린 영국 중앙은행은 반대로 익명결제는 고려하지 않고 있음을 분명히 밝혔다.[9]

여기서 알 수 있는 것은, 디지털 중앙은행권은 원칙적으로 현금의 장점을 디지털 시대로 이전하는 형태가 될 것이라는 점이다. 여기서 '원칙적'이라는 단서가 중요한데, 모든 것은 중앙은행 자체와 이용자들에게 부과할 규칙 및 제한조치에 달려 있기 때문이다. 만일 이용자가 일반은행과 중앙은행 계좌 간에 디지털 화폐를 마음대로 이체하게 된다면, 돈을 가진 이들은 파산에 취약한 은행시스템에 현금을 가둬두지 않을 것이다. 이들의 채무자는 필요할 때 스스로 돈을 '찍어내기' 때문에 파산 염려가 없는 중앙은행이 될 것이다. 디지털 국가통화에 역금리가 배제된다면, 중앙은행에서 은행이나 국가를 재정적으로 구제하기 위해 예금을 냉혹하게 부분 몰수하는 일은 없을 것이다. 그리고 만일 국가가 디지털 국가화폐로 익명결제를 보장한다면, 우리가 현금에서 몹시 소중하게 생각하는 개인정보의 보호 기능 역시 순수한 디지털 미래로 함께 진입할 것이다.

이상은 '만일'이라는 3대 전제가 따르는 조건이었다. 그다음에는 '왜'라는 3대 의문이 이어진다. 왜 금융 분야에서 익명성을 없애려고 열심인 정부가 통제 가능한 디지털화폐를 위해서는 익명성을 보장할 거라고 믿어야 한단 말인가? 파산 은행의 구제 시, 예금주를 끌어들이려고 애쓰는 정부가 손실 발생으로부터 예금주가 빠져나가도록 탈출구를 보장한다는 말을 어떻게 믿을 수 있는가? 궁극적으로 역금리를 도입하기 위해 현금에서 벗어나려는 중앙은행이 왜 자체의 디지털 현금 후속수단에서는 역금리를 배제한다는 것인가? 모든 약속은 디지털 지불수단을 수용하고 그와 결부된 현금 제거를 완수하도록 초기단계에서는 실현될 수도 있다. 하지만 계속 그럴 것으로 믿는 사람은, 현금 후속수단이 일단 성공적으로 도입돼 마침내 현금이 축출될 때, 지극히 순진했다는 사실을 깨달을 것이다.

이와 달리 국가의 디지털화폐는 은행 수익에 역행하기 때문에 거부한다는 독일 연방은행 총재 옌스 바이트만의 말은 신선할 정도로 솔직하다. 그는 디지털 국가화폐는 중앙은행에 있는 모든 사람의 계좌와 다를 바가 없다고 주장한다. 고객에게는 매우 안전하겠지만, 은행으로서는 그것이 '기한 및 유동성 전환'을 더 어렵게 만들기 때문에 불리하다는 것이다. 바꿔 말하면, 은행은 그들 스스로 찍어낼 수 있는 돈을 빌려주는 대가로 높은 금리 프리미엄을 요구할 수 없다는 얘기다. 게다가 위기가 닥치면 고객은 상업은행에서 돈을 인출해서 보다 안전한 중앙은행으로 옮길 것이므로 뱅크런의 위험 또한 있다고 경고한다.[10]

중앙은행이 디지털암호 중앙은행권에 대한 계획에 매달린다면, 이는 국제적인 통화경쟁에서 국민들을 도구로 삼기 위해서다. 그들에게 좋은 일이라서, 그들을 은행으로부터 해방시키기 위해서가 아니라는 말이다. 앞에서 우리가 주도적인 반反현금 활동가로 확인한 바 있는 하버드의 경제학자 켄 로고프는 최근에 이런 말을 했다. "중국은 디지털화폐를 통해 세계 기축통화로서의 달러를 끌어내릴 기회를 엿보고 있다. 이렇게 되면 세계의 권력구조는 재편될 것이다. 따라서 연준도 디지털 달러를 위해 가능한 방안을 시험하고 있다. 그러지 않는다면 오히려 미친 것으로 보일 것이다." 자체의 디지털 통화는 미국의 중앙은행이라고 할 연준이 볼 때, 기껏해야 달러의 국제 지배권을 방어하는 수단에 지나지 않는다는 것이다. 로고프는 원칙적으로는 아마존도 자체 디지털화폐를 발행할 것이라며 이렇게 덧붙였다. "하지만 그렇게 되면 정부는 거래자료에 접근할 권리를 요구할 것이다. 그 때문에 아마존은 디지털화폐 발행을 다시 생각해야 할 것이다."[11]

마찬가지로 러시아도 적극 나설 것이다. 안톤 실루아노프 재무장관은 미래의 암호 루블화의 개념을 설명하면서 이렇게 말했다. "우리는 암호화폐의 발행과 채굴, 유통과정을 정부가 규제한다는 데 의견이 일치했다. 국가는 이 모든 것을 통제해야 한다." 미 해외정보기관 CIA는 러시아의 의도가 익명의 통화로 미국의 제재를 피하려는 것은 아닌지 의심하고 있다.[12]

미 중앙은행이 디지털 달러의 발행을 시험한다고 하지만, 이들로서는 금융 및 IT 대기업의 암호 달러화가 암호 위안화나 암호 루블화에 대한 방어를 담당하는 방법이 더 매력적일 것이다. 사기업이나 개인투자가들이 암호화폐를 유통시키면, 국가 혹은 국가와 가까운 미국 기관이 맡는 역할은 훨씬 덜 드러날 것이고, 그러면 아주 다양한 접근 방식을 시험해볼 수 있을 테니 말이다. 미국 정부로서는 타국이나 타 통화지역의 잠재적 경쟁을 최소화할 수만 있다면 어떤 방식이든 상관없다. 예컨대 래리 서머스의 자문을 받는 디지털 통화그룹DGC과 그 밖의 유명 투자자들이 투자한 신생기업 인탠저블 랩스Intangible Labs는 달러 대비 안정적인 가치를 유지하는 암호화폐 베이시스Basis를 유통시키려고 한다.[13] 가치변동이 심해 결제수단으로는 거의 사용할 수 없는 비트코인과 달리, 베이시스는 그런 변동에 심하게 노출되지 않으므로 더 매력적이다. 가치 안정을 위해, 새 베이시스 동전은 장바구니 물가에서 달러와 베이시스가 항상 비슷하게 자동 조절되도록 발행한다.[14]

이런 암호화폐가 시행될 때, 시민의 자유라는 면에서는 어떤 이득이 있을지 가늠하기는 어렵다. 러시아나 중국의 대안도 지정학적 권력관계에서는 중대한 의미가 있을지 모르지만, 시민의 자유를 보호한다는 의미와는 무관하다.

트로이 목마로서의 데이터 소유권

듣기에는 좋지만, 강자에게만 유익하고 시민의 자유를 해치는 또 다른 문제가 정보소유권 개념이다. 독일 총리 앙겔라 메르켈은 당시 교통장관 알렉산더 도브린트와 공동으로 이 개념에 대해 발언한 적이 있다. 그 계기는 자동차산업에 대한 이해관계 보호 문제에서였다. 자동차산업은 완전 센서와 여러 감시기술을 동원한 현대식 자동차 제조기업의 정보를 실리콘밸리가 유출해가는 것을 우려하고 있다. 이미 2013년 3월, 메르켈은 정보의 소유자를 법적으로 분명히 해야 한다며 EU가 하루빨리 이 문제를 처리해줄 것을 요청했다. 도브린트는 동시에 전략보고서에서 법적으로 데이터를 실상에 맞게 분류해 소유권을 분명히 해야 한다고 촉구했다.[15]

기자들 사이에서는 이런 분류가 개인정보 보호원칙에 위배되는지를 놓고 논란이 벌어졌다. 어쨌든 이런 행위는 실제로 개인정보 보호에 위배된다. 이미 자동차 제조회사를 위한 보호조항이 그것을 보여준다. 이 보호조항은 자동차를 구매할 때 구매자 개인정보에 대한 소유권을 제조사에 '자발적으로' 양도할 것임을 지극히 당연한 것으로 만든다. 제조사는 단순히 이것을 거래조건에 써넣을 것이다.

정보소유권 문제는 이때부터 늘 논의돼왔지만, 입법 차원에서 법적으로 진전된 결정은 아직 이루어지지 않았다. 따라서 다른 방법을 모색 중이다. 이렇게 민감한 문제가 발생할 때면 늘 그렇듯이, 세계경제포럼이 발 벗고 나섰다. 대기업 클럽인 이 포럼은 미 국토안보부 당국과 공동으로 사람들을 스스로 감시하는 보조경찰로 만들고 개인정보 보호법에 따른 모든 방해요인을 근본적으로 제거하는 모형을 개발했다. 이런 목적으로 국가의 든든한 지원을 받는 이 민간 클럽은 국경을 통과하는 여행자들에 대한 통제 방식을 개선하겠다고 다짐했다. 이를 위해 대기업들은 2년간 일련의 워크숍을 개최했는데, 여기엔 국토안보부를 비롯한 국가기관도 참여한 것으로 보인다. 이들은 추후에 결과를 내어놓을 것이라고 한다. 이 워크숍에서는 다음과 같은 주제의 보고서가 채택되었다. '신원이 투명한 여행자: 안전하고 원활한 여행을 위한 디지털 ID의 효과를 높이는 방

법'.**16**

 그러기 위해 여행자는 스스로 자기 정보를 데이터베이스에 적극적으로 채워야 한다는 것이다. 그러면 은행정보, 숙박기록, 렌터카 예약사항, 대학이나 직장 등의 기록이 그들의 여행력이 된다. 국경검문을 통과할 때는, 자신이 위험인물이 아님을 검문관리가 쉽게 납득하도록 자발적으로 이 데이터를 제시하라는 것이다. 얼굴인식과 (이상적인 경우) 생체측정으로 자기 몸과 연결된 스마트폰을 사용하면, 관리들은 이 여행자가 사전등록을 했고 철저한 조사를 거친 사람이라는 것을 확인할 수 있다. 디지털 정보를 꼼꼼히 기록하고 선선히 보여준 여행자는 길게 줄을 선 다른 이들보다 보상 차원에서 우선 처리되고 따라서 검문과정도 최소화된다는 것이다. '여행자는 수동적인 태도를 버리고 보안점검 과정에 적극 협력하는 태도를 보여줄 기회를 얻어야 한다'라고 이 보고서는 기술한다. 하지만 여행자가 수상한 기미를 보일 때, 국경관리는 전달받은 정보를 바탕으로 여행자의 '최근 행적을 확인하는 상세한 질문'을 할 수 있다.

 비협조적일수록 오래 기다려야 한다는 것은 쉽게 예상할 수 있다. 이렇게 가다간 언젠가는 입국 허가를 받기 위해 분명 '자발적'으로 정보를 제시할 필요가 있게 될 것이다. 보고서는, 이것을 이른바 정부 당국의 중앙데이터베이스로 구축해서는 안 될 것이라고 말한다. 그러면 불가피한 해커의 공격으로 또다시 개인정보 보호규정으로 인한 문제가 생길 것이다. 따라서 누구나 스스로 자기 정보에 책임을 져야 하고, 개인정보 제시를 요구받을 때는 책임지고 이에 협조해야 한다는 것인데, 이것을 '정보소유권'이라고 한다. 물론 현실적으로는 모든 것을 취합한 데이터베이스 네트워크가 존재한다. 이것은 일정한 시간이 지난 뒤 국경관리에게 전달되며 미 국토안보부와 경찰 그리고 정보기관이 손을 뻗칠 수 있는 데이터베이스다. 하지만 보고서 작성자들은 어지럽게 뒤섞인 현대용어를 통해, 이 내용을 이해하지 못할 정상적인 독자의 눈에 데이터베이스가 감지되지 않도록 신경을 쓴다.[17]

이 연구에 대한 테스트는 2018년부터 캐나다와 네덜란드가 양국 국경의 교통상황을 한눈에 볼 수 있는 곳에서 실시할 것이라고 한다. 테스트가 잘 진행되면, 그 다음에는 자발적으로 자기검열하는 여행자에게 특권을 보상해주는 식으로 실시하다가 나중에 이것을 의무화하는 방향으로 진행될 것이다. 특히 비자와 구글 같은 참여 대기업이 볼 때, 국경관리 기관은 분명 자발적으로 자기감시를 하는 시스템이 충분조건을 갖추게 하는 이상적인 촉매다. 일단 이런 시스템이 자리를 잡으면 정보흡혈귀들은 성가신 정보보호 규정의 저촉을 벗어나 마음 놓고 우리의 모든 정보를 받아먹을 것이다.

시행계획서는 이 같은 구상이 여행자 범위를 뛰어넘어 대단한 잠재력을 발휘할 것이라고 주장한다. 이런 자기감시가 국경에서 시행되면, 국민들은 자신의 종합정보를 기업과 정부기관의 '일상적인 이용을 위해' 자발적으로 넘겨야 할 것이다. 예를 들어 건강이나 교육, 양육, 은행업무, 자선활동, 선거 같은 분야에 먼저 이용될 것으로 보이는데, 늦어도 2020년이면 폭넓게 이용될 것이다. 또한 세계경제포럼에서는 추가 기술개발에 대한 구체적인 계획도 이미 준비하고 있다. 여기서는 무엇보다 이용자 개인과 연결되는 완벽한 기기를 염두에 둔다. 목표는 '단 하나의 일관된 ID로 활동하는 이용자의 모든 활동을 색인으로 분류하는 것'이라고 세계경제포럼의 보고서는 말한다. '모든' 활동을 '색인화'해서 분류한다는 말이다! 즉, 그런 권한을 부여받은 기관이 아무 때나 우리의 삶 전체를 컴퓨터로 이용할 수 있도록 준비하는 것이 목표라는 말이다.

효과적인 저항법

터무니없는 반反현금조치에 대한 법적 대응이 이루어지고 있다. 개인정보 보호가 공동화되는 직접적인 현상에 대해서도 마찬가지로 대응책이 나오고 있다. 막스 슈렘스가 설립한 '상관하지 마none of your business(noyb노이브)'라는 기구는[18] 국제적인 대기업에 맞서 개인 정보를 법적으로 보호하는 임무를 스스로 떠맡았다. 슈렘스는 이 분야의 경험자다. 그는 2015년 법학도로서 정보교류에 관한 EU와 미국과의 '세이프 하버 협정Safe-Harbour-Abkommen'을 유럽사법재판소에 제소해 좌절시킨 인물이다.

이 밖에도 감시라는 주제에 관한 법률적 약점은 얼마든지 많다. '노이브'는 정보보호 규정을 어기는 대기업을 엄벌하는 EU- 정보보호기본규정DSGVO의 도움으로 독일의 슈파Schufa 같은 상업흥신소를 통한 '정보보유'를 고발할 계획도 세웠다.[19] 결정적인 것은, 어떤 법적 근거로 7,000만 독일인의 신용정보가 매번 당사자의 허락 없이 저장되는지에 대하여 의문을 제기할 수 있다는 것이다. 신용정보에 대한 합법적인 목적은 불성실하거나 파산한 고객의 블랙리스트를 통해서도 달성할 수 있기 때문이다. 이런 고발이 성공을 거둔다면, 아르바토^{Arvatos}나 액시엄 같은 회사의 지나친 정보수집도 대폭 제한할 수 있을 것이다.

총체적 감시라는 국제적 의제를 옹호하는 이들은 이런 노력을 심각하게 받아들인다. 오스트리아에서 노이브가 창설된 지 몇 달 지나지 않은 2018년 4월, 오스트리아의 보수 국민당^{ÖVP}과 극우 자유당 ^{FPÖ} 연립정부는 기습적으로 단기간에 법령 하나를 가결했는데, 이법에 따르면 해당 시민들의 위임에 따라 정보보호 훼손을 고발하는 공익기구는 범법자들의 손해배상 청구 대상이 될 수 없다. 이에 따라 노이브는 법률서비스의 소송지원금을 받지 못하게 되었다. 당사자들이 자신의 손해배상 청구로 재미를 보는 경우는 아주 드물다.[20]

독일과 유럽에서는 현금 퇴치라는 의제도 법원의 훼방에 취약하다. 아무튼 직접적인 조치에 대해서는 그렇다. 2016년 초 EU 이사회가 연방재무장관 쇼이블레로부터 현금상한선이라는 달갑잖은 문제를 마지못해 떠안았을 때, 그들이 이 과제를 무척이나 망설인 데는 그럴 만한 이유가 있다. 한참 뒤늦은 2017년 말에 가서야 보고서를 공개했는데, 그 맥빠진 결론은 옛날 축구선수 프란츠 베켄바우어가 했다는 말로 대변할 수 있을 것이다. "두고 보면 알 것이다."[21]

브뤼셀이 현금상한선 문제에 적극적으로 나서기를 꺼렸던 이유는 EU 조약에 포함된 한 항목 때문인 것으로 보인다. 정확히 말해 '유럽연합 기능에 관한 조약^{VAEU}'이라는 항목이다. 이에 따르면 유로 은행권은 통화연합의 법적 지급수단이기 때문이다. 통화문제 전문가인 프랑크푸르트 대학의 헬무트 지크만은 "유로 은행권의 사용 제한은 VAEU 128조에서 규정한 법정지급수단 규정에 어긋난다"라고 판단한다.[22] 지배적인 법 해석에 따르면, 자발적으로 별도의 합의가 있지 않은 한, 채무청산을 위해선 법정지급수단을 받아들여야 한다는 의미다. 이 말은 광범위한 결과를 낳는데, 우선 고위직은 결제수단으로 언제나 유로 은행권을 받아들여야 함을 의미한다. 고위직은 궤도이탈을 해서는 안 되며 품위를 갖춰야 하기 때문이다. 그들은 상위에서 모범적으로 행동하는 계층이다. 이런 정신은 유럽연합의 조약, 즉 이른바 EU 위임입법에 포함되어 있기 때문에 개정도 오직 이 차원에서만 가능하다. 하지만 오랫동안 EU 조약을 개정하기 위해 나선 사람은 없었다. 그러자면 회원국 전체의 동의가 필요할 뿐더러 회원국 중에는 국민투표를 해야 하는 나라도 많았기 때문이다. 주민들 사이에서 EU는 오명을 얻었으므로 책임 있는 당국자들은 늘 국민투표에서 패할 것으로 예상한다.

모든 국가가 이미 현금상한선을 도입했지만, 이들의 법 해석에 따르면 이는 유럽연합법에 어긋난다. 그러나 이 문제가 유럽 최고재판소까지 갈 것이라고는 예상하지 않는다. 조약의 수호기관인 EU 이사회가 외면하고 있고, 유로화를 수호해야 할 중앙은행도 이런 조치에 이의를 제기하지 않기 때문이다. 하지만 각국 정부가 유럽연합법을 어길 때 외면하는 것과, EU 조약에 어긋나는 규칙을 유럽 전역에 반포하기 위해 공식적으로 입법절차에 착수하는 것은 전혀 다른 문제다. 2016년 5월, 독일 노르트라인-베스트팔렌주 의회의 청문회에서는 "현금은 독일과 유럽 통화연합에서 유일한 법정지급수단이다"

라는 단 한마디의 핵심문장이 나왔다. 이어지는 말도 의미심장하다. "현금결제에 상한선을 도입하면 은행권은 무제한적인 법정지급수단으로서의 특징을 상실하게 될 것이다."[23]

연방은행은 EU 이사회에 현금상한선이 유럽연합법이나 동일한 내용의 연방은행법과 맞지 않는다고 훨씬 더 분명히 말하게 될 것이다. 그러나 이것은 이사회도 오래전부터 알고 있는 것으로, 2010년에는 '법정지급수단'이란 표현의 정확한 의미에 대해 단일한 결론을 도출하려고 연구팀까지 투입했다. 이사회는 연구팀의 결론을 법적 구속력이 있는 것으로 받아들였다. 결론은 다음과 같다. '지급의무가 있을 때, 법정지급수단으로서 유로 은행권 지폐 및 동전의 지위에는 다음과 같은 자격이 포함된다. a) 의무적 수용: 양쪽이 다른 지급수단에 합의하지 않는 한, 지급의무의 수취인은 유로 지폐 및 동전으로 결제하는 것을 거부할 권한이 없다.' 따라서 회원국 정부는 유럽연합법에 따라 채권자가 이행할 의무가 있는 행위를 법을 통해 금지할 수 없다. 뿐만 아니라 이사회가 수령의무를 제한하려 한다면, EU 조약의 해당규정을 바꿔야 할 것이다.[24]

유럽 전역과 마찬가지로 독일에서도 법적 여건은 유리하다. 연방은행법 14조 1항은 유로 은행권이 단 하나의 무제한적인 법정지급수단이라고 적시한다. 만일 재무부나 대민 행정기관, 방송사가 현금 수령을 거부하면 이들은, 법전에 대한 지배적 의견에 따르면, 수취불이행을 한 것이므로 따라서 돈을 징수할 수 없다. 연방법과 주법이 충돌할 때의 헌법원칙 때문에, 주정부 당국은 연방은행법을 벗어날 수 없다. 연방입법 당국이 연방은행법을 개정하거나 제한할 수 있다고 생각할지 모르지만, 그렇게 되면 앞에서 언급한 VAEU 128조를 제한하게 되므로 그렇게 할 수 없다.

하지만 그 아래서 공적으로 국가를 떠받치는 행정법원은, 연방은 행법의 명백한 법조문에도 불구하고 지금껏 계속된 공공기관의 현금 수령 거부를 합법적이라고 설명할 허점을 찾았다. 이제 위법에 대한 고발절차는 연방최고재판소까지, 경우에 따라서는 유럽사법재판소까지 올라갈 태세다. 만일 이런 노력이 성공을 거둔다면 '현금보다 좋은 동맹'이나 'G20 금융포용 협력체'의 계획은 완전히 수포로 돌아갈 것이다. 그렇게 되면 이미 존재하는 현금상한선은 명백한 위법이 될 것이다. 또 현금수호자들은 수세에서 벗어나고, 현금이 특별한 지위를 지니고 있음이 명백해질 것이다. 최고재판소 결정이 내려진다면, 현금의 적들이 끊임없이 생각해낸 잡다한 현금 반대 조치에 대한 고발이 봇물처럼 쏟아질 것이다.

2015년 2월, 나는 제1공영방송, 제2텔레비전 및 독일라디오 방송이 공동으로 내 계좌에서 수신료를 인출하도록 허용한 자동이체를 취소했다. 그러자 곧바로 자신들의 계좌로 수신료를 이체하라는 친절한 안내가 따랐다. 나는 앞으로 무제한 법정지급수단으로 결제할 것이라 답장하고, 어디서 납부할 수 있는지 통지해주면 좋겠다고 했다. 만일 수령을 거부할 경우에는 그에 대한 근거를 알려달라고 덧붙였다. 그 후 몇 달간 아무 소식이 없어서 내 편지를 받은 사람이 내 의견을 무시하고 잊어버린 것이라 생각했다.

다시 한번 내 의도를 분명히 밝히기 위해 나는 블로그 'norberthaering.de'에 어떻게 하면 현금으로 수신료를 납부할 수 있는지에 대한 글을 올렸다. 이 글은 곧장 언론의 주목을 받았고, 그러자 상황은 급박하게 전개됐다. 이 사건은 거부 결정과 항의, 다시 거부 결정이라는 과정이 반복되다가 결국 프랑크푸르트 행정법원으로 옮겨가 2016년 10월에 이에 관한 재판이 열렸다.[25] 법원은 '집단소송절차'의 행정에서 금전징수를 불필요하게 방해해서는 안 된다고 판시하고, 연방은행법 14조의 '목적론적 축소'라는 법적 보조수단을 정당화했다. 이 장치는 만일 이성적인 입법자가 가령 집단지급절차 같은 것이 있을 거라고 예측하거나 고려했다면, 법안을 행정절차상 번거로울 때의 현금 수령 의무를 제외하는 문구로 작성했을 것이라는 취지였다.[26]

나는 카셀에 있는 헤센 행정법원에 항소했고, 여기서 2018년 2월 13일 본 사건의 심리가 열렸다.[27] 이날은 참회화요일이어서 판결은 없었다. 이 법원은 원하는 결론에 이르기 위해 방법론적으로 매우 의문시되는 목적론적 축소를 끌어들일 필요는 없다고 결정했다. 대신 또 다른 방송수신료 현금납부사건을 다룬 뮌헨 행정법원과 비슷한 주장을 했다. 뮌헨 법원의 판사는 연방은행법 14조는 오로지 현금의 성격을 규정한 것이므로 방송사가 현금을 받지 않으려고 하는 본 사건과는 무관하다는 것을 아주 진지하게 설명했었다. 행정법원이 말하는 법리는 '결제에 유로 은행권 사용이 허용되고 또 채권자는 이 돈을 거부할 수 없다는 판단은 독일연방은행법 14조 1항 2에 근거해 충분히 내릴 수 있다'는 것이었다. 하지만 이것이 현금 지급 외에 다른 결제 방식을 규정할 수 있는가에 대한 근거는 아니라는 말이었다.[28]

따라서 현금은 수령되어야 하지만, 현금으로 지급하는 경우에 대해서만 규정한 것이라는 것이다. 말장난이 아니라 정말로 법조문이 그렇게 되어 있다. 연방은행법 14조의 원문과 이 법조문에 대한 1956년의 공식 해석을 보면 심한 법률곡해를 피할 도리가 없다. 즉, 법안 주석에는 다음과 같은 말이 나온다. '연방은행의 지폐와 통용주화(제1차 세계대전 발발 이전까지 독일과 오스트리아에서 통용된 동전으로 금속 가치가 액면가보다 낮았음 — 옮긴이)는 법정지급수단이다. 통용주화의 경우 일정한 액수의 (……) 강제 수령을 제한하는 데 비해, 연방은행의 지폐는 수령액수에 제한이 없다.'

행정법원 판사가 좀 더 현명했다면, 현금을 절대 안 받겠다고 한다면 굳이 받지 않아도 된다는 말을 덧붙였을 것이다.

하지만 카셀 판사의 궤변보다 훨씬 더 눈여겨볼 것은, 이 행정법원이 사건의 근본적인 의미 때문에 어디서나 들을 수 있는 그 밖의 판결 주문과 완전히 어긋나는데도 불구하고 라이프치히 연방행정법원의 상고를 허용했다는 것이다. 카셀 판사는 프랑크푸르트 판사처럼 방송사와 공공연한 행정절차를 자극하는 판결로 이름을 알리고 싶은 충동을 느낀 것 같지는 않았다. 판사들은 불편한 사건을 맡게 되면 상급심으로 넘기는 것을 좋아한다. 하기야 판사의 승진이 시민이나 수신료 납부자에게 달린 것은 아니니까.

라이프치히에서는 프랑크푸르트나 카셀과는 전혀 다른 목소리가 나왔다. 하급 행정법원은 법정지급수단으로서의 현금의 지위에 대한 연방최고재판소의 결정을 간단히 무시할 수 있고 또 기꺼이 그렇게 한다. 그렇지만 연방행정법원은 그렇게 해선 안 된다. '연방최고재판소 판결의 일관성 유지법칙'이라는 것이 있기 때문이다. 연방법원이 다른 연방법원의 판결과 상이한 결정을 하려면, 5개의 연방법원 합의부를 소집해야 한다. 이 합의부란 연방행정법원, 연방최고재판소, 연방재정법원, 연방사회복지법원, 연방노동법원을 말한다.

특히 흥미로운 것은 민사 최고법원인 칼스루에 연방최고재판소였다. 이 재판소는 이미 1953년에 금전채무는 원칙적으로 법정지급수단으로 변제해야 하고 변제할 수 있다는 결정을 내렸다.[29] 은행예치금은 민법에서 말하는 '의무의 완전한 이행'에 해당하는 대체금일 뿐이라는 것이다. 연방최고재판소는 이런 법 해석을 늘 되풀이해서 확인했고 취소한 적이 없다.

카셀 행정법원은 현금 수령에 대한 방송사의 불만이 '현금과 예치금의 근본적인 등가성'에 기반한 '현대적인 해석에 명백한 근거를 둔다'라고 하면서 연방최고재판소의 이런 해석이 낡은 생각이라고 설명한다.

카셀 행정법원 판사는 그 근거로 '무제한적인 법정지급수단'이라는 유로 은행권의 지위에서 이것을 수령해야 할 채권자의 의무가 나오는 것은 아니다'라는 점은 '명백하다'고 본다.

연방최고재판소는 이 명백성을 인정하지 않는다. 그들은 쌍방이 자발적으로 다른 지급수단에 합의하지 않는 한, 모든 채권자는 유로 은행권을 무제한적으로 수령해야 한다는 원칙에서 출발한다. 연방최고재판소는 과거에 항공사 고객의 고발을 기각한 적이 있는데, 이 결정은 헤센 행정법원의 주장처럼 원칙적인 수령의무가 존재하지 않는다는 취지에서 나온 것이 아니다. 오히려 여기서는 원칙적인 수령의무를 인정하면서도 항공사가 계약체결 이전에 현금 수령을 거부한다는 걸 분명히 밝혔다는 이유로 고발을 기각한 것이었다. 따라서 법원은 고객이 다른 항공사를 이용할 수도 있다는 점에 암묵적 동의를 했다는 취지로 결론을 내린 것이다.[30] 국가라면 공권력을 행사하므로 지급의무를 암묵적 또는 자발적으로 동의할 수 없다. 내 경우엔 수신료를 다른 방송사에 납부할 수 없다. 2015년까지만 해도 연방최고재판소는 당연히 모든 금전채무를 '현금 지급'으로 변제할 수 있다는 취지로 판결했다.[31]

2019년 이전에는 라이프치히 재판을 기대할 수 없다.[32] 내 블로그 'www.norberthaering.de'에는 '수신료 − 현금소송'이라는 문서가 있는데, 여길 들어가면 소송 진행과정을 시간 순으로 주석과 함께 살펴볼 수 있다. 또 내 변호사 카를로스 게바우어가 작성한 항소 이유도 볼 수 있다.

게바우어는 재무부를 상대로 한 비슷한 사건에서 텔레비전 기자 라이문트 브리히타의 법률대리인도 맡고 있다. 이 사건은 상고 승인이 되지 않아 연방재정법원에 계류 중이다.[33] 브리히타는 체납세금을 국가통화로 지급하겠다고 주장하지만, 국가는 받지 않겠다고 한다. 세법은 세무서가 지방의 하급 세무기관에 영수증을 발급하고 현금을 받아들일 권한을 부여함으로써 세무서에 현금 납부의 여지를 허용하고 있다. 브리히타의 세무서는 하급기관에 권한을 위임했지만 고소를 제기한 다음이었다. 권한을 위임받은 세무기관은 전권을 행사할 수 있었지만 세무서를 위해 현금을 수령할 마음이 없었다. 이 사건에 대해 재정법원은 납세의무자가 운이 나빴을 뿐, 세무서의 책임은 아니라고 판결했다. 상급심도 이같이 판결했고, 내 사건과는 달리 최고재판소인 연방재정법원의 상고를 허용하지 않았다. 이에 대해 많은 불만이 제기되고 있다.[34]

게바우어의 자문을 받는 고소인은 연방헌법재판소에까지 문제를 가져갔다.[35] 고소인은 나의 사례를 따르려고 했고, 지방법원은 현금공탁을 통해 방송사를 위한 배상책임을 이행하려고 했다. 하지만 프랑크푸르트 지방법원과는 달리 로이틀링겐 지방법원에서 법집행관은 방송사의 수령지체가 발생했다고 보지 않았으므로 그 돈을 공탁금으로 받지 않았다. 이에 대한 판단을 해야 할 슈투트가르트 고등법원은 행정을 번거롭게 한다는 이유로 연방은행법 14조가 행정집단소송에 적용되지 않는다는 입장을 취했다. 그러면서 재판관들은 '집단소송'이라는 개념의 정의를 완강하게 거부했다. 법원은 그런 소송이 분쟁 중임을 확인하는 것만으로 충분하다는 것이었다.[36]

이제 독일 최고재판소가 중하급심의 독창적인 법률곡해를 어떻게 다룰지 궁금하다.

함께라면 할 수 있다

　　　　　법원의 도움만으로도 금융의 총체적 감시를 향한 세계적인 운동에 제동을 걸 수는 있지만 완전히 멈추게 할 수는 없을 것이다. 운동의 주도세력과 공범들은 점진적이고 간접적인 방법으로 현금유통의 토대를 제거할 수많은 기회를 장악하고 있다. 또한 법원의 도움만으로는 실리콘밸리의 공룡기업이 추진하는 데이터 수집을 통한, 막강한 힘에 맞서는 것이 쉽지 않다. 하지만 소송이 성공적인 결과만 이끌어낸다면 적어도 이 문제에 대한 관심을 불러일으키는 데 도움이 될 것이다. 그리고 처음에는 이것이 그 무엇보다 중요하다.

　총체적 감시라는 의제를 중단시키기 위해서는 먼저 그런 의제가 존재한다는 사실을 널리 알려야 한다. 많은 시민과 정치인은 누가 어떤 수단으로 이 의제를 체계적으로 부각시키는지, 그리고 어떤 구실과 핑계를 대며 본심을 숨기는지 충분히 파악해야 한다. 금융포용이 무엇을 의미하는지, 그리고 금융문제에서 돈세탁 및 테러근절이라는 이유가 전혀 엉뚱한 동기에서 나온 현금 반대조치에 대한 핑계에 지나지 않는다는 사실을 널리 알려야만 비로소 정치적 압력을 행사할 기회가 주어질 것이다. 문제는 연방정부와 연방은행, 유럽중앙은행, EU 이사회에 압력을 가하는 것이다. 이들이 공개적으로 '현금포용을 위한 G20 협력체'의 틀에서 현금 억제를 위한 위장된 약속을 취소하고, 이 문제에 관심을 쏟는 대기업의 말썽 많은 반反현금동맹에의 참여를 취소하며, 그 동맹이 보증하는 것이 거짓임을 밝히고 자신들은 현금에 반대하지 않겠다는 다짐을 받기 위해서다.

연방은행과 은행감독위원회는 초국가적인 규제기관에서 '현금보다 좋은 동맹'과 함께 현금 적대적인 규제 음모를 꾸민 것을 해명해야 할 것이다. 연방은행 총재에 취임하는 인물마다 현금을 적극 옹호하고 반대운동에 대해 소상히 캐묻고 적대조치를 비판할 때, 비로소 현금을 결제시스템에서 몰아내려는 계획을 물거품으로 만들 수 있을 것이다. 연방정부는 누가 '국제자금세탁방지기구'와 계약을 체결하고 현금이용을 어렵게 만드는 기준에 동의했는지 해명할 필요가 있다. 만일 의회의 정치인들이 초국가적 그림자 왕국에 있는 규제세력들로부터 나온 현금 적대적인 새 기준을 관철시키려고 했다면, 이들에게는 경고를 주고 거기서 무엇을 결의하려 했는지를 알아내야 한다. 그럼에도 불구하고 이들이 거기서 현금 적대적인 결정을 하려고 한다면 이를 분명히 해명해야 할 것이다. 개발원조부 장관은 그의 감독하에 있는 국제협력협회GIZ가 빌 게이츠의 '금융포용동맹'을 위해 일하고 반^反현금집단에서 '빈곤층을 위한 자문그룹'의 회원인 것에 대해 해명해야 한다. 독일 국립개발은행인 KfW도 마찬가지다.

시민이자 민의의 대변인으로서 우리가 '정보소유권' 같은 트로이의 목마가 실제로 무엇에 이바지하는지 충분히 이해할 때만, 진정제를 먹고 얌전해진 양 떼처럼 총체적 감시체제로 뻗은 길을 따라가는 것을 저지할 기회가 생길 것이다. 총체적 감시라는 의제에 대한 저항은 좌우 이념의 문제도 아니고, 민주주의나 금권정치, 민중통치나 부자통치의 문제도 아니다. 각각의 정치적 노선과 정파를 불문하고,

얼마간은 위험하고 무질서한 자유로운 삶이 워싱턴과 실리콘밸리의 부자집단이 조성하려는 아름다운 신세계보다 낫다는 데 모두의 의견이 일치되어야 한다. 그러므로 이념의 참호를 따라가며 서로 분열하는 것이야말로 그런 전체주의적 악몽의 반대자들이 저지르는 가장 어리석은 일이 될 것이다. 이 말은 국제주의자와 민족국가 지지자들 사이의 참호에도 적용된다. 이상적인 국제주의자나 민족국가의 지지자라고 해도, 자기 민족만을 선택받은 우수 집단으로 간주하며 다른 모든 민족은 열등하게 여기는 경우가 아니라면, 현금 퇴치나 전 세계의 총체적 감시체제 관철이라는 구체적인 국제주의적 의제와 관련해 공동투쟁의 토대를 발견할 수 있어야 한다. 그런 의제에 한목소리로 부정적인 평가를 내리는 사람들은 공동으로 싸울 수 있어야 한다. 그와 달리 정치적 결정의 국제주의화를 찬성하거나 적어도 거기에 반대하지 않는다면 (그것이 세계경제포럼이나 '현금보다 좋은 동맹', IMF, 미국 정부가 우리 삶의 방식을 결정한다는 의미를 포함하여) 우리는 우리의 자유에 적대적인 의제를 돕는 바보가 되는 것이다.

반反현금동맹의 힘이 아무리 막강하다고 해도, 점점 디지털화되는 세계에서 현금이란 결국 종말을 향해 치닫는 시대착오라고 폄훼하지 않는다면 아직 희망은 있다. 다만 그 불가피한 흐름을 늦추는 것만으로는 충분한 방어를 할 수 없다. 우리가 일방적으로 떠먹이는 언론의 이런 선전을 받아들이는 한, 그리고 현금이 스스로 퇴조하는 것이 아니라 체계적이고 의도적인 계획에 의해 사라진다는 것을 꿰뚫어보지 못하는 한, 결국 우리는 패배할 것이다. 그렇지 않다면 '현금보다 좋은 동맹'과 '금융포용 G20 협력체'가 어떤 비장의 카드를 쓴다고 해도 소용없을 것이다. 거리낌 없는 당당한 진영과의 싸움에서 현금의 적들은 이길 가망이 없기 때문이다.

현금에 시대착오적인 요소는 없다. 현금은 수천 년 전부터 인류를 위해 훌륭하게 이바지했고 앞으로도 계속 이바지할, 지극히 위기에 강하고 간단하며 값싼 지급기술이다. 비용문제로 현금의 단점을 지적하는 적들의 주장은 근거가 의심스러우니 이런 논란에 휩쓸려서는 안 된다. 현금을 계속 선택할 수 있을 때의 개인적이고 사회적인 장점을 감안하면, 설사 지급액에서 0.5퍼센트나 1퍼센트의 비용이 추가로 발생한다 해도 큰 문제가 되지 않는다. 현금이용을 제한한다 해서 범죄가 상대적으로 줄어든다는 증거는 없다. 대신 현금 적대적인 규칙들을 생각해낸 표준설정자들이 이익에 눈이 먼 '현금보다 좋은 동맹'을 이용해 재미를 보려 한다는 것은 명백한 사실이다. 이들이 현금 적대적인 규칙을 통해 겨누는 것은 범죄근절이 아니라 현금 퇴치 자체다.

현금을 반대하는 주요 논거가 하찮은 문제임이 드러난 지금, 수세에 몰린 채 질 게 뻔한 싸움을 한다거나 어차피 현금은 장기적으로 사라질 것이라는 말에 절대로 넘어가면 안 된다. 우리 삶에서 더 많은 영역이 디지털화되고 관찰되고 저장될수록, 그리고 우리를 설명하는 프로필이 더 상세해질수록 현금은 더 소중해질 것이다. 현금의 자유로운 이용을 고집하며 현금을 계속 사용할 때, 디지털화 할 수 없는 소중한 공간을 보존할 수 있다. 이 때문에 피해보는 사람이 있다면, 지속적인 디지털화에 큰 기대를 거는, 오로지 부유하고 정치적으로 막강한 힘을 휘두르는 대기업뿐일 것이다. 디지털화는 이들이 독점하는 세계적인 패권을 키우고 이들의 이익을 계속 늘려가도록 도움을 준다. 보통사람이라면 실리콘밸리 독점기업들의 손아귀에서 벗어나는 영역이 존재한다고 해도 거기서 뚜렷한 불이익을 볼 일이 없으며, 이것은 중소기업도 마찬가지다. 이런 추세가 계속된다면 중소기업은 세계적인 대기업에 의해 점점 더 큰 손해를 보다가 언젠가는 아마존의 공급업자로 전락하게 될 것이다. 그리고 그것이 바로 디지털화다.

미국의 IT 대기업들은 독일총리 및 프랑스의 마크롱 대통령과 강력한 연합체를 형성했다. 2018년 5월, 연방의회 본회의에서 메르켈은 경제적 요인으로서 데이터의 의미를 강조하며 "우리는 인공지능 문제에서 세상과의 연결고리를 끊겠다는 위협을 받고 있습니다"라고 경고했다. 효과적인 개인정보 보호를 고집하면서 동시에 인공지능에서 앞서가기를 바랄 수는 없다는 말이었다. 마치 우리가 우리 정보를 미국 독점기업에 무제한으로 제공할 때 독일의 인공지능이 발전한다는 투였다. 메르켈은 이 문제에서 독일-프랑스가 협력할 것임을 예고했다.[37] 어떤 방향으로 협력이 전개될 것인지는, 같은 날 마크롱이 분명하게 밝혔다. 그는 기술 분야 선도기업의 지도자들을 '테크 포 굿Tech for Good'이라는 정상 모임에 초대했다. 여기에 초대받은 기업은 페이스북, 마이크로소프트, 인텔, IBM, 우버, 위키미디어, 모질라 등이다. 유럽을 실리콘밸리에 통째로 넘겨주는 대매출 사업을 감쪽같이 숨기기 위해, 독일의 자프나 프랑스의 탈레스 같은 기업에게 한 자리를 내줄지도 모른다. 물론 탈레스는 IT 쪽이 아닌 방산 및 우주사업 분야의 대기업이지만, 프랑스는 IT 분야에서 내세울

만한 세계적인 대기업이 없다. 마크롱은 저커버그와 직접 대화할 예정이라고 전했다.[38]

이런 정치적 지도자들의 사고에서 정보보호는 현금만큼이나 설자리가 없다. 하지만 시민의 이해관계를 출발점으로 삼는다면, 왜 앞으로 50년간 두 번에 한 번꼴만이라도 현금 거래를 해서는 안 된단 말인가? 이것이 어디서나 저장되고 감시받는 사회보다 훨씬 매혹적인 전망이 아닐까? 그러기 위해서 우리는 현금에 반대하는 크고 작은, 또 직간접적인 조치를 중단하기만 하면 된다. 중앙은행은 저렴한 비용으로 안전하게 시중은행의 현금을 확보해줄 필요가 있다. 그렇게 된다면 현금의 르네상스는 저절로 찾아올 것이다.

Ahasan, Najmul, Philip O'Keefe, Gora Datta, Carlo del Ninno: *Concept Note of a Smart Card based Public Distribution System.* World Bank and CAL-2CAL Corporation. 2008.

Adams, Jane: *"The War on Cash".* *European Card Review.* 2006. 3/4. 12-18쪽

Alliance for Financial Inclusion: *Enabling mobile money transfer. The Central Bank of Kenya's treatment of M-Pesa.* 2010.

Alliance for Financial Inclusion, Global Partnership for Financial Inclusion: *G20 Principles for Innovative Financial Inclusion.* Ohne Jahr (2011년경)

Banerjee, Abhijit, Esther Duflo, Rachel Glennerster, Cynthia Kinnan: "The Miracle of Microfinance? Evidence from a Randomized Evaluation". *American Economic Journal: Applied Economics.* Vol. 7. Nr. 1. 2015. 22-53쪽

Bateman, Milford, Ha-Joon Chang: "Microfinance and the Illusion of Development: From Hubris To Nemesis in Thirty Years". *World Economic Review.* Nr. 1. 2012. 13-36쪽

Bateman, Milford, Kate Maclean (편): *Seduced and Betrayed: Exposing the Contemporary Microfinance Phenomenon.* University of New Mexico Press. 2017.

BCG, Google: *Digital Payments 2020. The Making of a $ 500 Billion Ecosystem in India.* 2016. 7.

Bédécarrats, Florent, Isabelle Guérin, François Roubaud: "All that Glitters is not Gold. The Political Economy of Randomized Evaluations in Development". *Development and Change* (online). DOI: 10.1111/dech.12378. 2017. 12. 7.

Berg, Tobias, Valentin Burg, Ana Mongovic, Manju Puri: *On the Rise of Fin-Techs: Credit Scoring Using Digital Footprints.* NBER Working Paper 24551. 2018. 4.

Better Than Cash Alliance: *Social Networks, E-Commerce Platforms and the Growth of Digital Payment Ecosystems in China—What It Means for Other Countries.* 2017. 4.

Better Than Cash Alliance: *Building Inclusive Digital Payments Ecosystems: Guidance Note for Governments. A report by the Better Than Cash Alliance for the G20 Global Partnership for Financial Inclusion.* 2017. 5.

Bill & Melinda Gates Foundation: *Fighting Poverty, Profitably: Transforming the Economics of Payments to Build Sustainable, Inclusive Financial Systems.* 2013.

BFA: *Inclusive Digital Ecosystems of the Future.* 2017. 12.

Borio, Claudio, Gianni Toniolo: "One hundred and thirty years of central bank cooperation: a BIS perspective." In: Claudio Borio, Gianni Toniolo, Piet Clement (편): *The Past and Future of Central Bank Cooperation*. Cambridge University Press. 2011. 16-75쪽

Brzezinski, Zbigniew: *Between Two Ages: America's Role in the Technotronic Era*. Viking Press. 1970.

Brzezinski, Zbigniew: *The Grand Chessboard: American Primacy and Its Geostrategic Imperatives*. Basic Books. 1998.

Buiter, Willem: *Negative Nominal Interest Rates: Three Ways to Overcome the Zero Lower Bound*. NBER Working Paper 15118. 2009. 6.

Committee on Payments and Market Infrastructures: *Fast payments–Enhancing the speed and availability of retail payments*. Basel. 2016. 11.

Committee on Payments and Market Infrastructures, World Bank Group: *Payment aspects of financial inclusion. Final Report*. Basel. 2016. 4.

Diedrich, Henning: *Ethereum: Blockchains, Digital Assets, Smart Contracts, Decentralized Autonomous Organizations*. CreateSpace Independent Publishing Platform. 2016.

Duvendack, Maren 외: *What is the evidence of the impact of microfinance on the well-being of poor people?* Institute of Education, University of London. 2011.

Dick, Philip K.: *Ubik*. Suhrkamp. 1977.

Ericksen, Julia, Eugene Ericksen, Scott Graham: *Over-indebtedness in Mexico: Giving Borrowers a Voice*. Finca. Ohne Jahr (2014년경)

EU Commission: *Final Communication from the Commission to the European Parliament and the Council on an Action Plan for strengthening the fight against terrorist financing*. Straßburg. 2016. 2. 2.

EU-Kommission: "Empfehlung der Kommission vom 22. März 2010 über den Geltungsbereich und die Auswirkungen des Status der Euro-Banknoten und-Münzen als gesetzliches Zahlungsmittel". *Amtsblatt L 83/70* vom 2010. 3. 30.

EU-Kommission: *Vorschlag für eine Verordnung uber die Uberwachung von Barmitteln, die in die Union oder aus der Union verbracht werden, und zur Aufhebung der Verordnung (EG) Nr. 1889/2005*. Brüssel. 2016. 12. 21.

European Commission: *Inception Impact Assessment–Proposal for an EU initiative on restrictions on payments in cash.* Brüssel. 2017. 2. 2.

FATF: *Guidance for a Risk-based Approach to Virtual Currencies.* 2015. 6.

FATF: *Annual Report 2015–16.* Paris. 2017.

Financial Inclusion Experts Group: *G20 Financial Inclusion Action Plan.* 연도 미상

Financial Stability Board: *Stocktake of remittance service providers' access to banking services.* Basel. 2018. 3. 16.

G20 Financial Inclusion Experts Group: *Report on Innovative Financial Inclusion from the Access through Innovation Sub-Group.* Washington. 2010. 5. 25.

Gibson, Alan: *FSD Kenya: Ten Years of a Market Systems Approach in the Kenyan Finance Market.* FSD Kenya. 2016. 8.

Global Partnership for Financial Inclusion: *Standard Setting and Financial Inclusion for the Poor–Toward Proportionate Standards and Guidance.* White Paper. 2011.

Global Partnership for Financial Inclusion: *Global Standard-Setting Bodies and Financial Inclusion: The Evolving Landscape.* 2016. 3.

Glunk, Fritz: *Schattenmachte: Wie transnationale Netzwerke die Regeln unserer Welt bestimmen.* dtv. 2017.

Guérin, Isabelle 외: "Understanding Social Networks and Social Protection: Insights on Demonetisation from Rural Tamil Nadu". *Review of Rural Affairs* (online). Vol. 52. Nr. 52. 2017. 12. 30.

Häring, Norbert: *Die Abschaffung des Bargelds und die Folgen: Der Weg in die totale Kontrolle.* Quadriga. 2016.

Harrell, Peter, Elizabeth Rosenberg: *The Next Generation of Sanctions. A Strategy of Coercive Economic Policy for the Next President.* Center for a New American Security. Washington. 2016.

HM Government: *Governance for Growth. Building Consensus for the Future. A Report for the 2011 G20 Summit in Cannes.* 2011.

Huxley, Aldous: *Schone neue Welt.* Fischer Taschenbuch. 1981

International Initiative for Impact Evaluation: *Building on What Works: Annual Report.* 2009.

Jack, William, Tavneet Suri: "Risk Sharing and Transaction Costs: Evidence from Kenya's Mobile Money Revolution". *American Economic Review.* Vol. 204. Nr. 1. 2013. 183 – 223쪽

Khan, Lina: "Amazon's Antitrust Paradox". *Yale Law Journal* (online). Vol. 116. 2017. 710 – 805쪽

Khera, Reetika: "The UID Project and Welfare Schemes". *Economic and Political Weekly* (online). Vol. 46. Nr. 9. 2011. 38 – 43쪽

Kireyev, Alexei: *The Macroeconomics of De-Cashing.* IMF Working Paper 17/71. 2017.

Kondakhchyan, Anna: "To use or not to use biometrics? Help us answer the question". *Oxfam Views & Voices* (online). 2018. 11. 14.

Krüger, Malte, Franz Seitz: *Der Nutzen von Bargeld: Kosten und Nutzen des Bargelds und unbarer Zahlungsinstrumente (Modul 2).* Fritz Knapp Verlag. 2017.

Lang, Valentin, Andrea Presbitero: "Room for discretion? Biased decision-making in international financial institutions". *Journal of Development Economics.* Vol. 130. 2018. 1 – 16쪽

Libicki, Martin: *Conquest in Cyberspace: National Security and Information Warfare.* Cambridge University Press. 2007.

Lindskov Jacobsen, Katja: "On Humanitarian Refugee Biometrics and New Forms of Intervention". *Journal of Intervention and Statebuilding* (online).Vol. 11.2017.529 – 551쪽

London School of Economics and Political Science: *The Identity Project: an assessment of the UK Identity Cards Bill and its implications.* 2005. 6.

Lyman, Timothy, Wameek Noor: *AML/CFT and Financial Inclusion: New Opportunities Emerge from Recent FATF Action.* CGAP Focus Note Nr. 98. 2014. 9.

Magnuson, Stew: "Defense Department Under Pressure to Share Biometric Data". *National Defense* Magazine (online). 2009. 1. 1.

Mazzucato, Mariana: *The Entrepreneurial State: Debunking Public vs. Private Sector Myths.* Anthem. 2013.

McKinsey & Company: *McKinsey on Payments.* New York. 2013. 3.

McKinsey & Company: *Digital Finance for All: Powering Inclusive Growth in Emerging Economies.* New York. 2016. 9.

McKinsey & Company: *How digital finance could boost growth in emerging economies.* New York. 2016. 9.

Möbert, Jochen: *Bitcoin: Meinungen, Mythen und Missverständnisse.* Deutsche Bank. Frankfurt a.M. 2018. 1. 19.

Morgan Stanley: *India's Digital Leap–The Multi-Trillion Dollar Opportunity.* 2017. 9. 26.

Mukhopadhyay, Piali, Karthik Muralidharan, Paul Niehaus, Sandip Sukhtankar: *AP Smartcard Impact Evaluation Project.* Policy Report. 2013. 5.

Müller, Dirk: Machtbeben: *Die Welt vor der größten Wirtschaftskrise aller Zeiten. Hintergründe, Risiken, Chancen.* Heyne. 2018.

National Economic Council: *A Framwork for FinTech.* Washington. 2017. 1.

Ndung'u, Njuguna: "Harnessing Africa's digital potential. New tools for a new age". In: Africa Growth Initiative at Brookings (편): *Foresight Africa: Top Priorities for the Continent in 2018.* 2018. 1. 82-100쪽.

Partnership for Finance in a Digital Africa: *Can Big Data Shape Financial Services in East Africa?* Caribou Digital Publishing. 2018.

Pasquale, Frank: "From Territorial to Functional Sovereignty: The Case of Amazon". *Law and Political Economy* (online). 2017. 12. 6.

Pickens, Mark, David Porteous, Sarah Rotman: *Banking the Poor via G2P Payments.* CGAP, DFID Focus Note Nr. 58. 2009. 12.

Positive Finance: *The future of cash: Protecting access to payments in the digital age.* 2018. 3.

Pohlmann, Christoph, Stephan Reichert, Hubert René Schillinger (편): *G20: A Global Economic Government in the Making.* Friedrich-Ebert-Stiftung. 2010. 6.

Rat der Europäischen Union: *Vermerk des Vorsitzes fur die Gruppe "Allgemeine Angelegenheiten einschließlich Bewertungen" Betr.: Abschlussbericht uber die fünfte Runde der gegenseitigen Begutachtung–"Finanzkriminalität und Finanzermittlungen".* Brüssel. 2012. 10. 3.

Rockefeller, David: *Erinnerungen eines Weltbankiers.* FinanzBuch Verlag. 2008.

Rogoff, Ken: "Blessing or Curse? Foreign and Underground Demand for Euro Notes". *Economic Policy.* Vol. 13. Nr. 26. 1998. 4.

Rogoff, Ken: *Costs and benefits to phasing out paper currency.* Working Paper. 2014.

274

Rogoff, Ken: *Der Fluch des Geldes: Warum unser Bargeld verschwinden wird.* FinanzBuch Verlag. 2016.

Rosenberg, Elizabeth, Zachary Goldman, Daniel Drezner, Julia Solomon-Strauss: *The New Tools of Economic Warfare: Effects and Effectiveness of Contemporary U.S. Financial Sanctions.* Washington. 2016. 4. 15.

Sands, Peter: *Making it Harder for the Bad Guys: The Case for Eliminating High Denomination Notes.* Harvard University Working Paper. 2016. 2.

Sands, Peter, Haylea Campbell, Tom Keatinge, Ben Weisman: *Limiting the Use of Cash for Big Purchases: Assessing the Case for Uniform Cash Thresholds.* RUSI-Occasional Paper. 2017. 9.

Schaar, Peter: *Kurzgutachten zum Vorschlag der Kommission für die Uberarbeitung der 4. EU-Geldwäscherichtlinie aus datenschutzrechtlicher Sicht.* Prepaid-Verband. 2016. 9.

Scholten, Bram: *Decline management: the case of cash: Policy response in the Netherlands and the Nordic countries.* Vortrag auf der International Cash Conference der Deutschen Bundesbank in Mainau. 25.–27. 2017. 4.

Schwittay, Anke: *New Media and International Development: Representation and Affect in Microfinance.* Routledge. 2014.

Siekmann, Helmut: "Restricting the Use of Cash in the European Monetary Union: Legal Aspects". In: Frank Rövekamp, Moritz Bälz, Hans Günther Hilpert (편): *Cash in East Asia.* Springer. 2017. 153－178쪽

Slaughter, Anne-Marie: *The Chessboard and the Web: Strategies of Connection in a Networked World.* Yale University Press. 2017.

Suri, Tavneet, William Jack, Thomas Stoker: "Documenting the birth of a financial economy". *PNAS* (online). 2012. 6. 26.

The Engine Room, Oxfam: *Biometrics in the Humanitarian Sector.* 2018. 3.

Toyama, Kentaro: *Geek Heresy: Rescuing Social Change from the Cult of Technology.* Public Affairs. 2015.

Tsingou, Eleni: "Power elites and club-model of governance in global finance". *International Political Sociology.* Vol. 8. Nr. 2014. 3. 340－342쪽.

USAID: *Beyond Cash: Why India Loves Cash and Why That Matters for Financial Inclusion.*

2016. 1.

USAID: *Mission Critical: Enabling Digital Payments for Development: A guide for USAID and other government employees to engage with policy.* Washington. 2017.

Vries, Alex de: "Bitcoin's Growing Energy Problem". *Joule* (online). Vol. 2. Nr. 5. 801 – 805쪽. 2018. 5. 16.

Weiss, Linda: *America Inc.?: Innovation and Enterprise in the National Security State.* Cornell University Press. 2014.

Werner, Richard: *Princes of the Yen: Japan's Central Bankers and the Transformation of the Economy.* Routledge. 2003.

World Bank: *Withdrawal from Correspondent Banking; Where, Why, and What to Do About It.* Washington. 2015. 11.

World Bank, Better Than Cash Alliance, Bill & Melinda Gates Foundation: *The Opportunities of Digitizing Payments. How digitization of payments, transfers, and remittances contributes to the G20 goals of broad-based economic growth, financial inclusion, and women's economic empowerment.* 2014. 8. 28.

World Economic Forum: *From the Global Digital Divide to the Global Digital Opportunity: Proposals Submitted to the G8 Kyushu-Okinawa Summit 2000.* Tokyo. 2000. 7. 19.

World Economic Forum: *A Blueprint for Digital Identity: The Role of Financial Institutions in Building Digital Identity.* 2016. 8.

World Economic Forum: *The Known Traveller: Unlocking the potential of digital identity for secure and seamless travel.* 2018. 1.

Wyche, Susan, Nightingale Simiyu, Martha Othieno: "Mobile Phones as Amplifiers of Social Inequality among Rural Kenyan Women". *ACM Trans. Comput.-Hum. Interact* (online). Vol. 23. Nr. 3. Artikel 14. 2016. 5. DOI: http://dx.doi.org/10.1145/2911982.

Yam, Joseph: "Capital Flows, Hedge Funds and Market Failure: A Hong Kong Perspective". In: David Gruen, Luke Gower (편): *Capital Flows and the International Financial System.* McMillan. 1999. 164 – 179쪽

Yi, Huang, Ugo Panizza, Richard Portes: *Corporate Foreign Bond Issuance and Interfirm Loans in China.* NBER Working Paper 24513. 2018. 4.

276

글을 시작하며

1 독일어판 예, in: Aldous Huxley: *Schöne neue Welt.* Fischer Taschenbuch. 1981

1장. 마스터카드, 빌 게이츠, 그들의 '현금과의 전쟁'

1 Jane Adams: "The War on Cash". *European Card Review.* 2006. 3/4. 12 –18쪽

2 원문: "We agree with the war on cash."3 Alexander Labak: "The Future Beyond Cash–Europe's Debit Alternative". Speech to Delegates of the Fourth Annual MasterCard Debit Conference. Genf. 2005. 3. 10.

4 Alexei Kireyev: *The Macroeconomics of De-Cashing.* IMF Working Paper 17/71. 2017.

5 McKinsey & Company: *McKinsey on Payments.* New York. 2013. 3.

6 MasterCard: "MasterCard Joins Better Than Cash Alliance." 언론보도. 날짜 미상 (2013년경)

7 uncdf.org/history.

8 참고, 예컨대: *UN report: Social network payments now reach nearly US $ 3 trillion in China.* 보도, 포스팅 https://www.betterthancash. org, 2017. 4. 19.

9 내가 '비정부기구'라는 개념에 꼭 인용부호를 붙인 것은 그렇게 표현되는 조직은 대개 정부에서 예산지원을 받으며 종종 정부 부처나 초국가적 기업 로비스트가 엄선한 협력파트너일 때가 있기 때문이다.

10 MasterCard: "MasterCard Joins Better Than Cash Alliance". 언론보도. 날짜 미상 (2013년경)

11 Carl Gutierrez: "MasterCard Goes To War With Cash". *Forbes* (online). 2010. 9. 15.

12 www.betterthancash.org/why-digital-payments

13 Vikas Bajaj, Andrew Martin: "Who Needs Cash (or Borders)?". *New York Times.* 2010. 10. 16에서 재인용

14 McKinsey Global Institute: *How Digital Finance Could Boost Growth in Emerging Economies.* New York. 2016.

15 "Merkel: Daten sind der Rohstoff des 21. Jahrhunderts". *Frankfurter Allgemeine*

Zeitung (online). 2015. 3. 12.

16 "Airline Seat Optimization for Passenger Shoulder-Width and Size". *Justia Patents* (online). 2015. 5. 5.

17 https://www.bloomberg.com/news/videos/2015-12-01/PayPal-ceo-financial-inclusion-a-huge-opportunity

18 https://www.omidyar.com/our-work/digital-identity.

19 Tilmann Wittenhorst: "Bundesbehörden zahlen eine Viertelmilliarde Euro Lizenzgebühren an Microsoft". *Heise* (online). 2018. 4. 14.

20 Elisabeth Ryne: "A US-Agenda for Global Financial Inclusion". *Devex* (online). 2017. 3. 1.

21 http://www.yorkcast.com/treasury/events/2015/12/01/financial/. 235분부터

22 White House: *Executive Order–Establishing the President's Global Development Council.* 언론보도. 2012. 2. 9.

23 USAID: *Mission Critical: Enabling Digital Payments for Development: A guide for USAID and other government employees to engage with policy.* Washington. 2017.

24 Elizabeth Rosenberg, Zachary Goldman, Daniel Drezner, Julia Solomon-Strauss: *The New Tools of Economic Warfare: Effects and Effectiveness of Contemporary U.S. Financial Sanctions.* Washington. 2016. 4. 15.

25 Anja Ettel, Holger Zschäpitz: "Deutsche Bank droht US-Regierung mit Systemkollaps". *Welt* (online). 2016. 10. 4.

26 Scott Shane, Daisuke Wakabayashi: "The Business of War: Google Employees Protest Work for the Pentagon". *New York Times* (online). 2018. 4. 4.

27 Better Than Cash Alliance: *Gap Inc. Sets New Goal For Apparel Suppliers To Pay Garment Workers Digitally By 2020.* 언론보도. 2018. 3. 14.

28 World Economic Forum: *From the Global Digital Divide to the Global Digital Opportunity: Proposals Submitted to the G8 Kyushu-Okinawa Summit 2000.* Tokyo. 2000. 7. 19.

29 https://www.usaid.gov/gda/why-partner

30 Landon Thomas Jr.: "The World Bank Is Remaking Itself as a Creature of Wall Street". *New York Times* (online). 2018. 1. 25.

31 Anke Schwittay: *New Media and International Development: Representation and Affect in Microfinance.* Routledge. 2014.

32 Zbigniew Brzezinski: *The Grand Chessboard: American Primacy and Its Geostrategic Imperatives.* Basic Books. 1998.

33 이 문헌에 대한 개관은 다음을 참고. Valentin Lang, Andrea Presbitero: "Room for discretion? Biased decision-making in international financial institutions". *Journal of Development Economics.* Vol. 130. 2018. 1–16쪽

34 그는 다음 저서의 공동저자였다. Better Than Cash Alliance: *Building Inclusive Digital Payments Ecosystems: Guidance Note for Governments. A report by the Better Than Cash Alliance for the G20 Global Partnership for Financial Inclusion.* 2017. 5.

35 Norbert Häring: "Modi, Yunus and the financial inclusion mafia". *norberthaering. de.* 2017. 3. 26.

36 Muhammad Yunus: "Remarks from Dr. Muhammad Yunus's acceptance speech given on the occasion of his receiving the Help for Self-help Prize of the Stromme Foundation. 1997. 9. 26. in Oslo". 게재는 *Newsletter of the Microcredit Summit Campaign.* Vol. 1. Nr. 2. 1997. 11/12.

37 Milford Bateman, Kate Maclean (편): *Seduced and Betrayed: Exposing the Contemporary Microfinance Phenomenon.* University of New Mexico Press. 2017.

38 Milford Bateman, Ha-Joon Chang: "Microfinance and the Illusion of Development: From Hubris To Nemesis in Thirty Years". *World Economic Review.* Nr 1. 2012. 13–36쪽

39 Jens Weidmann: *Digital Finance–Chancen nutzen, ohne Risiken zu vernachlässigen.* Begrüßungsansprache zur G20-Konferenz "Digitising finance, financial inclusion and financial literacy". Wiesbaden. 2017. 1. 25.

40 Julia Ericksen, Eugene Ericksen, Scott Graham: *Over-indebtedness in Mexico: Giving Borrowers a Voice.* Finca. 연도 미상(2014년경)

41 같은 책

42 "Te Creemos Holding Announces Acquisition of FINCA Mexico". *Amexcap* (online). 2016. 11. 15.

43 Neil MacFarquhar: "Conflict of Interest". *Sunday Morning Herald* (online). 2010. 4.

16.

44 13분 대목 참고. im Video www.yorkcast.com/treasury/events/2015/12/01/ financial/

45 G20 Financial Inclusion Experts Group: *Report on Innovative Financial Inclusion from the Access through Innovation Sub-Group.* Washington. 2010. 5. 25.

46 World Bank, Better Than Cash Alliance, Bill & Melinda Gates Foundation: *The Opportunities of Digitizing Payments–How digitization of payments, transfers, and remittances contributes to the G20 goals of broad-based economic growth, financial inclusion, and women's economic empowerment.* 2014. 8. 28.

47 Alliance for Financial Inclusion, Global Partnership for Financial Inclusion: *G20 Principles for Innovative Financial Inclusion.* 연도 미상(2011년경)

48 *Andriotis, AnnaMaria:* "Visa Takes the War on Cash to Restaurants". *Dow Jones Newswires.* 2017. 7. 12.

49 Global Partnership for Financial Inclusion: *Global Standard-Setting Bodies and Financial Inclusion: The Evolving Landscape.* 2016. 3.

50 비디오 참고 http://www.yorkcast.com/treasury/events/2015/12/01/financial/. Máxima 31분부터, Masiyiwa 52분부터

51 Norbert Häring: "Wundermittel finanzielle Inklusion". *Handelsblatt.* 2017. 5. 15.

52 http://www.worldbank.org/en/topic/financialinclusion/overview.

53 World Bank, Better Than Cash Alliance, Bill & Melinda Gates Foundation: *The Opportunities of Digitizing Payments–How digitization of payments, transfers, and remittances contributes to the G20 goals of broad-based economic growth, financial inclusion, and women's economic empowerment.* 2014. 8. 28.

54 Mark Pickens, David Porteous, Sarah Rotman: *Banking the Poor via G2P Payments. CGAP,* DFID Focus Note Nr. 58. 2009. 12.

55 *McKinsey & Company: Digital Finance for All: Powering Inclusive Growth in Emerging Economies.* New York. 2016. 9.

56 McKinsey & Company: *How digital finance could boost growth in emerging economies.* New York. 2016. 9.

57 Maren Duvendack 외: *What is the evidence of the impact of microfinance on the well-being*

280

of poor people? Institute of Education, University of London. 2011.

58 Milford Bateman, Kate Maclean (편): *Seduced and Betrayed: Exposing the Contemporary Microfinance Phenomenon.* University of New Mexico Press. 2017.

59 Mark Pickens, David Porteous, Sarah Rotman: *Banking the Poor via G2P Payments.* CGAP, DFID Focus Note Nr. 58. 2009. 12.

60 William Jack, Tavneet Suri: "Risk Sharing and Transaction Costs: Evidence from Kenya's Mobile Money Revolution". *American Economic Review,* Vol. 204. Nr. 1. 183 – 223쪽

61 https://news.uci.edu/2011/10/27/imtfi-awarded-4-17-million-gates-foundation-grant/

62 https://wagner.nyu.edu/impact/centers/fai#

63 https://www.cgdev.org/section/funding

64 http://fletcher.tufts.edu/IBGC/About/Sponsors

65 http://cega.berkeley.edu/our-work/Agriculture/

66 http://www.poverty-action.org/news/call-expressions-interest-ipa-financial-inclusion-program

67 Bill & Melinda Gates Foundation: *Brookings Launches Africa Growth Initiative.* Pressemitteilung. 날짜 미상

68 예를 들면 Njuguna Ndung'u: "Harnessing Africa's digital potential. New tools for a new age". In: Africa Growth Initiative at Brookings (편): *Foresight Africa: Top Priorities for the Continent in 2018.* 2018. 1. 82 – 100쪽

69 International Initiative for Impact Evaluation: *Building on What Works: Annual Report.* 2009

70 www.cenfri.org

71 Jonathan Morduch: "Microfinance as a Credit Card". *Limn* (online). 2018. 1.

72 Asian Development Bank: *How financial inclusion reduces poverty, income inequality.* Pressemitteilung. 2018. 4. 3.

73 Abhijit Banerjee, Esther Duflo, Rachel Glennerster, Cynthia Kinnan: "The Miracle of Microfinance? Evidence from a Randomized Evaluation". *American Economic Journal: Applied Economics.* Vol. 7. Nr. 1. 2015. 22 – 53쪽

74 https://www.g20.org/Content/DE/_Anlagen/G7_G20/2016-g20-praesidentschaftspapier-en.pdf?__blob=publicationFile&v=2

75 Norbert Häring: "Wundermittel finanzielle Inklusion". *Handelsblatt.* 2017. 5. 15.

76 World Bank: *Zambia Launches its First National Financial Inclusion Strategy:* Pressemitteilung. 2017. 8. 11.

77 당시만 해도 이 단체는 기술협력협회(GTZ)로 불렸다.

78 www.afi-global.org/alfred-hannig-afi-executive-director

79 *The CBJ, Gates Foundation launch empowerment initiative.* Mitteilung der jordanischen Regierung auf http://www.petra.gov. Amman. 2018. 2. 28.

80 Daniel Sabiiti: "Central Bank Urges Rwandans To Go Cashless". *Ktpress* (online). 2017. 11. 25.

81 MasterCard: *MasterCard® Government Services & Solutions Case Study Nigeria National ID Card (NID).* 2013.

82 MasterCard: *Huduma Card Delivers Cashless Efficiency, Powered by Master-Card Technology.* Pressemitteilung. Nairobi. 2017. 2. 7.

83 Mark Pickens, David Porteous, Sarah Rotman: *Banking the Poor via G2P Payments.* CGAP, DFID Focus Note Nr. 58. 2009. 12.

84 Alliance for Financial Inclusion: *Enabling mobile money transfer: The Central Bank of Kenya's treatment of M-Pesa.* 2010.

85 Bill & Melinda Gates Foundation: *Fighting Poverty, Profitably: Transforming the Economics of Payments to Build Sustainable, Inclusive Financial Systems.* 2013.

86 2018. 1월 기준 https://www.safaricom.co.ke/personal/m-pesa/getstarted-with-m-pesa/m-pesa-tariffs

87 Wyche, Susan, Nightingale Simiyu, Martha Othieno: "Mobile Phones as Amplifiers of Social Inequality among Rural Kenyan Women." *ACM Trans. Comput.-Hum. Interact* (online). Vol. 23. Nr. 3. Artikel 14. 2016. 5. DOI: http://dx.doi.org/10.1145/2911982.

88 Kentaro Toyama: *Geek Heresy: Rescuing Social Change from the Cult of Technology.* Public Affairs. 2015.

89 Omar Mohammed: "Kenya mobile phone firms to offer cross-network cash

transfers." *Reuters* (online). 2018. 4. 6.

90 Bill & Melinda Gates Foundation: *Fighting Poverty, Profitably: Transforming the Economics of Payments to Build Sustainable, Inclusive Financial Systems.* 2013.

91 비디오, 17분 이후 참고 www.yorkcast.com/treasury/events/2015/12/01/ financial/.

92 케냐의 금융포용 이용에 대한 가짜증거를 숱하게 끌어들이는 미국학자 타브닛 수리 와 윌리엄 잭은 가령 엠페사의 사업모델이 마치 케냐의 서민층에서부터 발전한 것 처럼 묘사한다. 모바일 전화고객은 갈수록 전화계정을 다른 사람에게 이체할 기회 를 이용하고 있으며 그러다 어느 시점에 공급업체 사파리컴이 송금시스템으로 확대 할 생각을 하게 되었다는 것이다. 참고 Tavneet Suri, William Jack, Thomas Stoker: "Documenting the birth of a financial economy". *PNAS* (online). 2012. 6. 26.

93 Alliance for Financial Inclusion: *Enabling mobile money transfer.* 2010.

94 같은 책

95 Michelle Kaffenberger, Patrick Chege: "Digital Credit in Kenya: Time for Celebration or Concern?". *CGAP-Blog.* 2016. 10. 3.

96 Edwin Okot: "Big Brother could start tapping your calls, texts from next week". *Daily Nation* (online). 2017. 2. 27.

97 Alan Gibson: *FSD Kenya: Ten Years of a Market Systems Approach in the Kenyan Finance Market.* FSD Kenya. 2016. 8.

2장. 금융포용의 전제조건 : 생체인식 데이터베이스

1 Jon Viktor Gabuenas. "Bangko Sentral says National ID system to improve financial inclusion". *GMA* News (online). 2018. 4. 12.

2 https://www.usaid.gov/philippines/partnership-growth-pfg/e-peso-activity

3 USAID: *Mission Critical: Enabling Digital Payments for Development.* Washington. 2017.

4 Claire Alexandre, Ignacio Mas: "Financial Inclusion and Law Enforcement: United by a Common Enemy". *Center for Financial Inclusion Blog (Accion).* 2011. 2. 17.

5 Jumoke Akiyode-Lawanson: "Banks, set to enforce NIN as only acceptable means

of identification". *Business Day* (online). 2018. 2. 22.

6 "France: Biometric ID databank found unconstitutional". *EDRi* (online). 2012. 3. 28.

7 London School of Economics and Political Science: *The Identity Project: an assessment of the UK Identity Cards Bill and its implications.* 2005. 6.

8 게이츠 재단을 통한 후원과 사명선언에 대한 자료는 www.weforum.org/projects의 짧은 묘사를 참고함. 2017년 2월 검색. 여기서 소개한 프로젝트가 나돌고 있다. 2018년 3월에는 이 웹사이트에서 더 이상 이 묘사를 볼 수 없었다.

9 World Economic Forum: *A Blueprint for Digital Identity: The Role of Financial Institutions in Building Digital Identity.* 2016. 8.

10 세계은행 홈페이지의 다음 기재내용 참고 *Identification for Development*

11 www.yorkcast.com/treasury/events/2015/12/01/financial/. 21분부터

12 Joseph Atick: "Harmonization of the Identity Ecosystem. A pragmatic View". *The Vault* (online). 2018. 4.

13 http://events.afcea.org/GlobalID16/public/Content.aspx?ID=63448

14 Devinder Singh: "The coalescing of 'War on cash' and 'Biometric mass surveillance' in India". *Medium* (online). 2017. 8. 21.

15 Stew Magnuson: "Defense Department Under Pressure to Share Biometric Data". *National Defense Magazine* (online). 2009. 1. 1.

16 Waqas Ahmed: "NADRAGate: The terrifying cable that should not be ignored". *Daily Pakistan* (online). 2017. 6. 9.

17 "Post-PISCES: FIA's 'new and improved' border security system fails". *The Express Tribune* (online). 2014. 10. 17.

18 Murtaza Ali Shah: "Nadra outsources its UK operation". *The News* (online). 2011. 9. 6.

19 "A US agenda for global financial inclusion". *Devex* (online). 2017. 3. 1.

20 Albert Gonzalez Frarran: "NIMC, UNHCR to enroll 100,000 displaced persons in e-identity card". *Guardian* (Nigeria, online). 2017. 12. 13.

21 Anna Kondakhchyan: "To use or not to use biometrics? Help us answer the question". *Oxfam Views & Voices* (online). 2018. 11. 14.

22 Chris Burt: "IFC to support IrisGuard ePayment solution deployment for financial inclusion of Syrian refugees". *Biometric Update* (online). 2018. 2. 14.

23 Jeff Crisp: "Beware the Notion That Better Data Lead to Better Outcomes for Refugees and Migrants". *Chatham House* (online). 2018. 3. 9.

24 Katja Lindskov Jacobsen: "On Humanitarian Refugee Biometrics and New Forms of Intervention". *Journal of Intervention and Statebuilding* (online). Vol. 11. 2017. 529–551쪽

25 James Ball, Nick Hopkins: "GCHQ and NSA targeted charities, Germans, Israeli PM and EU Chief". *Guardian* (online), 2013. 12. 20.

26 Paul Currion: "Eyes Wide Shut: The challenge of humanitarian biometrics". *Irin News* (online). 2017. 8. 26.

27 US Department of State: The United States Refugee Admissions Program: Reforms for a New Era of Refugee Resettlement. Chapter VI. *The Role of the Office of the UN High Commissioner for Refugees.* 2004. 인터넷은 https://2001-2009.state.gov/g/prm/refadm/rls/rpts/36066.htm

28 Christina zur Nedden, Ariana Dongus, Muhammad Hamed: "Getestet an Millionen Unfreiwilligen." *Reuters* (online). 2017. 12. 17.

29 The Engine Room, Oxfam: *Biometrics in the Humanitarian Sector.* 2018. 3.

30 Joshua Partlow, Nick Miroff: "U.S. gathers data on migrants deep in Mexico, a sensitive program Trump's rhetoric could put at risk". *Washington Post* (online). 2018. 4. 6.

31 USAID: *Beyond Cash: Why India Loves Cash and Why That Matters for Financial Inclusion.* 2016. 1.

32 "Brief aus Kerala". norberthaering.de. 2017. 1. 9.

33 "North Korea on the Ganga: Police Book Kanpur Traders for Poster Comparing Modi to Kim Jong Un". *The Wire* (online). 2017. 10. 15.

34 https://www.rt.com/shows/sophieco/390573-narendra-modi-india-politics/

35 Bhaskar Chakravorti: "Early Lessons from India's Demonetization Experiment". *Harvard Business Review.* 2017. 3. 14.

36 "Why India wiped out 86% of its cash overnight". *BBC News* (online). 2016. 11.

14.

37 Reserve Bank of India: *Annual Report* 2016. 2017. 9.

38 세무조사 결과에 따르면, 2015년과 2016년의 경우 인도에서 발견된 부정 재산의 6퍼센트만 현금 형태였다. Bhaskar Chakravorti: "Early Lessons from India's Demonetization Experiment". *Harvard Business Review.* 2017. 3. 14. 참고

39 Ejaya Kumar: "Modi's Credibility Hit As 99% Banned Notes Return to RBI". *Asia Times.* 2017. 9. 1.

40 Isabelle Guérin 외: "Understanding Social Networks and Social Protection: Insights on Demonetisation from Rural Tamil Nadu". *Review of Rural Affairs* (online). Vol. 52. Nr. 52. 2017. 12. 30.

41 "Bill & Melinda Gates Foundation Announces $170 Million for Women's Empowerment". *News 18* (online). 2018. 3. 7.

42 Morgan Stanley: *India's Digital Leap–The Multi-Trillion Dollar Opportunity.* 2017. 9. 26.

43 Morgan Stanley: *India's Digital Future.* 2017. 10. 12.

44 "Walmart übernimmt in Mega-Deal Amazon-Rivale in Indien". *Reuters.* 2018. 5. 9.

45 Vindu Goel, Suhasini Rajjan: "India Clings to Cash, Even as Tech Firms Push Digital Money". *New York Times* (online). 2018. 1. 7.

46 Douglas Busvine, Rupam Jain: "Who knew? Modi's black money move kept a closely guarded secret". *Reuters* (online). 2016. 12. 9.

47 "Bill Gates backs demonetisation, says it's worth the pain". *Times of India.* 2016. 10. 18.

48 www.yorkcast.com/treasury/events/2015/12/01/financial/. 17분부터

49 Ellen Barry: "Raghuram Rajan Says He'll Step Down as Head of India's Central Bank". *New York Times* (online). 2016. 6. 18.

50 Raghuram Rajan: I do what I do. HarperCollins India. 2017. Zitiert nach: Rajesh Mahapatra: "Raghuram Rajan breaks silence, says neither he nor RBI under him wanted demonetization". *Hindustan Times* (online). 2017. 9. 5.

51 Tamal Bandyopadhyay: "Why do you do what you do, Mr Raghuram Rajan?". *Live Mint* (online). 2017. 9. 11.

52 James Mann: "Why Narendra Modi Was Banned From the U.S.". *Wall Street Journal* (online). 2014. 5. 2.

53 The White House: *US-India Joint Statement.* 2017. 9. 30.

54 The White House: *U.S.-India Joint Statement–Shared Effort; Progress for All.* 2015. 1. 5.

55 USAID: *Mission Critical: Enabling Digital Payments for Development.* Washington. 2017.

56 USAID: *Beyond Cash: Why India Loves Cash and Why That Matters for Financial Inclusion.* 2016. 1.

57 BCG, Google: *Digital Payments 2020. The Making of a $500 Billion Ecosystem in India.* 2016. 7.

58 McKinsey & Company: *Digital finance for all.* 2016. 9.

59 http://cashlesscatalyst.org/

60 Arvind Gupta, Philip Auerswald: "How India Is Moving Toward a Digital-First Economy". *Harvard Business Review* (online). 2017. 11. 8.

61 Bhaskar Chakravorti: "Early Lessons from India's Demonetization Experiment". *Harvard Business Review* (online). 2017. 3. 14.

62 비디오 21분부터 참고, http://www.yorkcast.com/treasury/ events/2015/12/01/ financial/

63 "'The idea is to be inclusive. The upper and middle classes have many forms of identity but the poor often have none', Interview with Nandan Nilekani". *Indian Express* (online). 2009. 11. 29.

64 Reetika Khera: "The UID Project and Welfare Schemes". *Economic and Political Weekly* (online). Vol. 46. Nr. 9. 2011. 38–43쪽

65 Prerna Kapoor, Remya Nair, Elizabeth Roche: "Aadhaar fails MGNREGS test in Telangana". *Live Mint* (online). 2018. 4. 7.

66 Anoo Bhuyan: "Aadhaar Isn't Just About Privacy. There Are 30 Challenges the Govt Is Facing in Supreme Court". *The Wire* (online). 2018. 1. 18.

67 Reetika Khera: "The Different Ways in Which Aadhaar Infringes on Privacy". *The Wire* (online). 2017. 7. 19.

68 Anumeha Yadav: "Under the right to information law, Aadhaar data breaches will remain a state secret". *Scroll.in* (online). 2017. 3. 5.

69 Manoj Kumar: "India Probes Report on Breach of National Identity Database". *Reuters* (online). 2018. 1. 4.

70 Anumeha Yadav: "Under the right to information law, Aadhaar data breaches will remain a state secret". *Scroll.in* (online). 2017. 3. 5.

71 "Govt moves to firewall Aadhaar with 16-digit virtual ID, token, limited KYC". *Indian Express* (online). 2018. 1. 11.

72 Najmul Ahasan, Philip O' Keefe, Gora Datta, Carlo del Ninno: *Concept Note of a Smartcard based Public Distribution System.* World Bank and CAL2CAL Corporation. 2008. 이 연구물은 이제 입수할 수 없다. Reetika Khera: "The UID Project and Welfare Schemes". *Economic and Political Weekly* (online). Vol. 46. Nr. 9. 2011. 38-43쪽에서 재인용

73 Piali Mukhopadhyay, Karthik Muralidharan, Paul Niehaus, Sandip Sukhtankar: *AP Smartcard Impact Evaluation Project.* Policy Report. 2013. 5.

74 Josh Miler: "World Bank and Partners Launch eTransform Initiative to Maximize Technology's Potential for Development". *Devex* (online). 2010. 4. 23.

75 같은 책

76 예컨대 Weltbank-Chefvolkswirt Paul Romer, in: Jeanette Rodriguez: "India's Aadhaar Scheme Is Like A New Internet Being Built: Foreign Media"에서 재인용. *Bloomberg* (online), 2017. 3. 16. 혹은 Bill & Melinda Gates Foundation: *Goalkeepers: The Stories Behind the Data.* 2017 혹은 Better Than Cash Alliance: UN report: *Social network payments now reach nearly US $3 trillion in China.* Pressemitteilung. 2017. 4. 19.

77 Jean Dreze, Reetika Khera: "Aadhaar's $11-bn question: The numbers being touted by govt have no solid basis". *Economic Times* (online). 2018. 2. 8.

78 프로젝트 명칭은 "BD Identification System for Enhancing Access to Services (IDEA) Project". Im Internet unter: http://projects.worldbank.org/P121528/bd-identification-system-enhancing-access-services-idea-project?lang=en

79 Glyn Moody: "Bangladesh Brings In Nationwide Digital Identity Cards Linking Biometrics To Mobile Phone Numbers". *Techdirt* (online). 2016. 10. 12.

80 Govind Krishnan: "Foreign agencies can access Aadhaar data". *Sunday Guardian* (online). 2011. 12. 25.

81 "Foreign Firms Given Access To Your Unencrypted Aadhaar Data". *GGI News* (online). 2017. 8. 30.

82 World Bank: Frequently Asked Questions (Q&As): *Identification System for Enhanced Access to Services (IDEA) project.* 2017. 11. 23.

83 Lison Joseph: "MongoDB startup hired by Aadhaar got funds from CIA VC arm". *Economic Times* (online). 2013. 12. 3.

84 Chethan Kumar: "RTI activist says Aadhaar contract gave foreign firms access to unencrypted data". *Times of India* (online). 2017. 8. 30. 마찬가지로 Gopal Krishna: "Unfolding of Aadhaar scam: Guaranteed revenue flow for MNCs by Modi govt?–Part2". *Moneylife* (online). 2014. 11. 5.

85 World Bank: *ID4D Country Diagnostic: Kenya.* Washington. 2016.

86 "OT-Morpho denies claims Kenyan biometric voting system was hacked". *Biometric Update* (online). 2017. 9. 19.

87 Kimiko de Freytas-Tamura: "Kenya Court Says It Nullified Election Over Possible Hacking". *New York Times* (online). 2017. 9. 20.

88 Shelley Kasli: "How CIA agents can access Aadhaar database via UIDAI certified company Cross Match". *GGI News* (online). 2017. 8. 25.

89 S.G Vombatkere: "Edward Snowden's Wake-up Call: Cyber Security, Surveillance and Democracy". *Asian Tribune* (online). 2013. 6. 23.

3장. 그림자 세력의 은밀한 현금과의 전쟁

1 Fritz Glunk: *Schattenmächte: Wie transnationale Netzwerke die Regeln unserer Welt bestimmen.* dtv. 2017.

2 Christoph Pohlmann, Stephan Reichert, Hubert René Schillinger (편): *G20: A Global Economic Government in the Making.* Friedrich-Ebert-Stiftung. 2010. 6.

3 Sigmar Gabriel: "Deutschlands Tatenlosigkeit ist beängstigend". *Tagesspiegel* (online). 2018. 5. 22.

4 Im Vorwort von: HM Government: *Governance for Growth. Building Consensus for the*

Future. A report for the 2011 G20 Summit in Cannes. 2011.

5 앞의 주석에서 인용한 영국정부의 보고서는 유엔의 비판이나 G20의 정당성에 대한 의문과 상충된다.

6 EU-Ombudsman: *Ombudsman recommends President Draghi suspend his 'Group of 30' membership.* 언론보도. 2018. 1. 17.

7 이에 대한 더 상세한 자료는 다음을 참고. Norbert Häring. *Die Abschaffung des Bargelds und die Folgen.* Quadriga. 2016.

8 European Central Bank: *Detailed Opinion of the European Central Bank on the European Ombudsman's Recommendations in Case 1697/2016 ANA. 2018. 4. 18.* www.ecb.europa. eu.에 공개됨

9 Jan Mallien: "EZB-Präsident Draghi hält an umstrittener G30-Mitgliedschaft fest". *Handelsblatt* (online). 2018. 4. 18; Harald Schumann: "Die gefährliche Nähe der EZB zur Finanzindustrie". *Tagesspiegel* (online). 2018. 4. 24.

10 John Kirton: *"Explaining G20 Summit Success".* G20 Information Centre. Munk School of Global Affairs, University of Toronto. 2013. 12. 17.

11 Gargee Ghosh: *Remarks by the President's Global Development Council at Financial Inclusion Forum 2015 in Washington.* https://www.usaid.gov/sites/default/files/ Financial_Inclusion_Transcript2.pdf

12 Global Development Council: *Call for action on financial inclusion.* Washington. 연도 미상(2015년경)

13 G20 Financial Inclusion Experts Group: *Report on Innovative Financial Inclusion from the Access through Innovation Sub-Group.* Washington. 2010. 5. 25에서 재인용

14 G20 Financial Inclusion Experts Group: *Report on Innovative Financial Inclusion from the Access through Innovation Sub-Group.* Washington. 2010. 5. 25.

15 https://www.gpfi.org/about-gpfi, 게시 James Pearse, 2013. 11. 25.

16 UNSGSA: *CEOs and UN Special Advocate Launch Private Sector Partnership for Financial Inclusion.* 언론보도. 2018. 1. 31.

17 Financial Inclusion Experts Group: *G20 Financial Inclusion Action Plan.* 연도 미상

18 Alliance for Financial Inclusion, Global Partnership for Financial Inclusion: *G20 Principles for Innovative Financial Inclusion.* 연도 미상(2011년경)

290

19 http://mm4p.uncdf.org/who-we-are

20 Tom Groenfeldt: "Why The Gates Foundation Is Funding A MasterCard Lab". *Forbes* (online). 2014. 12. 9.

21 http://www.fatf-gafi.org

22 http://www.fatf-gafi.org/media/fatf/documents/FINAL%20FATF%20 MANDATE%202012-2020.pdf

23 Eleni Tsingou: "Power elites and club-model of governance in global finance". *International Political Sociology*. Vol. 8. Nr. 3. 2014. 340 – 342쪽

24 Timothy Lyman, Wameek Noor: *AML/CFT and Financial Inclusion: New Opportunities Emerge from Recent FATF Action.* CGAP Focus Note Nr. 98. 2014. 9.

25 International Monetary Fund: *Indonesia: 2017 Article IV Consultation: Press Release; Staff Report; and Statement by the Executive Director for Indonesia.* 2018. 2. 6.

26 Claudio Borio, Gianni Toniolo: "One hundred and thirty years of central bank cooperation: a BIS perspective". In: Claudio Borio, Gianni Toniolo, Piet Clement (편): *The past and future of central bank cooperation.* Cambridge University Press. 2011. 16 – 75쪽

27 Peter Nonnenmacher: "Das Nazi-Gold der Bank von England". *Tagesanzeiger* (online). 2013. 8. 2.

28 "Hitlers beflissene Hehler". *Spiegel* (online). 1997. 3. 17.

29 "A US agenda for global financial inclusion". *Devex* (online). 2017. 3. 1.

30 Global Partnership for Financial Inclusion: *Global Standard-Setting Bodies and Financial Inclusion.* Washington. 2016. 3.

31 Global Partnership for Financial Inclusion: *Standard Setting and Financial Inclusion for the Poor–Toward Proportionate Standards and Guidance.* White Paper. 2011.

32 Better Than Cash Alliance: *Building Inclusive Digital Payments Ecosystems.* New York. 2017. 5.

33 Committee on Payments and Market Infrastructures: *Fast payments–Enhancing the speed and availability of retail payments.* Basel. 2016. 11.

34 Committee on Payments and Market Infrastructures, World Bank Group: *Payment aspects of financial inclusion. Final Report.* Basel. 2016. 4.

35 Sabine Flatau: "Bargeld unerwünscht: Beschwerdewelle in Bürgerämtern". *Berliner Morgenpost* (online). 2016. 10. 17.

36 더 상세한 것은 다음을 참고. Norbert Häring: *Die Abschaffung des Bargelds und die Folgen.* Quadriga. 2016.

37 Rat der Europäischen Union: *Vermerk des Vorsitzes fur die Gruppe 'Allgemeine Angelegenheiten einschließlich Bewertungen' Betr.: Abschlussbericht über die funfte Runde der gegenseitigen Begutachtung–'Finanzkriminalität und Finanzermittlungen'.* Brüssel. 2012. 10. 3.

38 FATF: *Annual Report* 2015–16. Paris. 2017.

39 Penelope Paliani Kamanga: "Malawi the last country standing on national identity cards". *Southern Times* (online). 2017. 6. 10.

40 https://laxtongroup.com/case-studies/identity/malawi-2017-national-identity/

41 USAID: *Mission Critical: Enabling Digital Payments for Development.* Washington. 2017. https://www.usaid.gov/sites/default/files/documents/15396/USAID-DFS-OpportunityBrief.pdf

42 https://www.usaid.gov/philippines/partnership-growth-pfg/e-peso-activity

43 German Rincón: Mexican banks to implement biometrics for customers. *Rviera Maya News* (online). 2017. 8. 30.

44 Justin Lee: Mexican banks to install fingerprint readers to curb identity theft. *Biometric Update* (online). 2017. 9. 1.

45 *Global Partnership for Financial Inclusion: Global Standard-Setting Bodies and Financial Inclusion.* Washington. 2016. 3.

46 Timothy Lyman, Wameek Noor: *AML/CFT and Financial Inclusion.* CGAP Focus Note Nr. 98. 2014. 9.

47 Philippe Vollot: "Ein globales Problem". *Handelsblatt.* 2018. 4. 4.

48 Lionel Faull, Nick Mathiason, Ted Jeory: "OPL 245 oil scandal: JP Morgan reveals UK cops gave go-ahead to transfer $875m to convicted money launderer". *Finance Uncovered* (online). 2018. 4. 5.

49 www.fatf-gafi.org/about/fatfsecretariat/. 그렇다고 이 사람이 나이지리아에 대한 결정에 개인적으로 관련되었음을 암시하는 것은 절대 아니다. 이 문제에 대해 내가

아는 것은 없다.

50 European Commission: *Final Communication from the Commission to the European Parliament and the Council on an Action Plan for strengthening the fight against terrorist financing.* Straßburg. 2016. 2. 2.

51 "Ärger am Automaten: Sparkassen verlangen Gebühren fürs Geldabheben". *Handelsblatt* (online). 2017. 3. 30.

52 문서번호 XI ZR 434/14 끝 번호 39. 하지만 연방대법원 판단에 따르면, 은행이 일상적인 범위에서 무료 인출의 빈도를 예상하고 그보다 빈번한 인출에 수수료를 부과하는 것은 문제가 없다. 다만 많은 은행들이 이 수준을 명백히 벗어난다. 2018년 초 고객에게 현금인출 수수료를 요구한 은행은 300곳이나 되며, 이 중 약 150곳은 첫 인출임에도 그랬다. "Bankkunden müssen am Automaten häufiger zahlen". *Frankfurter Allgemeine Zeitung.* 2018. 4. 13을 참고

53 "Das Ende des Bargelds". *Zeit.* 2017. 6. 22.

54 https://data.worldbank.org/indicator/FB.ATM.TOTL.P5

55 "Weniger Geldautomaten in Deutschland". *Spiegel Online.* 2018. 4. 15.

56 Bram Scholten: Decline management: *the case of cash: Policy response in the Netherlands and the Nordic countries.* Vortrag auf der International Cash Conference der Deutschen Bundesbank in Mainau. 25.–27. 2017. 4.

57 Amanda Bilner, Niklas Magnusson, Rafaela Lindeberg: "Sweden Tries to Halt Its March to Total Cashlessness". *Bloomberg* (online). 2018. 6. 11.

58 Daniel Schäfer: "Deutsche-Bank-Chef outet sich als Bargeld-Skeptiker". *Handelsblatt* (online). 2017. 1. 20.

59 SPD-Fraktion im Bundestag: *Bekämpfung von Geldwäsche und Terrorismusfinanzierung.* 언론보도. 2016. 1. 26.

60 Manfred Schäfers, Hendrik Kafsack, Christian Siedenbiedel: "Bar zahlen künftig nur noch bis 5,000 Euro". *Frankfurter Allgemeine Zeitung* (online). 2017. 2. 2.

61 Danny Vinik: "Larry Summers Gave An Amazing Speech On The Biggest Economic Problem Of Our Time". *Business Insider.* 2013. 11. 17.

62 Ken Rogoff: *Costs and benefits to phasing out paper currency.* 2014년 4월 11일자 NBER Macroeconomics Annual Conference에 발표된 논문 발표지 그리고 2014년 11월 18

일 뮌헨대학교의 "Distinguished CES Fellow" 자격으로

63 Brevan Howard Centre for Financial Analysis, Imperial College Business School, CEPR & Swiss National Bank: Event "Removing the Zero Lower Bound on Interest Rates". London, Monday 2015. 5. 18. https://cepr.org/5636

64 Peter Sands: *Making it Harder for the Bad Guys: The Case for Eliminating High Denomination Notes.* Harvard University Working Paper. 2016. 2.

65 이 정보는 샌즈와 접촉한, 한 독일학자로부터 나온 것이다.

66 Larry Summers: "It's time to kill the $100 bill." *Washington Post* (online). 2016. 2. 16.

67 Ken Rogoff: *Der Fluch des Geldes: Warum unser Bargeld verschwinden wird.* FinanzBuch Verlag. 2016.

68 Ken Rogoff: "Blessing or Curse? Foreign and Underground Demand for Euro Notes". *Economic Policy.* Vol. 13. Nr. 26. 1998. 4.

69 더 이상의 자료는 2016년 9월 13일자 내 블로그 *norberthaering.de*에서 '켄 로고프의《현금의 저주》는 역설적으로 매우 교훈적인 책이다'라는 글에 나오는 상세 서평을 참고

70 2015년 나와 인터뷰할 때 로고프는, 현금이 없다면 시민에겐 안전한 지급수단이 없을 것이라는 이의제기에 기다렸다는 듯 대답했다. 당연히 대체수단을 제공해야 한다고. 그것은 중앙은행이나 국가가 보증한 은행의 계좌일 수 있다면서. 하지만 이 '당연한 전제조건'과 여기에 내재된 문제에 대해서는 그의 책 어디에서도 언급이 없다. Norbert Häring: "Die Ausgabe großer Scheine stoppen". Interview mit Ken Rogoff. *Handelsblatt.* 2015. 5. 18. 참고

71 Peter Sands, Haylea Campbell, Tom Keatinge, Ben Weisman: *Limiting the Use of Cash for Big Purchases: Assessing the Case for Uniform Cash Thresholds.* RUSI Occasional Paper. 2017. 9.

72 Malte Krüger, Franz Seitz: *Der Nutzen von Bargeld: Kosten und Nutzen des Bargelds und unbarer Zahlungsinstrumente (Modul 2).* Fritz Knapp Verlag. 2017.

73 Hermann-Josef Tenhagen: "Wenn Kartenzahlung extra kostet". *Spiegel Online.* 2018. 1. 20.

74 Susanne Preuß: "Wenn das Bargeld doppelt so viel kostet wie sein Wert". *Frankfurter Allgemeine Zeitung* (online). 2015. 8. 18.

75 EU-Kommission: *Vorschlag für eine Verordnung über die Überwachung von Barmitteln, die in die Union oder aus der Union verbracht werden, und zur Aufhebung der Verordnung (EG) Nr. 1889/2005.* Brüssel. 2016. 12. 21.

76 Věra Jourová: *Strengthened EU rules to prevent money laundering and terrorism financing.* Fact Sheet. EU-Commission. Directorate-General for Justice and Consumers. 2017. 12. 15.

77 Peter Schaar: *Kurzgutachten zum Vorschlag der Kommission für die Überarbeitung der 4. EU-Geldwäscherichtlinie aus datenschutzrechtlicher Sicht.* Prepaid-Verband. 2016. 9.

78 Bundesgesetzblatt Jahrgang 2017 Teil I Nr. 39, 2017년 6월 24일 Bonn 배부본, 1829쪽

79 Stefan Krempl: "Neue EU-Geldwäscherichtlinie: Die Privatsphäre fällt praktisch weg". *Heise* (online). 2018. 1. 3.

80 "LAPD Uses Big Data to Target Criminals". *CBS News* (online). 2014. 11. 14.

81 Markus Becker: "Sind die deutschen Banken wirklich unschuldig?". *Spiegel Online.* 2018. 1. 19.

82 관련 공무원들이 권고사직됐을 때 헤센 주 내무장관이던 폴커 보위피에르는 현재 헤센 주 총리다. 이런 변화는 사과할 기회를 더 줄여놓았다. "Hessische Steuerfahnder zu Unrecht zwangspensioniert". *Handelsblatt* (online). 2012. 12. 16을 참고

83 Detlef Borchers: "eID: Gesetz zur Förderung des elektronischen Identitätsnachweises in Kraft". *Heise* (online). 2017. 7. 17.

84 Ingo Dachwitz: "Im Gesetz zum elektronischen Personalausweis versteckt sich ein automatisierter Abruf für Geheimdienste". *Heise* (online). 2017. 4. 24.

85 *Pressemitteilung des Chaos Computer Club e.V. zur Einführung biometrischer Reisepässe.* 2005. 4. 10.

86 Roman Tyborski: "Warum gibt die Bundespolizei Steuergelder für Amazon-Gutscheine aus?". *Handelsblatt* (online). 2017. 8. 2.

87 Nick Wingfield: "Amazon Pushes Facial Recognition to Police. Critics See Surveillance Risk". *New York Times* (online). 2018. 5. 22.

4장. 파놉티콘 : 아시아와 유럽의 화폐전쟁

1 1983년 12월 15일자 판결. https://openjur.de/u/268440.html

2 Paul Mozur: "In Urban China, Cash Is Rapidly Becoming Obsolete". *New York Times* (online). 2017. 7. 17.

3 Mara Hvistendahl: "Inside China's Vast New Experiment in Social Ranking". *Wired* (online). 2017. 12. 14.

4 Hendrik Ankenbrand: "China plant die totale Überwachung". *Frankfurter Allgemeine Zeitung* (online). 2017. 11. 22.

5 같은 책

6 Hendrik Ankenbrand: "Chinas Überwachungsapp drängt in die Welt". *Frankfurter Allgemeine Zeitung* (online). 2018. 1. 15.

7 Mara Hvistendahl: "Inside China's Vast New Experiment in Social Ranking". *Wired* (online). 2017. 12. 14.

8 "China to bar people with bad 'social credit' from planes, trains". *Reuters* (online). 2018. 3. 16.

9 Mara Hvistendahl: "Inside China's Vast New Experiment in Social Ranking". *Wired* (online). 2017. 12. 14.

10 같은 책

11 Li Tao: "Jaywalkers under surveillance in Shenzhen soon to be punished via text messages". *South China Morning Post* (online). 2018. 3. 27.

12 Christina Zhao: "WeChat Is About to Become the World's Most Popular Form of ID, but You've Probably Never Heard of It". *Newsweek* (online). 2017. 12. 28.

13 Better Than Cash Alliance: *Social Networks, E-Commerce Platforms and the Growth of Digital Payment Ecosystems in China—What It Means for Other Countries.* 2017. 4.

14 Alan Travis: "UK banks to check 70m bank accounts in search for illegal immigrants". *Guardian* (online). 2017. 7. 21.

15 "Neue Lücken im Zahlungsverkehrssystem der Banken." *Frankfurter Allgemeine Zeitung.* 2017. 4. 19.

16 Georg Mascolo: "Beinahe-Eklat in München. Niemand wollte Irans Airbus betanken". *Tagesschau* (online). 2018. 2. 7.

17 Stefan Buchen, Rainer Hermann: "Wie ein deutscher Unternehmer auf Amerikas Terrorliste geriet". *Frankfurter Allgemeine Zeitung* (online). 2016. 12. 1.

18 Sönke Iwersen, Volker Votsmeier: "Deutsche Forfait: Das Verschwinden des Ex-Chefs". *Handelsblatt.* 2018. 3. 27.

19 Yasmin Osman: "Commerzbank darf Mitarbeiter nicht feuern". *Handelsblatt* (online). 2017. 6. 30.

20 Ernest Londonio: "Pot Was Flying of the Shelves in Uruguay. Then US Banks Weighed In". *New York Times* (online). 2017. 8. 25. 이런 절차는 계속되고 있다. 2018년 봄에는 관계된 사람이 수만 명으로 증가추세를 보였다. 영어나 스페인어 신문에서는 금융 문제가 어떻게 처리되었는지 알 수 없다. 아마 해당 약국들은 국제적인 업무를 하지 않는 지방의 소규모 은행으로 쫓겨난 것으로 보인다.

21 위키리크스에 대한 위키피디아 영어판에는 개별적인 암시만 나와 있지만, 독일어판에는 훨씬 많은 내용이 담겨 있다.

22 Kajal Bangera: "Coinbase blocks WikiLeaks shop without notice–starts a riot on social media." *AMB Crypto* (online). 2018. 4. 22.

23 Unlawful Internet Gambling Enforcement Act.

24 World Bank: *Withdrawal from Correspondent Banking: Where, Why, and What to Do About It.* Washington. 2015. 11.

25 Financial Stability Board: *Stocktake of remittance service providers' access to banking services.* Basel. 2018. 3. 16.

26 Sara Jerving: "How cash transfers in Somalia could evolve into a national social safety net". *Devex* (online). 2018. 1. 26.

27 http://www.cashlearning.org/about-us/partners-and-donors

28 "Eine neue Kreditkartengebühr fürs Glücksspiel". *Frankfurter Allgemeine Zeitung.* 2018. 4. 27.

29 Rachel O'Dwyer: "Are You Creditworthy? The Algorithm Will Decide". *Undark* (online). 2018. 7. 5.

30 "Google plans to track credit card spending". *BBC News* (online). 2017. 5. 26.

31 "The new lending game, post-demonetization". *Economic Times* (online). 2017. 1. 6.

32 Rachel Emma Silverman: "Bosses Tap Outside Firms to Predict Which Workers Might Get Sick". *Wall Street Journal* (online). 2016. 2. 17.

33 Mara Hvistendahl: "Inside China's Vast New Experiment in Social Ranking". *Wired* (online). 2017. 12. 14.

34 https://www.paypal.com/de/webapps/mpp/ua/third-parties-list

35 Andrea Rexer: "Bargeld diskriminiert die Armen". *Süddeutsche Zeitung* (online). 2017. 8. 20.

36 Partnership for Finance in a Digital Africa: *Can Big Data Shape Financial Services in East Africa?* Caribou Digital Publishing. 2018.

37 Tamsin Shaw: "Beware the Big Five". *New York Review of Books* (online). 2018. 4. 5.

38 Linda Weiss: *America Inc.?: Innovation and Enterprise in the National Security State.* Cornell University Press. 2014.

39 Mariana Mazzucato: *The Entrepreneurial State: Debunking Public vs. Private Sector Myths.* Anthem. 2013.

40 Martin Libicki: *Conquest in Cyberspace: National Security and Information Warfare.* Cambridge University Press. 2007.

41 "So umfassend späht die NSA in Deutschland". *n-tv* (online). 2013. 6. 30.

42 Glenn Greenwald, Ewen MacAskill: "NSA Prism program taps in to user data of Apple, Google and others". *Guardian* (online). 2013. 6. 7.

43 Timothy Revell: "AI tracks your every move and tells your boss if you're slacking". *New Scientist* (online). 2017. 1. 30.

44 Status Today: *TechWorld highlights StatusToday's growth during GCHQ Accelerator.* 2017. 4. 5.

45 Ceylan Yeginsu: "A Wristband to Track Workers' Hand Movements?(Amazon Has Patents for It)". *New York Times* (online). 2018. 2. 1.

46 John Kornblum: "Globale Wertschöpfung". *Handelsblatt.* 2017. 7. 7.

47 "'Google verfolgt uns auf Schritt und Tritt'. Interview mit Paul-Bernhard Kallen". *Süddeutsche Zeitung.* 2015. 3. 9.

48 Anne-Marie Slaughter: *The Chessboard and the Web: Strategies of Connection in a Networked World.* Yale University Press. 2017.

49 "Serge Schmemann. A New Rule Book for the Great Game". *New York Times* (online). 2017. 4. 12.

50 Parag Khanna: "Die Ohnmacht der Experten". *Handelsblatt.* 2017. 9. 5.

51 Mark Zuckerberg: "Building Global Community". 2017. 2. 16. https://www.facebook.com/notes/mark-zuckerberg/buildng-global-community/10154544292806634/

52 Nick Wingfield: "Amazon Pauses Huge Development Plans in Seattle Over Tax Plan". *New York Times* (online). 2018. 5. 5.

53 Daniel Beekman, Matt Day: "Seattle City Council votes 9-0 for scaled-down head tax on large employers". *The Seattle Times* (online). 2018. 5. 14.

54 David Rockefeller: *Erinnerungen eines Weltbankiers.* FinanzBuch Verlag. 2008.

55 Leanna Garfield: "A pilot project for a new libertarian floating city will have 300 homes, its own government, and its own cryptocurrency". *Business Insider* (online). 2018. 5. 18.

56 Peter Waldman, Lizette Chapman, Jordan Robertson: "Palantir Knows Everything About You". *Bloomberg* (online). 2018. 4. 19.

57 Ashlee Vance, Brad Stone: "Palantir, the War on Terror's Secret Weapon". *Bloomberg* (online). 2011. 11. 22.

58 Andy Greenberg: "Palantir Apologizes For WikiLeaks Attack Proposal, Cuts Ties With HBGary". *Forbes* (online). 2011. 2. 11.

59 Britta Weddeling, Johannes Steger: "Was der geheimnisvolle neue Aufseher bei Axel Springer vorhat". *Handelsblatt* (online). 2018. 4. 19.

60 "George Orwell 1984: Lieblingsbuch aller U-Bahn-Schubser, Vergewaltiger, Heroindealer, Terror-Planer, Grapscher, Taschendiebe, Goldmünzenräuber, Schläger und Hooligans". *Welt am Sonntag.* 2017. 8. 27.

61 Frank Pasquale: "From Territorial to Functional Sovereignty: The Case of Amazon." *Law and Political Economy* (online). 2017. 12. 6.

62 Joachim Hofer, Hans-Peter Siebenhaar: "Conrad Albert: 'Unzeitgemäße Fußfesseln'". *Handelsblatt.* 2018. 5. 18.

63 "'Zuckerberg und Bezos wollen bislang nur Geld verdienen'. Zeit-Chef Esser

warnt vor Murdoch, Trump und den Ambitionen der Tech-Giganten". *Meedia* (online). 2017. 12. 5.

64 Florian Kolf: "Deutschlands beste Händler: Nach Amazon kommt lange nichts". *Handelsblatt* (online). 2018. 5. 15.

65 "Amazon steigert Gewinn um mehr als das Doppelte". *Reuters.* 2018. 4. 26.

66 Lina Khan: "Amazon's Antitrust Paradox". *Yale Law Journal* (online). Vol. 116. 2017, 710－805쪽

67 "Amazon ist der drittwertvollste US-Konzern". *Handelsblatt* (online). 2018. 2. 15.

68 "Amazon überholt Alphabet beim Börsenwert". *Handelsblatt* (online). 2018. 3. 21.

69 Tobias Berg, Valentin Burg, Ana Mongovic, Manju Puri: *On the Rise of FinTechs: Credit Scoring Using Digital Footprints.* NBER Working Paper 24551. 2018. 4.

70 BFA: *Inclusive Digital Ecosystems of the Future.* 2017. 12.

71 Katharina Kort: "Begehrte Apple-Kunden". *Handelsblatt.* 2018. 5. 14.

72 Katharina Kort, Britta Weddeling: "Ein Girokonto von Amazon". *Handelsblatt.* 2018. 3. 6.

73 AnnaMaria Andriotis, Laura Stevens: "Amazon's Next Mission: Using Alexa to Help You Pay Friends". *Wall Street Journal* (online). 2018. 4. 6.

74 Peter Harrell, Elizabeth Rosenberg: *The Next Generation of Sanctions. A Strategy of Coercive Economic Policy for the Next President.* Center for a New American Security. Washington 2016.

75 Sumeet Chatterjee, Meng Meng: "Exclusive: China taking first steps to pay for oil in yuan this year–sources". *Reuters* (online) 2018. 3. 29.

76 Jay Syrmopoulos: "Declassified emails reveal NATO killed Gaddafi to stop Libyan creation of gold-backed currency". *Intellihub* (online). 2016. 1. 18.

77 Richard Werner hat das 2003 in seinem japanischen Nummer-1-Bestseller "Princes of the Yen" anhand von Recherchen in der japanischen Zentralbank belegt.

78 Yi Huang, Ugo Panizza, Richard Portes: *Corporate Foreign Bond Issuance and Interfirm Loans in China.* NBER Working Paper 24513. 2018. 4.

79 Andrea Cünnen, Peter Khler, Ulf Sommer: "Angst vor dem nächsten Crash". *Handelsblatt.* 2018. 5. 14.

80 Michael Maisch: "China dominiert die Welt". *Handelsblatt.* 2018. 5. 17.

81 Joseph Yam: "Capital Flows, Hedge Funds and Market Failure: A Hong Kong Perspective". In: David Gruen, Luke Gower (편): *Capital Flows and the International Financial System.* McMillan. 1999. 164－179쪽

5장. 저항과 트로이의 목마, 그리고 솔루션

1 다른 단서가 없는 한, 이 장에 묘사된 비트코인의 출처는 Jochen Möbert: *Bitcoin: Meinungen, Mythen und Missverständnisse.* Deutsche Bank. Frankfurt a. M. 2018. 1. 29.

2 Alex de Vries: "Bitcoin's Growing Energy Problem". *Joule* (online). Vol. 2. Nr. 5. 801－805쪽. 2018. 5. 16.

3 오스트레일리아 돈세탁 규제기관 Austrac의 책임자인 존 슈미트는 이미 2014년에 정부가 모든 오스트레일리아 달러와 비트코인의 환전내역을 추적할 수 있다고 말했다. 참고 Chris Duckett: "Australian government tracks every AUD conversion into bitcoin". *ZD Net* (online). 2014. 2. 24.

4 FATF: *Guidance for a Risk-based Approach to Virtual Currencies.* 2015. 6.

5 "South Korea Will Abide By The Unified Digital Currency Regulations To Be Set By G20". *China Money* (online). 2018. 5. 18.

6 Henning Diedrich: *Ethereum: Blockchains, Digital Assets, Smart Contracts, Decentralized Autonomous Organizations.* CreateSpace Independent Publishing Platform. 2016.

7 Justin O'Connell: "Bitcoin Believer Peter Thiel Donates $1.25 Million to Trump". *Cryptocoin News* (online). 2016. 11. 16.

8 Norbert Häring: "Angriff auf Bitcoin und Dollar". *Handelsblatt.* 2017. 10. 23.

9 Norbert Häring: "E-Geld statt Cash". *Handelsblatt.* 2017. 10. 30.

10 Jens Weidmann: "Welcome Remarks". Rede auf dem Bundesbank Symposium "Frontiers in Central Banking–Past, Present and Future". Frankfurt am Main. 2017. 6. 14.

11 Martin Hesse: "'Digitales Geld wird kommen'. Interview mit Kenneth Rogoff". *Spiegel.* 2018. 2. 27.

12 André Ballin: "Putin führt den Krypto-Rubel ein". *Handelsblatt* (online). 2017. 10. 17.

13 여기서 계획한 암호화폐는 처음에 베이스코인에서 베이시스로 이름이 바뀌었다.

14 Norbert Häring: "Angriff auf Bitcoin und Dollar". *Handelsblatt*. 2017. 10. 23.

15 Ingo Dachwitz: "Dateneigentum: Merkel ist noch unsicher, ob unsere Daten Firma A oder Firma B gehören sollen". *Netzpolitik.org.* 2017. 3. 20.

16 World Economic Forum: *The Known Traveller: Unlocking the potential of digital identity for secure and seamless travel.* 2018. 1.

17 25쪽을 보면 설명이 복잡하고 진실을 은폐하고 있음을 알 수 있다.

18 www.noyb.eu

19 Martin Holland: "DSGVO: Max Schrems will gegen Schufa klagen". *Heise* (online). 2018. 4. 28.

20 Daniel Sokolov: "Keine Strafen: Österreich zieht neuem Datenschutz die Zähne". *Heise* (online). 2018. 4. 24.

21 European Commission: *Inception Impact Assessment–Proposal for an EU initiative on restrictions on payments in cash.* Brüssel. 2017. 2. 2.

22 Helmut Siekmann: "Restricting the Use of Cash in the European Monetary Union: Legal Aspects". In: Frank Rövekamp, Moritz Bälz, Hans Günther Hilpert (편): *Cash in East Asia.* Springer. 2017. 153–178쪽

23 Landtag Nordrhein-Westfalen: *Schriftliche Stellungnahme der Deutschen Bundesbank anlasslich der offentlichen Anhorung des Haushalts-und Finanzausschusses des Landtags Nordrhein-Westfalen zu einem Antrag der Fraktion der FDP "Mundige Burger nicht immer mehr bevormunden" (Drucksache 16/9597) sowie zu einem Antrag der Fraktion der PIRATEN "Bargeld–Freiheit–Privatsphäre" (Drucksache 16/11217, Neudruck).* 날짜 미상(2016년 5월경)

24 Europäische Union: "Empfehlung der Kommission vom 22. März 2010 über den Geltungsbereich und die Auswirkungen des Status der Euro-Banknoten und-Münzen als gesetzliches Zahlungsmittel." *Amtsblatt* L 83/70, 2010년 3월 30일자

25 문서번호 Az. 1 K 2903/15.F.

26 더 상세한 내용은 '프랑크푸르트 행정법원은 방송수신료의 현금납부를 거부한다' 라

는 제목의 2016년 12월 1일자 내 블로그 www.norberthaering.de에서 언급했다. 전체적인 판결취지는 다음을 참고 http://www.lareda.hessenrecht.hessen.de/lexsoft/default/hessenrecht_lareda.html#docid:7826288

27 문서번호 10 A 2929/16.

28 카셀 판사에 대한 활발한 논의에 대해서는 2018년 3월 3일자 www.norberthaering.de을 참고. "Das Faschingsurteil des Hessischen Verwaltungsgerichtshofs zur Barzahlung des Rundfunkbeitrags".

29 Bundesgerichtshof. NJW 1953, 897.

30 1983년 3월 25일자 판결 (V ZR 168/81–BGHZ 87, 156, juris RN 21)

31 2015년 7월 28일자 판결 (XI ZR 434/14–BGHZ 206, 305)

32 문서번호 6 C 6. 18.

33 문서번호 VIII B 19/18.

34 http://wahre-werte-depot.de/bargeldverbot-beim-finanzamt-jetzt-vor-gericht/

35 문서번호 2 BvR 2737/17.

36 문서번호 19 VA 17/16.

37 "Merkel warnt vor zu viel Datenschutz". *Frankfurter Allgemeine Zeitung*. 2018. 5. 18.

38 "Macron ruft Zuckerberg & Co. zu Technologie-Gipfel nach Paris". *Reuters*. 2018. 5. 16.

옮긴이_ 박병화

고려대학교 대학원을 졸업하고 독일 뮌스터 대학에서 문학박사 과정을 수학했다. 고려대학교와 건국대학교에서 독문학을 강의했고 현재는 전문번역가로 일하고 있다. 옮긴 책으로《공정사회란 무엇인가》《유럽의 명문서점》《하버드 글쓰기 강의》《슬로우》《단 한 줄의 역사》《마야의 달력》《에바 브라운, 히틀러의 거울》《사고의 오류》《구글은 어떻게 일하는가》《저민 지니어스》《나는 단호해지기로 결심했다》《사이버 스트레스》등 다수가 있다.

21세기 화폐전쟁

초판 1쇄 발행일 2019년 11월 29일

지은이 노르베르트 헤링
옮긴이 박병화
펴낸이 김현관
펴낸곳 율리시즈

책임편집 김미성
디자인 송승숙디자인
종이 세종페이퍼
인쇄 및 제본 올인피앤비

주소 서울시 양천구 목동중앙서로7길 16-12 102호
전화 (02) 2655-0166/0167
팩스 (02) 2655-0168
E-mail ulyssesbook@naver.com
ISBN 978-89-98229-74-0 03320

등록 2010년 8월 23일 제2010-000046호

ⓒ 2019 율리시즈 KOREA

이 도서의 국립중앙도서관 출판시도서목록(CIP)은 서지정보유통지원시스템 홈페이지(http://seoji.nl.go.kr)와 국가자료공동목록시스템(http://www.nl.go.kr/kolisnet)에서 이용하실 수 있습니다.(CIP제어번호: CIP2019046356)

책값은 뒤표지에 있습니다.